목욕탕 교회에서 신명난 믿음생활 하실 분의 책

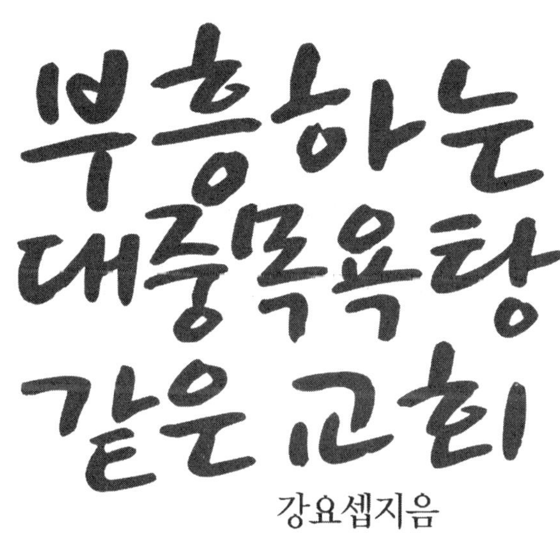

강요셉 지음

교회는 성도들을 하늘의 사람으로 바꾸는 곳이다.

성령

부흥하는
대중목욕탕 같은 교회

성령

들어가는 말

교회란 무엇인가? 바르게 알고 믿음 생활하는 것이 중요합니다. 막연하게 알고 믿음생활을 하기 때문에 예수를 30년을 믿어도 변화되는 것이 하나도 없는 것입니다. 교회는 건물만을 말하는 것이 아닙니다. 교회에는 유형교회와 무형교회가 있습니다. 유형교회는 인간적인 눈으로 볼 수 있는 건물로 된 사람이 지은 교회입니다. 무형교회가 있습니다. 무형교회는 일반적인 눈으로 볼 수 없는 교회입니다.

반드시 생명의 말씀과 성령으로 거듭난 믿음의 눈으로만 보이는 교회입니다. 하나님께서 직접지은 교회입니다. 이 무형교회는 두 가지가 있습니다. 하나는 천상에 있는 교회입니다. 다른 하나는 성도의 마음 안에 있습니다. 이 마음 안에 있는 교회에 하나님께서 주인으로 임재 하여 계십니다. 많은 성도들이 건물 교회에 하나님께서 계시는 줄로 알고 있습니다. 그런데 사실은 이 건물 교회에는 예배를 드릴 때 외에는 하나님께서 계시지 않습니다. 건물 교회는 예배당입니다. 예배를 드리고 각각 삶의 현장으로 돌아가면 성도가 도착하여 기거하는 곳이 교회가 됩니다. 왜냐고요, 하나님은 성도의 마음 안에 성전삼고 계시기 때문입니다.

다 쉽게 설명한다면 성도들은 걸어 다니는 성전인 것입니다. 성도의 마음 안에 성전이 있고, 성전 안에 하나님께서 주인으로 계시기 때문입니다. 그렇기 때문에 자신 안에 성전을 중요하게 여겨야 합니다. 하나님께서도 사람의 손으로 지은 건물 교회보다 하나님께서 주인으로 계시는 마음속의 성전을 더 귀하게 여기십니다. 자신 안에 계신 하나님께 질문하여 보세요. 하나님께서는 누구를 가장 사랑하십니까? 하고 질문하면 하나님께서는 "질문하고 있는 너를 제일로 사랑한다." "너를 세상에서 최고로 사랑한다." "내가 너를 사랑하기 때문에 네 안에 와 있단다." 하신다는 것을 알아야 합니다. 하나님은 자신을 제일로 사랑하시는 것입니다.

하나님은 성도 한사람, 한 사람을 천하보다 귀하게 여기십니다. 모두 성전 된 사람을 통하여 나타내시기 때문입니다. "나의 계명을 지키는 자라야 나를 사랑하는 자니 나를 사랑하는 자는 내 아버지께 사랑을 받을 것이요, 나도 그를 사랑하여 그에게 나를 나타내리라(요 14:21)" 우리 모두 이 책을 통하여 교회에 대하여 바르게 이해하고 귀중한 성전이 있는 내면을 강하게 하는 성도들이 되시기를 소원합니다.

주후 2017년 02월 3일

충만한 교회 성전에서

저자 강요셉목사

세부적인목차

3부 대중목욕탕 교회에서 숙달하는 영성훈련

1부 교회란 과연 어떤 곳인가?

1장 교회는 하나님께서 직접 목회하는 곳

(마16:18-19)"또 내가 네게 이르노니 너는 베드로라 내가 이 반석 위에 내 교회를 세우리니 음부의 권세가 이기지 못하리라 내가 천국 열쇠를 네게 주리니 네가 땅에서 무엇이든지 매면 하늘에서도 매일 것이요 네가 땅에서 무엇이든지 풀면 하늘에서도 풀리리라 하시고"

교회는 하나님께서 성령으로 친히 세우신 곳입니다. 건축위원이나 담임목사나 성도들이 교회를 짓는 것이 아닙니다. 하나님께서 직접 교회를 건축하시는 것입니다. 교회가 교회다워지려면 하나님의 뜻을 이루는 교회가 되어야 합니다. 하나님의 뜻은 유형 교회들을 통하여 예수를 믿고 하나님의 자녀로 태어난 성도들을 하나님께서 함께 하실 수 있는 성령의 사람으로 바꾸는 것입니다. 육적인 아담을 성령으로 거듭난 영의 사람(하나님의 자녀)으로 변화시키기를 원하십니다. 하나님은 절대로 교회 건축하고 숫자적으로 부흥시키는 것에 목적을 두고 교회를 세우시지 않습니다. 크리스천 한 사람 한사람이 하나님의 성전이 되어 걸어 다니는 성전으로 살도록 유형교회를 세우시고 건축하는 것입니다. 교회는 하나님께서 원하시는 일을 해야 합니다. 하나님은 건물인 유형교회를 통하여 일하시지 않고, 하나님의 일꾼으로 세운 담임

목사를 통하여 성도들을 변화시킵니다. 담임목사는 출애굽기에 나오는 모세처럼 하나님의 뜻대로 행하는 일꾼입니다. 모세는 자기의 의지나 뜻이나 영광을 이루려고 이스라엘 사람들은 인도하지 않았습니다. 오로지 하나님께서 원하시는 일들을 이루려고 하나님의 뜻을 따라 이스라엘 사람들을 인도하였습니다. 그러나 므리바에서 하나님의 말씀대로 순종하지 않아서 가나안에 들어가지 못하고 일꾼의 역할에서 해임당한 것입니다.

유형교회의 담임목사는 모세와 같이 하나님께서 원하시는 목회를 해야 합니다. 하나님께서 원하시는 일은 성도 한 사람 한사람을 성령의 인도를 받는 성전 된 크리스천으로 바꾸는 것입니다. 성도들의 내면을 강하게 하여 하나님으로 자족하게 하는 것입니다. 성도들을 성전으로 바꾸려고 성령으로 인도하시는 것입니다. 성령으로 말씀을 깨달아 자신의 부족을 보고 영적으로 바꾸는 것에 목적을 두고 목회를 해야 합니다. 담임목사는 성도 한 사람 한 사람을 성전되게 하라고 택한 사람입니다. 담임목사는 생명의 말씀과 성령의 역사로 하나님께서 함께하시는 성도가 되어 어디를 가나 사람 앞에 은혜를 입는 자가 되도록 하는 것입니다. 또한 어디를 가나 사람들에게 은혜를 전하는 사람이 되게 하는 것에 목적을 두고 목회를 해야 합니다. 하나님은 택한 자와 하나님을 찾는 자와 하나님의 말씀에 순종하는 자를 사랑하시기 때문입니다.

절대로 담임목사가 성도들을 모아서 자신을 드러내고 교회를 건축하는 것이 목적을 두고 목회하는 것이 아닙니다. 개척교회가 성장하지 못하는 것은 하나님의 뜻대로 목회하는 것이 아니고,

교회를 성장하고 자립하는 것에 목적을 두고 목회하기 때문에 개척교회가 살아남지 못하는 것입니다. 하나님의 뜻에 어긋나는 목회를 하기 때문에 교회가 자립하지 못하는 것입니다.

교회에 대해서 올바로 아는 것은 가장 중요합니다. 교회는 하나님을 예배하는 성도들의 모임이지 어떤 건물이나 교육, 특정 행위로 정의되는 것이 아닙니다. 크리스천 하나하가가 하나님을 찬양하고 성령님의 가르침을 따르고, 세상에 복음을 전하는 하나님의 몸 된 교회로써 살아가시기를 바랍니다. 세상에서 하나님 없이 방탕하며 살아가던 사람이 예수님을 영접하고 성령님의 인도를 받으면서 하나님의 자녀로 태어나는 교회가 되어야 합니다. 그렇기 때문에 교회는 성령의 역사가 일어나지 않으면 교회가 세워질 수가 없습니다. 하나님께서 친히 목회하시는 것이기 때문입니다.

교회는 건물이 아닙니다. 교회는 '에클레시아'라는 이름이 말해 주듯이 세상으로부터 건져내어진 "거룩한 무리, 하나님의 백성, 성도" 바로 우리 몸을 교회라고 하는 것입니다. 그 교회가 모여 예배를 드리는 장소는 그저 예배당이라고 하는 것이지 성전이라 부르면 안 됩니다. 성전이라는 말은 하나님이 계신 전이라는 뜻인데 지금 하나님은 어디에 계십니까? 구약의 이스라엘에서처럼 성전에 계신가요? 바로 우리 안에 들어오시지 않았습니까? 그러면 성전은 어디입니까? 바로 우리의 몸이 성전입니다.

필자는 우리 충만한 교회 성도들에게 보이는 성전건축위원장은 나중에 하시고, 먼저 자신의 마음 안에 있는 성전을 견고하게 건축하는 건축위원장을 하라고 강조합니다. 교회는 성도들의 마음 안에 있는 교회를 견고하게 지어지도록 하는 곳입니다. 유형교회에서 하나님께 영과 진리로 예배를 드리면서 마음 안에 임재하신 하나님을 주인으로 모시고 성전을 생명의 말씀과 성령으로 정화시키는 곳입니다. 내면의 성전을 강화시키는 곳이 유형교회입니다. 성도들이 심령교회가 견고하게 세워지면 인생의 문제가 있을 수가 없는 것입니다

그런데 성도들이나 목회자들이 하나님께서 보이지 않으니, 보이는 면으로 치중을 합니다. 보이는 교회와 사람들에게 자신의 얼굴을 드러내는 봉사와 헌금…. 성경은 분명하게 성령으로 봉사하라고 했습니다(빌3:3). 이렇게 보이는 면에 치중하니까, 세상에서 사람들이 비꼬기를 교회는 모이자! 돈 내라! 집짓자! 하는 곳이라고 말하는 것입니다. 하나님의 살아계심이 증명되지 않기 때문에 조롱을 받는 것입니다. 이는 교회가 성령의 역사가 없으니 예수를 20년을 믿었어도 변화된 모습을 보여주지 못했기 때문입니다. 목회자가 자꾸 보이지 않은 하나님과 관계를 열도록 성도들을 지도하는 교회가 좋은 교회입니다.

그러나 아직도 한국의 교회에는 보이는 교회에서 예배당에서 열심히 해야 문제를 해결 받고 복을 받는 다는 샤머니즘적이고 관념적인 믿음생활을 하는 분들이 많습니다. 이분들은 "성경 말씀에 주의 전을 사모하는 열심이 나를 삼키리라 한 것을 기억하더라(요 2:17)"의 말씀을 바르게 새겨야 합니다. 이는 보이는 성전에서 열심히 하여 하나님께 잘 보이려하다, 실체이신 영이신 하나님을 잊어버린다는 말입니다. 세상 말로 주객이 전도된다는

말입니다. 분명하게 하나님은 자신 안에 있는 성전에 주인으로 계십니다. 자신 안에 주인된 하나님의 음성을 듣고 열심히 하시기를 바랍니다.

하나님이 계신 전 즉, 하나님이 계신 곳, 성전, 교회는 바로 우리 자신인 것입니다. 하나님은 사도행전 17장 24절에서 "우주와 그 가운데 있는 만물을 지으신 하나님께서는 천지의 주재시니 손으로 지은 전에 계시지 아니하시고" 분명하게 사람의 손으로 지은 전에 계시지 않는 다고 말씀하십니다. 우리 하나님은 우리의 심령 성전에 계십니다.

사도 바울이 "교회들에게" 쓴 편지들을 우리가 서신서 라고 하는데 그 서신서의 인사말들을 보면 우리가 확실하게 알 수 있습니다. "사람들에게서 난 것도 아니요, 사람으로 말미암은 것도 아니요, 오직 예수 그리스도와 및 죽은 자 가운데서 그리스도를 살리신 하나님 아버지로 말미암아 사도된 바울은 함께 있는 모든 형제로 더불어, 갈라디아 여러 교회들에게 우리 하나님 아버지와 주 예수 그리스도로 좇아 은혜와 평강이 있기를 원하노라(갈1:1-3)"

"그리스도 예수의 종 바울과 디모데는 그리스도 예수 안에서 빌립보에 사는 모든 성도와 또는 감독들과 집사들에게 편지하노니(빌1:1)" "하나님의 뜻으로 말미암아 그리스도 예수의 사도 된 바울은 에베소에 있는 성도들과 그리스도 예수 안의 신실한 자들에게 편지하노니(엡1:1)" "갈라디아에 있는 교회들에게, 빌립보에 있는 성도들에게, 에베소에 있는 성도들에게" 이렇게 성도들을 가리켜 교회라고 하는 것입니다. 그리고 우리는 그 교회들을 가리켜 성전이라고 하는 것입니다.

"너희 몸은 너희가 하나님께로부터 받은바 너희 가운데 계신 성령의 전인 줄을 알지 못하느냐 너희는 너희의 것이 아니라(고전 6:19)" "너희가 하나님의 성전인 것과 하나님의 성령이 너희 안에 거하시는 것을 알지 못하느뇨(고전3:16)" 이렇게 바로 성도들이 교회이며 성전인 것입니다. 그러면 어떻게 우리가 성전이 되었습니까? 하나님은 죄와 함께 거하실 수 없는 분이십니다. 그런데 지금 하나님이 우리 안에 계시다는 것은 우리에게서 죄가 모두 도말되어 버렸다는 뜻입니다. 어떻게 우리는 그렇게 하나님이 거하실 수 있는 성전이 되었습니까? 예수 그리스도의 십자가 때문입니다. 예수님은 자신을 가리켜 성전이라 하셨습니다. "예수께서 대답하여 가라사대 너희가 이 성전을 헐라 내가 사흘 동안에 일으키리라. 유대인들이 가로되 이 성전은 사십 륙 년 동안에 지었거늘 네가 삼일 동안에 일으키겠느뇨? 하더라. 그러나 예수는 성전 된 자기 육체를 가리켜 말씀하신 것이라(요2:19-21)"

그렇습니다. 주님은 자신을 가리켜 성전이라 하셨습니다. 이 말은 구약의 성전이 담고 있던 내용이 바로 예수님 자신이었다는 설명인 것입니다. 야곱이 에서를 피해 도망가다가 돌베개를 베고 잠이 들었었습니다. 그런데 하늘 문이 열리고 사닥다리가 땅 위에 섰는데 그 꼭대기가 하늘에 닿았고 하나님의 사자들이 오르락 내리락 하는 것을 보았습니다. 그 때 야곱이 이곳이 하나님 계신 하나님의 전이라 하여 그 곳 이름을 베델이라 짓습니다. 그런데 주님께서 당신을 그 베델의 주인공으로 말씀하시는 것입니다. 이렇게 진정한 베델, 참 성전은 바로 예수 그리스도이신 것입니다. 우리는 그 안에 연합되어진 자들입니다. 그 참 성전이신 예수님 안에서 구원을 받은 자들이라는 말입니다. 그렇게 해서 우리가 하나님이 거하실 수 있는 성전이 된 것입니다.

그렇게 교회, 성전은 건물을 이야기하는 것이 아닙니다. 교회는 하나님의 자녀, 성도들을 가리키는 말인 것입니다. 당연한 것이 성경은 교회를 가리켜 예수님이 피 값을 주고 사신 것이라 하지 않습니까? 만일 이 건물이 교회라면 예수님이 피로 이 건물을 사신 것이란 말입니까? "너희는 자기를 위하여 또는 온 양떼를 위하여 삼가라 성령이 저들 가운데 너희로 감독자를 삼고 하나님이 자기 피로 사신 교회를 치게 하셨느니라(행20:28)"

그런데 오늘 본문에서 예수님께서 그 교회를 어디다 세우신다고 하시나요? 다시 본문을 보세요. "또 내가 네게 이르노니 너는 베드로라 내가 이 반석 위에 내 교회를 세우리니 음부의 권세가 이기지 못하리라 내가 천국 열쇠를 네게 주리니 네가 땅에서 무엇이든지 매면 하늘에서도 매일 것이요 네가 땅에서 무엇이든지 풀면 하늘에서도 풀리리라 하시고(마16:18-19)"

예수님께서 제자들에게 "사람들이 나를 누구라 하더냐?"고 물으셨습니다. 제자들이 대답하기를 사람들이 예수님을 세례 요한, 엘리야, 더러는 예레미야나 선지자라고 한다고 했습니다. 그랬더니 예수님께서 들은 척도 하지 않으시고, 다시 제자들에게 너희들은 나를 누구라 하느냐고 물으셨습니다. 그랬더니 베드로가 성령의 감동을 받고 주는 그리스도시요 살아계신 하나님의 아들이라고 대답했습니다.

예수님께서 베드로를 칭찬하시지요. "바요나 시몬아 네가 복이 있도다. 너에게 그 고백을 하게 하신 이는 하나님이시다."라고 말씀하십니다. 그리고 베드로에게 "이는 베드로라 내가 이 반석 위에 교회를 세우겠다. 그리고 천국의 열쇠도 주겠다. 그 천국의 열쇠를 가진 자가 땅에서 풀면 하늘에서도 풀리고 땅에서 매면 하늘에서도 매인다."고 말씀하셨습니다. 하나님의 권능이 베드로에게서 나타나기 때문입니다. 베드로가 성령의 감동을 선포하면 땅에서도 풀리고 하늘에서도 풀리는 것입니다. 예수님께서 베드로에게 "너는 베드로라, 내가 이 반석 위에 교회를 세우리니." 라고 말씀하신 '이 반석'은 여성 명사입니다. 이 반석이 베드로를 말하는 것이라면 명사의 '성'이 같아야 합니다. 그런데 베드로는 '페트로스' 남성명사이고 반석은 '페트라' 여성명사입니다.

그럼 이 반석은 다른 것을 받는 것이란 말이지요? 그게 뭘까요? 이 반석은 베드로와 베드로가 한 고백을 모두 받는 말입니다. 정확히 말하자면 "주는 그리스도시요 살아 계신 하나님의 아들입니다."라는 고백을 한 베드로(성령의 사람) 위에 교회를 세우시겠다는 것입니다. 잘 이해하십시오. 주님은 단순히 베드로 위에 교회를 세우시겠다고 말씀하신 것이 아니라, 올바른 신앙 고백을 한 베드로 위에 교회를 세우시겠다고 하신 것입니다. 그것은 비단 베드로만을 말씀하시는 것이 아니라, 앞으로 주는 그리스도시오, 살아 계신 하나님의 아들이라는 성경적 고백을 하는 모든 하나님의 자녀들 위에 예수 그리스도의 교회를 세우시겠다는 말씀인 것입니다.

그 말씀은 교회는 하나님의 선택으로 "주는 그리스도시오 살아 계신 하나님의 아들이심을 고백할 수 있게 만든 사람들"이라는 말이 되는 것입니다. 그리고 그들에게 천국의 열쇠가 주어져 있다는 것입니다. 여기서 천국의 열쇠에 대한 이해도 잘 정리를 해야 합니다. 교회가 천국의 열쇠를 가지고 있다는 것은 교회로 부름을 받은 사람들은 하늘나라와 격리되어 있는 자들이 아니라, 이 땅에서도 천국 시민으로 살게 됨을 말하는 것입니다. 그렇기 때문에 성도들을 이 땅에서 천국을 누려야 합니다. 하늘의 뜻이 교회인 성도들의 삶 속에서 나타나게 된다는 것입니다. 그래서 교회가 땅에서 풀면 하늘에서도 풀리고 교회가 땅에서 매면 하늘에서도 매인다고 하는 것입니다.

만일 카톨릭이 말하는 것처럼, 이 반석이 베드로 한 사람을 말씀하는 것이면 바로 밑의 23절에 예수님이 베드로더러 사탄이라고 말씀하시는 것을 어떻게 이해해야 합니까? "베드로가 예수를 붙들고 간하여 가로되 주여 그리 마옵소서, 이 일이 결코 주에게 미치지 아니하리이다. 예수께서 돌이키시며 베드로에게 이르시되 사단아 내 뒤로 물러가라 너는 나를 넘어지게 하는 자로다 네가 하나님의 일을 생각지 아니하고 도리어 사람의 일을 생각하는도다 하시고(마16:22-23)"

예수께서 예루살렘에 올라가서 많은 고난을 받고 죽으실 것을 이야기하자 베드로가 예수님을 꾸짖습니다. 22절에 '간하여'라고 번역이 된 헬라어 '에피티마오'는 '책망하다, 꾸짖다'라는 뜻의 단어입니다. 예수님께서 폭풍을 꾸짖으실 때 쓰셨던 단어입니다. 그러므로 베드로는 자신의 앞날을 창창하게 책임져 주어야 할 스승이 죽겠다고 하니까, 화가 나서 주님을 꾸짖은 것입니다. 그랬더니 조금 전에 베드로의 고백을 듣고 칭찬하시던 예수님께서 그 베드로더러 사탄이라고 야단을 치셨습니다. 베드로가 순간 인간이 되었기 때문입니다. 그리고 너는 나를 넘어지게 하는 자라고 하셨습니다. 그 말씀은 "너는 나의 걸림돌이다."라는 말입니다. 걸림돌이라는 것은 합리를 추구하는 사람이라는 것입니다. 그럼 언제든지 이렇게 사탄의 도구가 되어 예수님께 걸림돌이 될 수 있는 사람 위에 교회를 세우고 그에게 천국 열쇠를 주시겠다는 말씀이 되지 않습니까?

베드로가 어떨 때 "복이 있도다."라는 칭찬을 들었고 어떨 때 "사단아 내 뒤로 물러가라"는 소리를 들었는지를 잘 보십시오. 베드로가 왜 사탄이라는 소리를 들었지요? 하나님의 계획과 뜻을 헤아리지 않고, 인간적인 생각으로 예수님을 섬긴다고 했을 때 그는 "사탄아"라는 소리를 들었고 성경이 말씀하시는 하나님의 뜻을 제대로 헤아려 "주는 그리스도시오 살아 계신 하나님의 아들이시다."라는 위대한 고백을 했을 때는 예수께 칭찬 받는 반석이 된 것입니다. 이렇게 예수님은 지금 참 복음 "예수님은 그리스도이시며 바로 하나님의 아들, 즉 하나님이시다."라는 그 참 복음을 알고 고백하는 자들 위에 교회를 세우시겠다고 말씀하고 계신 것입니다. 성령의 인도를 받는 성도들 위에 교회를 세우시겠다는 말씀입니다. 바로 그들에게 천국의 열쇠도 주신 것입니다. 그들이 땅에서 매면 하늘에서도 매이고 그들이 땅에서 풀면 하늘에서도 풀린다는 것입니다.

그 구절이 어디에서도 쓰이는 지 보세요. "네 형제가 죄를 범하거든 가서 너와 그 사람과만 상대하여 권고하라 만일 들으면 네가 네 형제를 얻은 것이요. 만일 듣지 않거든 한 두 사람을 데리고 가서 두 세 증인의 입으로 말마다 증참케 하라. 만일 그들의 말도 듣지 않거든 교회에 말하고 교회의 말도 듣지 않거든 이방인과 세리와 같이 여기라. 진실로 너희에게 이르노니 무엇이든지 너희가 땅에서 매면 하늘에서도 매일 것이요. 무엇이든지 땅에서 풀면 하늘에서도 풀리리라(요18:15-18)"

이 구절은 교회의 치리에 관한 구절입니다. 예수님께서 지금 범죄 한 자가 교회의 말도 듣지 않거든 이방인과 세리와 같이 여기라고 말씀하시고 바로 이어서 "너희가 땅에서 매면 하늘에서도 매일 것이고 땅에서 풀면 하늘에서도 풀릴 것."이라고 말씀하십니다. 이렇게 이 말씀은 베드로 한사람에게 주어진 것이 아닙니다. 교황에게 주어진 열쇠가 아닌 것입니다. 바로 성도들의 마음속의 교회에게 주어진 권한인 것입니다. 예수 이름으로 기도(명령)하면 묶인 것이 풀린다는 것입니다. 그래서 주님은 "그러나 내가 만일 하나님의 손을 힘입어 귀신을 쫓아낸다면 하나님의 나라가 이미 너희에게 임하였느니라(눅 11:20)." 말씀하시는 것입니다

그럼 교회에게 주어진 이 권한은 무엇을 뜻하는가에 관해서 조금 더 부연 설명을 하겠습니다. 그 말은 우리가 교회라고 해서 아무나 저주해 버리면 그가 하늘에서도 매이고 아무나 받아들여 주

면 그가 하늘에서도 풀린다는 소리가 아닙니다. 여기 "매면 매일 것이다"라는 단어와 "풀면 풀릴 것이다."라는 단어의 시제가 미래 완료입니다. 헬라어에서 미래 완료 시제라는 것은 여러 가지의 뜻이 있는데 여기서는 "확실성의 완료"로 쓰인 것입니다. 그것은 확실하다는 것입니다. 우리는 우리가 매면 확실하게 매이고 우리가 풀면 확실하게 풀리는 엄청난 권세를 갖고 있다는 것입니다.

비슷한 구절을 한군데만 더 찾아보겠습니다. "예수께서 또 가라사대 너희에게 평강이 있을지어다. 아버지께서 나를 보내신 것 같이 나도 너희를 보내노라. 이 말씀을 하시고 저희를 향하사 숨을 내쉬며 가라사대 성령을 받으라. 너희가 뉘 죄든지 사하면 사하여질 것이요 뉘 죄든지 그대로 두면 그대로 있으리라 하시니라 (요20:21-23)"

예수께서 부활하신 날 열 한 사도와 글로바와 그의 아내와 다른 많은 사람들이 있는 곳에 예수님께서 오셔서 하신 말씀입니다. 카톨릭은 이 구절을 들어서 전승된 사도직을 이어받은 성직자들이 죄를 사할 권세가 있다고 믿고 "고해성사", "종부성사" 같은 것을 하는 것입니다. 그러나 그 현장에는 사도들만이 있었던 것이 아닙니다. 엠마오 마을로 가던 길에서 부활하신 예수님을 만났던 글로바와 다른 제자가 예수님을 만나고 놀라서 예루살렘으로 돌아가 보니 거기 열한 사도와 그와 함께 한 많은 이들이 있었습니다. 그들이 예수님을 만났다고 이야기하고 있는데 예수님이 오셔서 그들에게 "샬롬"이라고 축복을 하시고 그 무리들에게 하신 말씀인 것입니다. "곧 그시로 일어나 예루살렘에 돌아가

보니 열 한 사도와 및 그와 함께 한 자들이 모여 있어(눅24:33)"

즉 이 말씀도 사도들에게만 하신 말씀이 아니라, 교회에게 하신 말씀인 것입니다. 그들에게 너희가 죄를 사하면 사하여질 것이고, 너희가 죄를 그대로 두면 그대로일 것이라고 말씀하셨는데 여기서 쓰인 동사는 현재완료 시제입니다. 헬라어에서 현재완료 시제는 이미 이루어진 것을 의미한다고 했습니다. 그러므로 이 말씀의 정확한 번역은 "너희들이 죄를 사하면 그 죄는 이미 사하여졌던 것이고, 너희들이 그 죄를 용서하지 않으면 그 죄는 이미 사해지지 않았던 것이다."입니다. 잘 이해하시기 바랍니다. 그 말은 무슨 뜻이냐 하면 창세전에 이미 구원을 받을 자들이 예정이 되어있는데 하나님은 우리를 하나님의 교회의 구원 사역에 동참시키셨다는 것입니다.

그래서 우리에게 복음을 전하게 하시는 것이고 우리가 복음을 전했을 때 상대방이 복음을 받아들였다면 그는 창세전에 이미 용서받기로 정해져 있던 자였지만 외양상으로는 우리가 그들의 죄를 사해주는 모습이 된다는 것입니다. 그러나 우리의 말을 듣지 않으면 그는 이미 창세전에 택함에서 제외된 사람이라는 것입니다. 그런데 우리는 누가 택함을 받은 자인지 누가 유기당한 자인지 모릅니다. 그러므로 때를 얻든지 못 얻든지 열심히 복음을 전해야 하는 것입니다.

마태복음 16장의 이야기도 바로 그 이야기입니다. 교회가 땅에서 매면 하늘에서도 매이고 땅에서 풀면 하늘에서도 확실하게 풀린다는 이야기는 우리가 복음을 알지 못하던 자들이 복음을 듣고 교회의 일원이 될 때 그들이 진짜 교회인가 아닌가를 판단하여 받아들이고 안 받아들이고 하는 권한을 가지고 있으며, 또 우리가 받아들인 자들은 이미 하나님께서 받아들이기로 한 자들이었다는 것입니다. 그러므로 우리는 이미 하나님의 자녀로서 하늘나라의 삶을 이 땅에서 살게 된다는 것입니다.

왜 우리 교회에게 그런 권한을 주셨을까요? 어느 날 어떤 사람이 꿈에 계시를 받고 "난 오늘부터 목사야" 하면 목사가 되는 것이 아니라, 교회가 그의 배경과 자질과 여러 가지를 판단하여 시험해 보고 목사라 인정하는 것처럼, 교회의 일원이 되는 것도 어느 날 갑자기 "난 오늘부터 그리스도인이야." 한다고 되는 것이 아닙니다. 교회가 그가 정말 성경에 맞는 신앙을 가지고 있으며 바른 복음을 알고 있는가를 알아보고 정말 그렇다 생각될 때에 "저 사람은 그리스도인이야, 우리 교회의 일원으로 받아들이자" 해야 그리스도인이 되는 것입니다. 그래서 교회의 멤버는 신중하게 받아야 하는 것입니다. 요즘은 그저 머리수를 채우기 위해 아무나 다 교회의 멤버로 받아들이지요? 그러므로 나중에 교회의 멤버를 받아들일 때도 신중할 수가 없는 것입니다. 교회가 소유하고 있다는 천국의 열쇠는 이미 교인들의 머릿속에서 희미하게 지워져 버린 것 같습니다.

그런 면에서 교회의 역할이 얼마나 어렵고 책임이 무거운 것인지 모르겠습니다. 어떤 사람을 풀려면 그 사람이 가지고 있는 신앙이 옳은 것인지 판정할 수 있어야 하고, 그러기 위해서는 성경을 바르게 알아야 합니다. 맨 가짜들이 가짜들을 교회라고 자꾸 받아들이니까 가짜들의 천국이 되는 것 아닙니까? 우리 참 교회들에게는 천국의 열쇠가 주어져 있습니다.

그 천국의 열쇠는 예수님께서 소유하신 열쇠이기도 합니다. "빌라델비아 교회의 사자에게 편지하기를 거룩하고 진실하사 다윗의 열쇠를 가지신 이 곧 열면 닫을 사람이 없고 닫으면 열 사람이 없는 그이가 가라사대(계3:7)" 우리에게 예수님의 그 열쇠를 똑같이 부여하시는 것입니다. 우리가 얼마나 신중하고 진지하게 그 앞에 서야 하겠습니까? 따라서 거기에는 엄청난 책임이 따르는 것입니다. 그런데 소문으로 신앙생활을 할 수 있습니까? 공부해야 합니다. 더 진지해져야 합니다. 어떻게 배우지도 않고 '무조건 믿어'로 신앙생활을 하겠다는 말들인지 정말 모르겠습니다.

아울러서 교회는 예수님의 교회입니다. 본문 마태복음 16장 18절을 다시 보겠습니다. "또 내가 네게 이르노니 너는 베드로라 내가 이 반석 위에 내 교회를 세우리니 음부의 권세가 이기지 못하리라" 누구의 교회입니까? 담임 목사의 교회입니까? 장로들의 교회입니까? 아닙니다. 교회는 예수님의 교회입니다. 그럼에도 오늘날 자신이 개척하여 키운 교회라고 그 교회에서 황제 대섭을 받는 목사들이 얼마나 많습니까? 그건 교회를 세우신 예수님을 모독하는 행위입니다. "이 닦아 둔 것 외에 능히 다른 터를 닦아 둘 자가 없으니 이 터는 곧 예수 그리스도라(고전3:11)" 보십시오. 교회는 예수그리스도의 터 위에 세워집니다. 예수 그리스도는 곧 말씀입니다. 교회는 말씀 위에 세워지는 것입니다. 그런데 성경이 무엇을 이야기하는 것인지, 무엇을 설명하는 것인지, 성도들에게 무엇을 요구하는 것인지도 모르고 “나는 걸어 다니는 교회이네” 하는 것은 정말 웃기는 코미디입니다.

“너희는 사도들과 선지자들의 터 위에 세우심을 입은 자라 그리스도 예수께서 친히 모퉁이 돌이 되셨느니라(엡2:20)” 사도들과 선지자들은 무엇을 한 사람들입니까? 하나님의 말씀을 대언하고 기록한 사람들입니다. 이렇게 교회는 말씀 위에, 말씀으로 세워지는 것입니다. 천지가 하나님 말씀으로 창조되었습니다. 말씀(로고스)이 오셔서 하나님의 백성들을 구해내셨습니다. 교회는 그렇게 저 태양이, 저 바다가 말씀으로 존재하게 되었듯이 하나님 말씀으로 지어지는 것입니다. 교회는 예수님이 주인이시고 성령님이 이끌어 가시는 곳입니다. 우리가 보았듯이 예수께서 직접 “내 교회”라 하시지 않습니까?

우리가 그 예수님이 갖고 계신 엄청난 천국의 열쇠를 받은 자로서 그 천국의 열쇠를 남용하지 않기 위해서는 열심히 하나님에 대해 알아가야 합니다. 그것은 우리 하나님의 자녀들이 마땅히 해야 할 의무인 것입니다. 영생을 가진 자들이 하나님을 모르고 예수를 모른다는 것이 말이 됩니까? “영생은 곧 유일하신 참 하나님과 그의 보내신 자 예수 그리스도를 아는 것이니이다(요17:3)” 하나님에 대한 지식, 예수 그리스도에 대한 지식은 영생하는 자들, 하나님의 백성들, 교회들에게 나타나는 증거인 것입니다. 우리 자신들이 교회가 맞습니다. 성도들의 심령에 교회가 있습니다. 자신의 마음 안에 있는 교회를 견고하게 세우는 우리가 되시기를 바랍니다.

2장 보이는 교회는 예배당인가 성전인가?

(행 17:24-25)"우주와 그 가운데 있는 만물을 지으신 하나님께서는 천지의 주재시니 손으로 지은 전에 계시지 아니하시고, 또 무엇이 부족한 것처럼 사람의 손으로 섬김을 받으시는 것이 아니니 이는 만민에게 생명과 호흡과 만물을 친히 주시는 이심이라."

하나님은 손으로 지은 전에 계시지 않습니다. 분명하게 교회는 건물이 아니고 사람이니 날마다 우리의 삶의 자리에 하나님과 동행함으로 우리 삶이 예배가 되고, 우리 삶의 자리가 교회가 되는 것입니다. 우리를 바꿔놓지 못하는 죽은 제물 죽은 제사는 이미 지나갔습니다. 우리는 예수 안에서 예수님과 함께 죽고, 예수님과 함께 부활함으로 우리의 몸이 주님의 몸 된 교회와 거룩한 성전이 되었습니다. 우리들이 가는 곳이 교회입니다. 가정이 교회이고 직장이 교회이고 일터가 교회입니다. 진짜 교회는 우리 안에 세우는 것입니다. 진짜 예배는 삶으로 느리는 예배입니다.

저는 지금 한국교회의 침체하고 쇠락하는 가장 큰 원인은 복음에 대한 오해, 곧 교회에 대한 오해에서 비롯된 것이라고 생각합니다. 교회가 무엇이라고 생각하십니까? 쉽게 대답하실 것입니다. 교회는 주님의 몸입니다. 그런데 정말로 주님의 몸이라고 생각하십니까? 하나님께서 이 땅에 세우신 기관이 둘이 있습니다. 하나는 가정이고 하나는 교회입니다. 그런데 이 둘은 다 하나님 나라를 '예표'합니다. 주님과 한 몸 되어 영원히 함께 사는 하나님 나라의 삶을 '예표'하는 것입니다. 그래서 어떤 목사님은 "가정은 작은 교회요, 교회는 큰 가정입니다"라고 말합니다. 맞는 말입니다. 둘 다 하나님 나라를 맛보고 누리며 그 나라를 소망하도록 만드신 것이기 때문입니다. 그래서 천국에는 가정도 교회도 없습니다.

오늘 한국교회는 교회가 사람이어야 하는데 그렇지 못하고 건물이 교회입니다. 그래서 교회를 '성전'이라고 하고, '제단'이라고 부르면서 크고 화려한 성전을 지어서 하나님 앞에 영광을 돌리자는 것이 구호입니다. 교회와 세상을 이분법적으로 구별해버렸습니다. 그래서 모든 것을 교회 안으로 끌어 모으는데 온 힘을 쏟습니다. 더 크고 더 화려한 건물을 짓는 것이 우상이 되고 목회 성공의 잣대가 되어버렸습니다. 그런데 세상 사람들은 우리를 개독이라고 조롱하고, 하나님의 이름과 영광을 땅에 떨어지고 짓밟히고 조롱당하고 있습니다. 하나님을 이야기하면 "하나님 좋아하고 있네!"라고 조롱합니다. 왜 그럴까요? 건물은 크고 화려한 데 하나님의 살아계신 역사가 나타나지 않습니다. 자기들하고 별로 다를 것이 없으니까요. 그래서 교회가 "모여라. 돈 내라. 집짓자."하는 곳으로 이해하며 조롱합니다.

하나님은 사람의 손으로 지은 건물에 계시지 않습니다(행 17:24). 그래서 건물로 지어진 교회가 성전이 아니라, 자신 안에 성전에 하나님께서 주인으로 계시다는 의식을 가져야 합니다.

우리는 참 하나님과 자기의 하나님을 분명히 구별해야 하며 참 예수님과 거짓예수를 분별해나가야 합니다. 무엇이 성경적인 진리인지, 유사 진리인지 알아가야 하며, 무엇이 교회인지 무엇이 교회가 아닌지 분명히 알아야 합니다. 어떤 일이 하나님께 충성하는 일인지? 어떤 일이 인간에게 이용당하는 것인지? 알아야만 합니다. 우리는 거짓된 교회 개념에 세뇌 당한 채 묶여 있어서는 안 됩니다. 성경적인 교회 개념을 정확히 알게 될 때 비로소 걸어 다니는 성전의식을 가지고 하나님께 충성하고, 주의 뜻을 행하는 것이 무엇인지 분별할 수 있게 될 것입니다.

첫째, 교회(Ecclesia=에클레시아)란, "하나님 백성의 공동체" 혹은 "불려 내어진 무리"라는 뜻입니다(무리, 공동체). 예수를 영접한 사람이외의 그 어떤 것도 교회가 될 수 없습니다. 흔히 너무도 많은 사람들이 교회라고 착각하고 있는 교회건물은 교회당, 예배당일 뿐이지 정확한 의미에서 교회당은 교회가 아닙니다. 뿐 만 아니라, 인간이 만든 조직이나 제도 역시 그 자체가 교회는 아니며, 그 자체가 신성한 것도 아닙니다(그것은 대치적 교회구조일 뿐, 결코 교회 본질의 일부가 될 수 없습니다). 뿐만 아니라, 교회당 건물을 "성전"이라고 부르는 것은 우민화된 증기이자, 무지의 소치이며, 반성경적인 것이기도 합니다. 교회당 건물을 "주님의 집"이라고 하는 것은 부당합니다. 왜냐하면 교회란 곧 믿는 사람들이기 때문입니다. 분명하게 하나님은 "우주와 그 가운데 있는 만물을 지으신 하나님께서는 천지의 주재시니 손으로 지은 전에 계시지 아니하시고, 또 무엇이 부족한 것처럼 사람의 손으로 섬김을 받으시는 것이 아니니 이는 만민에게 생명과 호흡과 만물을 친히 주시는 이심이라(행 17:24-25)"

"너희가 하나님의 성전인 것과 하나님의 성령이 너희 안에 거하시는 것을 알지 못하느뇨(고전3:16)" "너희 몸은 너희가 하나님께로부터 받은바 너희 가운데 계신 성령의 전인 줄을 알지 못하느냐 너희는 너희의 것이 아니라(고전6:19)" "하나님의 성전과 우상이 어찌 일치가 되리요, 우리는 살아 계신 하나님의 성전이라(고후6:16)" "그의 안에서 건물마다 서로 연결하여 주 안에서 성전이 되어 가고 너희도 성령 안에서 하나님의 거하실 처소가 되기 위하여 예수 안에서 함께 지어져 가느니라(엡2:21-22)" "만일 내가 지체하면 너로 하나님의 집에서 어떻게 행하여야 할 것을 알게 하려 함이니 이 집(성도)은 살아 계신 하나님의 교회요 진리의 기둥과 터이니라(딤전3:15)"

건물 성전 시대는 이미 지나갔으며 폐지되었습니다. 진정한 기독교는 더 이상 거룩한 장소나 건물을 갖고 있지 않고 오직 거룩한 사람들만 소유하고 있습니다. "교회 건물을 건축해야 한다!" 는 성경적 근거를 찾아내기는 대단히 어렵습니다. 성경적 근거가 있기는 고사하고 성전에서 행해지던 피의 희생제도와 제사장직도 이미 지나갔으므로 이제 교회는 건물이 필요하지 않다고 성경은 명백히 주장하고 있습니다.

사도행전7장 44~60절을 보면 스데반은 건물 성전이 더 이상 필요 없다고 주장하다가 순교했습니다. "그러나 지극히 높으신 이는 손으로 지은 곳에 계시지 아니하시나니 선지자가 말한 바(행 7:48)" 그러나 신약성경에는 십일조제도가 있습니다(마 23:23). 초대교회에는 오직 연보만 존재했었는데 그때 연보를 건물이나 회당 건축용도로 사용했다는 기록이 없습니다. 초대교회는 교회당 건물들을 건축하지 않았습니다. 하나님께 드려진 헌금(연보)를 건축으로 낭비하지 않았다는 의미입니다. 그들은 가정에서 모였고, 성령의 친교 (Koinonia)로 개방적이었으며 영적 은사를 행사함으로 세포 분 방식으로 정신없이 성장해 갔습니다.

이와는 대조적으로 중세시대에서는 크고 화려한 교회 건물을 짓기 시작했으며, 건물에 비중을 두게 됩니다. 기득권의 탐욕과 명예를 위해 성경의 자의적 해석했으며 강단에서 비진리가 진리 인 냥 선포되었고, 부와 명예, 권세가 종교 지도자들에게 집중되었으며 이것으로 인해 자연스럽게 극심한 부패와 타락을 초래했습니다. 중세는 기독교 역사상 -암흑기-로 불리워집니다. 교회 건물은 성공과 부와 명예를 상징하게 됩니다. 큰 교회일수록 성공과 부와 명예는 더 커집니다. 개 교회 건물들은 곧 바로 건물 지상주의, 계급주의, 제도주의, 교권주의, 물질만능주의, 차별주의, 배타주의로 연결됩니다. 지금 우리는 어떻습니까?

지금의 한국교회 역시 큰 자나, 작은 자나, 다 탐람하여, 크고 화려한 건물과 성공을 위해 장사진을 이루어 일제히 빨리 달리기 시합을 하는 것 같습니다. 교회 건물을 짓는 것이, 하나님께 충성하는 것이라고 믿었던 중세시대 성도들이 자신들의 오류나 맹종을 눈치 챘을까요? 어쩌면 지금도 많은 사람들이 동일한 (愚)우를 범하고 있는지도 모르겠습니다. 어떤 교회 건물도 기능적(Functional)이어야 하며, 수단일 뿐이어야 하며, 결코 목적(an end)이 되어서는 안 됩니다.

성경적이고 올바른 교회관은, 우리 믿음의 집을 짓는데 중요한 요소입니다. 내 영혼과 교회가 중세기의 암흑시대로 돌아가기를 원한다면 그것은 너무나 간단합니다. 건물이나 제도나 감투에 집착하는 것입니다. 더 이상 주객이 전도된 채, 헛된 노력을 경주해서는 안 될 것입니다. 우리는 사도바울처럼… 넘치는 지혜와 분별력으로 건물을 세우려 할 것이 아니라, 사람을 세워나가야 할 것입니다.

둘째, 예수 믿은 우리 자신이 성전이다. 성전보다 더 크신 분(마12:6)이신 예수께서는 왜? 성전을 허무시고(행6:14), 또, 왜? 우리를 하나님께서 친히 거하실 성전으로 삼으셨을까요?(요2:21,고전3:16). 구약에서의 하나님은 사람과 멀리 떨어져 계신 분이셨습니다. 이사야의 표현을 빌리자면 "숨어계신 하나님"(사45:15)이셨습니다. 그러나 하나님의 처소(Habitation of God)는 (거주지 혹 임재장소)로서 ① 성막(Tent)에서, ② 성전으로 (Temple), ③ 인간의 육체로 변해왔습니다.

하박국 2:20절에서 ☞고전 3장 16절이 된 것입니다. 하나님께서는 모형과 그림자에 지나지 않았던 구약의 건물성전을 인간의 몸으로 완성시키신 것입니다. 지구상에서 단 하나뿐이어야 했던 "건물성전"에서 행해지던 제사장직과, 희생제도는 이미 지나간 것이며, 장막의 모형도십자가에 의해 실체로 완성 되었습니다. "너희는 이것이 여호와의 전이라, 여호와의 전이라, 여호와의 전이라 하는 거짓말을 믿지 말라"(렘7:4)는 새 계약을 완성하신 것입니다. 이제 하나님의 성령은 "모든 육체에 임하시며"(행 2:17), "이 산에서도 말고 예루실렘에서도 말고 너희가(자신이)"(행4:21), "영(Spirits)과 진리(Truth)로 아버지께 예배하게 된 것입니다"(요4:24). "너희가(자신이) 하나님의 성전인 것과, 하나님의 성령이 너희 안에 거하시는 것을 알지 못하느냐?"(고전3:16)고 사도바울은 반문하며, 이 중요한 사실을 거듭 강조하고 있습니다.

"의문(문서 법)에 속한 계명의 율법을 자기 육체로 폐하셨으니"(엡2:15), 의문은 죽이는 것이요, 영은 살리는 것이기 때문입니다(고후3:6). 이제 하나님께서는 더 이상 벽돌로 지어진 건물(교회당이나 건물성전)에 임하여 계시지 않으며 오직 예수를 영접한 사람 안에 거하시게 됩니다. 사람이 지은 건물이 아닌 예수를 믿는 무리들이 모인 곳에 하나님께서 임재하십니다. 예배를 드릴 때에 임재하여 계시고 예배를 드리고 집으로 가면 동행하십니다. 사람이 지은 교회당에 하나님이 계신다고 믿는 사람은 아무리 기도해도 하나님의 역사가 나타나지 않는다고 해도 과언은 아닙니다. 이렇게 잘못알고 기도를 하니까, 자신의 전인격과 환경이 변화되지 못하는 것입니다. 자신 안이

아닌, 보이는 것에 치중함으로 자신의 내면에 변화가 일어나지 않는 것입니다

그러므로 내 안에 계시는 하나님… 다시 말하면 내 안에 사시는 그리스도(갈2:20)가 실제와 사실로써 체험되지 않는 믿음이란 부질없는 말(입술)만의 믿음이요, 공허한 이론(지식)에 불과합니다. "내 양은 내 음성을 듣고, 나는 저희를 알며"(요10:27). "누구든지 내 음성을 듣고 그 마음 문을 열면 그에게도 들어가 그와 함께 거하시겠다고"(계3:20), 주 예수께서는 직접 말씀하시고 계십니다. 사도 바울 역시 자기 자신이 산 것이 아니라 "오직 내 안에 계신 그리스도께서 사신 것이라"(갈2:20), 고백하게 됩니다. 바로 이런 관계가 기독교 믿음의 핵심이며 또, 사람 자신(개인)이 곧, 성전이 되고, 교회가 되는 이유입니다.

셋째, 교회건물을 성전이라 부르지 말라. 교회건물과 교회라는 의미는 다릅니다. 교회 건물을 성전이라고 해서는 안 된다는 것은 이미 칼빈이 "기독교 강요"에서 밝힌 내용입니다. 그 당시 권력 화되고 건물을 신성시하는 카톨릭이 성경에도 없는 개념을 넣는 것을 경계해서 분명히 밝힌 내용입니다. 그런데 지금 그런 용어가 교회의 큰 건물이라는 겉모양을 자랑하는 인간의 못된 심성을 따라 다시 생긴다는 것은 중세시대개념으로 돌아가는 시대 퇴보적 가치관입니다.

그래서 우리라도 용어를 바로 써야겠습니다. 교회의 본래 의미는 "하나님의 부름 받은 백성(에클레시아)", 즉 건물이 아니

라 예수를 믿는 사람입니다. 교회건물이라는 것은 우리가 공동체적 신앙을 같이 합력하고, 영적성장을 기하기 위한 공적이면서 부수적인 도구이지, 그 자체가 공동체나 성전이 아닙니다. 구약의 성전은 신앙의 본질에 대한 실체가 아니라 모형이요, 그림자 적 역할을 한 것입니다. 교회를 구약의 물리적인 성전과 동일시하면, 우리는 아직도 그런 구약의 희생제사와 제사장을 똑같이 세우고 제사해야 합니다. 신약에서는 그 성전과 희생제사의 실체가 예수그리스도라고 하고 있습니다.

성전은 예수그리스도를 상징하면서 또 예수그리스도를 믿는 성도들을 상징한다는 것이 신약의 기본원리입니다(요2:21,계21:22,고전3:16). 교회건물은 성전이 아니라, 공적인 예배와 모임, 성례의 집행 장소, 성령의 체험과 영적성장으로써의 부수적인 도구로 쓰일 뿐입니다. 지금 성전은 우리 예수님을 믿는 신자자신입니다. 즉 크리스천입니다. 즉, 물리적 성전은 사도시대 이후로 신약에선 존재하지 않습니다. 다만 그것이 영적인 의미로 상징화나 더 풍성히 승화가 되는 것입니다. 예수님은 큰 성전을 가지고 자랑하는 유대인들과 제자들에게 돌 하나도 돌 위에 남지 않고 무너진다고 했습니다(마24:1-2).

그것은 유대인들의 종교적 위선을 고발하면서 동시에 이제는 물리적 건물로써의 성전이 아니라, 우리 안에 거하시는 성령으로 말미암아 우리 자신이 성전이 되는 본질적 성전이 세워진다는 의미입니다. 또한 그것을 잘 나타내는 사건이 AD70년 로마 디도장군의 예루살렘함락과 더불어 된 성전 무너짐입니다. 그것은 유대인들의 죄악에 대한 심판이기도 하지만, 동시에 이제는 구약 적 물리적 성전의 시대가 공식적으로 끝났다는 의미입니다. 성경은 성전건물을 통해 보이는 것을 중시하는 인간의 사고를 경계하고 있습니다(행17:24).

솔로몬도 성전을 지으면서도 그런 것을 백성들에게 경계시키고 있습니다(왕상8:27-49). 그리고 사실 초대교회 때 핍박 받을 때 권력자들의 핍박을 피해 소규모의 가정규모의 교회들이 있거나, 여러 군데 동굴을 파놓고 군인들을 피해 여러 군데 도망다니면서 예배를 하기도 했습니다. 그 당시 그런 교회모습은 물리적 성전과는 확실히 거리가 멉니다. 지금 너무 걸 숫자만 늘어서 건물가지고 성전이라고 자랑하는 사역자들이 바로 유대인들이 범했던 우를 똑같이 범하고 있는 것입니다. 건물 속에서 성령으로 거듭난 자들이 모여서 예배하면 하나님의 임재가 있겠지만, 그것이 건물자체에 성스러움이 있어서 성전을 의미하는 것이 아니라, 성령이 내주하는 신자들이 모여 있기 때문입니다.

넷째, 내 몸이 성전이라. 고전 3장 16-17절에 "너희가 하나님의 성전인 것과 하나님의 성령이 너희 안에 거하시는 것을 알지 못 하느뇨 누구든지 하나님의 성전을 더럽히면 하나님이 그 사람을 멸하시리라 하나님의 성전은 거룩하니 너희도 그러하니라" 성전 안에 있는 나의 모습은 어떤 모습이어야 하는가? 또 성전이 된 내 몸의 모습은 어떤 상태이어야 하는가? 우리 몸은 어떤 몸인가? "그러므로 형제들아 내가 하나님의 모든 자비하심으로 너희를 권하노니 너희 몸을 하나님이 기뻐하시는 거룩한 산, 제사로 드리라 이는 너희의 드릴 영적 예배니라(롬12:1)" 일상 사석 같은 자리에서 구린내 나는 몸으로 예배드리지 말라고 합니다. 성령의 지배를 받아 영과 진리로 예배를 드리라는 것입니다. 거룩한 산 제물이 되라는 것입니다.

성경이란 성령의 거울을 통해서만 그것을 알 수 있습니다. 세상은 철저하게 사단이라는 또 하나의 거울을 통해서 우리의 진실을 거짓으로 바꾸어 놓게 만드니까? 사도 바울 조차도 이런 현실 속에서 고통스럽게 외치는 한마디를 하십시오. "오호라 나는 곤고한 사람이로다. 이 사망의 몸에서 누가 나를 건져내랴(롬7:24)"

하나님은 오직 마음이 성전으로 거룩하게 구별된 심령에게만 거하십니다. 오직 성전으로 거룩하게 구별된 심령만이 하나님의 처소입니다(고전3:16,6:19,고후6:16). 그리스도인은 그리스도인의 행복이 있어야합니다. 복의 개념이 세상 사람과 같아서는 행복 할 수가 없습니다. 죄지은 인간의 심령은 에덴동산을 상실한 상태입니다. 에덴동산은 하나님의 말씀을 듣고 순종하는 영적인 세계입니다. 우리는 주님의 새 생명을 받아야만 하나님 나라에 들어 갈 수 있습니다(중생). 주님의 십자가는 아버지의 계명을 지기는 자리였습니다. 신앙 양심에 걸리는 것을 찾아내야합니다. 기도는 자신의 심령에 성전을 견고하게 지어가는 수단이 되어야 합니다. 그래서 카리스마가 분출되는 기도를 해야합니다. 카리스마가 분출될 때에 세상에 물러가기 때문입니다.

바르게 알아야할 것은 방언 기도 유창하게 하는 것이 문제가 아니고 방어기도하면서 자신의 전인격이 변화되는 방언기도를 해야 합니다.

말씀을 정리합니다. 교회란 무엇일까요? 많은 사람들은 교회를 십자가 종탑이 있는 건물로 생각합니다. 그러한 건물은 교회라는 말보다는 예배당이라는 말이 더 정확한 표현입니다. 그렇다면 교회의 참 의미는 무엇일까요? “고린도에 있는 하나님의 교회 곧 그리스도 예수 안에서 거룩하여지고 성도라 부르심을 받은 자들과 또 각처에서 우리의 주 곧 그들과 우리의 주되신 예수 그리스도의 이름을 부르는 모든 자들에게(고전 1:2)” 이처럼 엄밀한 의미에서 교회란 거룩한 성도들 혹은 예수 그리스도를 믿는 사람들과 그 단체를 의미합니다. 우리가 교회에 나와야 하는 이유도 바로 거룩한 성도, 즉 거룩한 교회가 되기 위해서입니다.

교회란 ①주님의 나라 백성을 가리키는 말입니다. ②예수님을 믿는 사람들의 공동체입니다. ③구원받은 사람들의 단체입니다. ④세상에서 불러낸 하나님의 백성들의 모임입니다. ⑤교회=(헬)에클+레시아= 밖에서(세상) + 불러내다를 뜻하는 것입니다.

그러므로 엄밀한 의미에서 교회는 건물이나 눈에 보이는 사람들의 모임이 아니라, 그 안에 존재하는 예수님을 믿는 믿음의 공동체(사람)가 되는 것입니다. 단순히 교회에 나온다고 해서 교회가 되는 것이 아닙니다. 불신자들이 볼 때 때때로 교회에 나오는 교인들 중에서 위선자가 있는 것처럼 보이는 이유도 교회

에 나오는 교인들이 아직 참된 교회로 변화하지 못한 경우가 많기 때문입니다

교회란 예수님을 믿는 사람이 교회입니다(빌레몬서1장2절 참조). 예수님이 오시기전엔 하나님을 예배하는 장소가 교회였으나 예수님이 오시고, 죽으시고, 부활하신 이후부턴 예수님을 믿는 사람이 교회이며, 주위에 보이는 건물은 교회들이 모여 예배드리는 장소, 건물인 것입니다. 교회들마다 하나님을 예배하는 모습과 하나님과 교재 하는 방식이 서로 다릅니다. 하나님은 광대하시기에 그 광대하신 하나님을 더 알기위해 그리고, 주일성수를 위해교회들이 한자리에 모여 하나님을 더 아름답고 영화롭게 하기 위해 모이는 것입니다. 우리는 성전을 재건하는 사람들입니다. 범죄로 깨어진 성전을 다시 건축하는 신령한 건축가들입니다. 그 일은 바로 내 믿음의 순금등대에 불을 붙이는 것입니다. 우리 각자가 거룩한 성전으로 재건될 때, 나의 앞날을 밝히는 소망의 등불이 밝혀지게 되는 것입니다.

우리가 바르게 알아야할 것은 예수님이 십자가에서 생명을 버리신 것도 사람(성전)을 구원하시기 위함입니다. 예배당의 조직이나 제도 건물을 구원하지 않습니다. 하나님은 인격이시라, 사람이 지은 예배당의 조직이나 제도 건물과 교통할 수가 없으십니다. 교회는 건물이 아니라 사람입니다. 교회는 건물이 아닙니다. 예수님을 주인으로 믿는 우리가 성전이요, 우리가 교회입니다. 아무리 건물이 화려해도 그 안에 있는 사람들이 아니면 하나님께서 성전의 문을 닫으시는 것입니다.

3장 교회는 예수님께서 하신 일을 하는 곳

(행 10:38)"하나님이 나사렛 예수에게 성령과 능력을 기름 붓듯 하셨으매 그가 두루 다니시며 선한 일을 행하시고 마귀에게 눌린 모든 사람을 고치셨으니 이는 하나님이 함께 하셨음이라"

교회는 예수님께서 공생애 동안 하신 사역을 하는 곳이어야 합니다. 예수님께서 세례요한에게 세례를 받으신 후에 하늘 문이 열리고 하늘에서 성령이 비둘기 같이 그 위에 임하시고 하나님이 이는 내 사랑하는 자요, 내 기뻐하는 아들이라는 음성으로 보장을 해주셨습니다. 그리고 예수님께서 자기가 태어난 동네에 내려가서 안식일에 회당에 들어가니까 예수님에게 성경책을 갖다 주었습니다. 성경책에 예수님은 누가복음 4장 16절로 21절에 있는 말씀을 펼쳐서 그들에게 읽어주셨습니다. 예수님은 교회가 그냥 막연하게 사람들이 오다가다 모인 곳이 아니라 예수님의 몸 된 교회요. 성령이 오순절 날에 임한 성령의 집인 것입니다. 그러므로 교회에 참석한 우리들은 예수님을 만나러 교회에 오는 것이고 성령님의 역사를 체험하기 위해서 교회에 오는 것입니다.

우리가 그냥 텅 빈 공간에 서로 교제하기 위해서 모였다가 헤어지는 곳이 교회가 아닙니다. 유형교회는 성도 한사람, 한사람의 심령교회에 계시는 성령님이 역사하시는 곳입니다. 성령의 전입니다. 성령께서 성전에 가득하게 와계십니다. 교회는 엄청난 하나님의 문제 해결의 역사가 이루어지는 곳이 교회인 것입니다.

첫째, 가난한 자에게 복음을 전했다. 주님께서 교회에 임하셔서 행하실 일을 스스로 말씀했는데 교회는 가난한 자에게 복음을 전하기 위하여 예수님께 기름을 부으시고, 교회에 예수님이 계셔서 복을 내려주시는 곳이 교회라는 것입니다. 여기에 가난한 자라는 것은 물질적으로 가난한 자라 말하는 것이 아닙니다. 심령에 하나님의 영(말씀)이 충만하지 못한 사람을 말하는 것입니다. 아담과 하와가 에덴동산에서 쫓겨난 이후로 땅은 저주를 받아 가시와 엉겅퀴를 내었고 물질적으로 늘 가난하고 헐벗고 굶주렸습니다. 굶주린 사람들에게 하나님의 은혜를 전하러 오셨습니다. 좋은 소식을 가난한 자에게 주는데, 가난한 사람에게 좋은 소식이 뭡니까? 가난을 면하는 것이 좋은 소식 아닙니까? 예수님은 교회에 오시는 이유가 "종교적인 의식이나 형식을 취하기 위해서 오시는 것이 아니라, 현재 배고프고 헐벗고 굶주리고, 병들어 영적으로 갈급함으로 고통당하는 사람들에게 좋은 소식을 전하려고 왔다." 그러므로 오늘 이 자리에 와 계신 예수님은 우리에게 속삭이십니다. "나는 너에게 좋은 소식을 전하기 위해서 왔다. 가난하고 헐벗고 굶주림에서 너를 벗어나게 해주고, 헐벗고 굶주리고 고난당한 자를 오히려 도와줄 수 있도록 축복하기 위해서 내가 네게 왔다." 그러므로 우리는 교회에 나옴으로 예수님이 우리를 부요케 하신다는 것을 알아야 되는 것입니다. 우리 마음이 언제든지 "나는 가난하다. 나는 못산다. 잘 안 된다." 그런 마음을 품고 있으면 안돼요. 예수님께서 우리를 축복해주셔서 부요하게 살게 하려고 교회에 오셨다는 것입니다. 그러므로 우리의 마음이 풍요로운 생각으로 가득 차 있어야 되는 것입니다. "나는 축복받았다. 나는 주님께서 일용할 양식을 늘 공급해주신다. 나는 하나님의 영광을 위해서 부자가 된다." 우리가 부끄럼 없이 그렇게 말할 수 있는 것입니다.

왜냐하면 이스라엘 백성이 애굽을 나와서 광야에 들어왔을 때에 대략 숫자가 한 300만이 되었습니다. 한 300만 되는 이스라엘 백성에게 매일 같이 먹을 양식을 주셨습니다. 광야에서 농사도 지을 수 없고, 모래벌판, 민둥산 밖에 없는 그런 광야에서 하나님은 40년 동안 300만에게 하루 삼시 세 때 먹게 해주셨습니다. 만나를 주셨어요. 농사를 사람들이 짓지도 않았는데 아주 가난하고 헐벗고 굶주리고 못 먹고 영양실조가 되어 죽어야 될 곳인데 거기에 하나님께서 만나를 내려 주셔서 40년 동안 먹었습니다. 그러므로 하나님이 우리 교회에 와서 복을 주신다고 말하면 하나님이 교회에 와서 어떻게 복을 주시느냐? 주님께서 사업장을 주시느냐? 농토를 주시느냐? 어떻게? 아, 이스라엘 백성에게는 아무 것도 없는 곳에서 40년 동안에 만나를 주셨는데 하나님이 변화되나요? 어제나 오늘이나 동일하신 하나님이십니다.

예수님께서 갈릴리 호숫가 광야에서 남자만 오천 명, 부녀자가 기만명이 왔을 때, 오병이어로 오천 명을 먹이고 열두 바구니가 남게 했습니다. 그 이후에 다시 한 번 사천 명에게 배불리 먹게 한 적이 있습니다. 주님께서는 전능하신 하나님이기 때문에 꼭 심고 거두어야 되는 줄 알지만은 주님이 원하시는(대로) 축복하시면 그 축복이 우리 눈앞에 나타나게 되는 것입니다. 아브라함이 갈대아 우르에서 하나님의 부름을 받아서 가나안 땅에 들어왔을 때, 주님이 말씀으로 축복을 주셨습니다. "너는 네 고향과 친척과 아버지의 집을 떠나 내가 네게 보여준 땅으로 가라. 내가 그 곳에서 큰 민족을 이루어 주고 크게 축복해 주리니 너는 복이라." 복의 자체 복 덩어리라는 것입니다. "사람이 너에게 저주하면 내가 그를 저주할 것이요. 네게 복을 빌면 그에게 복을 내려 줄지니 온 세상이 너로 말미암아 복을 받을 것이라." 75살 먹는 노인에게 새 인생을 출발하라고 하시고 난 다음에 말씀으로 복을 주셨습니다.

하나님의 말씀으로 복을 받으면 그 말씀이 가는 곳마다 복을 가지고 오는 것입니다. 우리가 예수를 믿으면 주님께서 가난한 자에게 복된 소식을 전하러 오신 주님이기 때문에 주님이 축복을 해주시는 것입니다. 고린도후서 8장 9절에 보면, "우리 주 예수 그리스도의 은혜를 너희가 알거니와 부요하신 이로서 너희를 위하여 가난하게 되심은 그의 가난함으로 말미암아 너희를 부요하게 하려 하심이라" 야~ 참 놀라운 말씀 아닙니까? 부요하신 자로서. 예수님이 천지와 만물을 지으셨으니 말할 수 없이 부요하지요. 부요하신 예수님이 너희를 위해서 가난하게 되셨다. 집도 없고, 거할 곳도 없는 노숙생활을 하면서 그가 3년 반 동안 목회를 하시고 십자가에서 돌아가셨는데, 그 부요하신 예수님이 가난하게 되신 것은 그의 가난함을 인하여 우리를 부요케 하려 하셨다. 주님께서 우리들의 귀에 대놓고 말씀하는 것입니다.

"걱정하지 마라. 내가 너를 부요케 하기 위해서 너희 가난을 걸머지고 십자가에서 죽는다. 내가 다 이루었다." 빌립보서 4장 19절에 "나의 하나님이 그리스도 예수 안에서 영광 가운데 그 풍성한 대로 너희 모든 쓸 것을 채우시리라" 우리가 이런 말씀을 읽을 때 우리 마음의변화가 와야 되고 생활에 변화가 와야 되는 것입니다. 우리를 위해서 예수님이 가난하게 되셨는데 예수님이 우리를 부요하게 하기 위해서 축복을 해주셨고 그 다음에는 우리의 생활에 필요한 것을 다 채워 주시는데 이 말씀을 듣고 난 다음에 우리 마음속에 꿈이 달라져야 되는 것입니다. 가난하고 헐벗고 굶주린 꿈이 아니라 주께서 우리에게 축복을 해주셨음으로 만나도 임하고 오병이어의 기적도 나타나고 우리가 가난을 벗어나서 오히려 우리 이웃의 가난한 사람에게 도움을 베푸는 처지에 있게 되는 우리 자신을 바라본 꿈이 생겨나야 되는 것입니다.

스스로를 꿈꾸어 볼 때 자화상이 축복받은 자화상을 가지고 있으면 생활 자체가 달라지는 것입니다. 오늘 우리 주님께서는 예수 그리스도를 통해서 가난한 자에게 복된 소식을 주어서 복되게 하는 것이 하나님의 뜻 이라고 하는 것을 보여주는 것입니다. '내가 잘 사는 것이 하나님 뜻이 아니다. 가난하고 헐벗고 굶주려서 고난을 받아야 그것이 하나님 뜻이다.' 사람들은 그렇게 자꾸 하나님 말씀의 뜻을 자기중심으로 생각하는데 하나님이 성경에는 가난한 것이 하나님 뜻이라고 말하지 않습니다. 하나님의 뜻은 지금 이땅에서 마음의천국을 이루고 아브라함의 복을 받아 누리며 하나님의 나라 건설의 군사로 살다가 천국에 들어가는 것입니다. 스스로 자신을 비하하지 말기를 바랍니다.

둘째, 귀신의 포로 된 자들을 자유하게 하셨다. 모든 사람들이 다 죄의 포로가 되어있는 것입니다. 아담과 하와의 자손 치고 죄의 포로가 되지 않은 사람은 없습니다. 죄악에서 포로 된 사람이 지기 힘으로 아무리 해방이 되려고 해도 해방이 되지 못합니다. 우리의 일생의 죄를 예수님의 십자가 피로써 씻음을 받은 것처럼, 모든 허물도 예수 그리스도의 십자가의 보혈로 씻음을 받지 않고는 허물의 사함을 받을 수가 없습니다. 우리가 죄만 용서받는 것이 아니라, 나쁜 습관도 십자가의 보혈로 해방을 얻을 수가 있는 것입니다. 우리 예수 믿는 사람들이 알아야 될 것은 크고 작은 모든 것이 예수님의 보혈을 믿음으로 말미암아 해방될 수 있다는 것입니다. 인간의 행위로 되는 것이 아니라, 믿음으로 죄 사함을 받고 믿음으로 허물을 벗어버리고 믿음으로 영혼이 잘되고 범사에 잘되며 강건하며 생명을 얻되 풍성히 얻고 믿음으로 주의 품에 안겨서 갈 수 있는 것입니다.

로마서 8절 1절로 2절에 "그러므로 이제 그리스도 예수 안에 있는 자에게는 결코 정죄함이 없나니 이는 그리스도 예수 안에 있는 생명의 성령의 법이 죄와 사망의 법에서 너를 해방하였음이라" 해방 받은 우리가 여기 앉아있는 것입니다. 우리가 일본사람 치하에서 36년 동안 나라를 잃어버리고 정말 인간 이하의 대접을 받았고 식민지의 종으로 살았습니다. 그러나 해방이 다가오자 우리 국가와 민족이 자주독립을 얻게 된 것처럼, 예수 그리스도의 십자가 보혈과 생명과 성령의 역사로 말미암아 죄와 불의와 모든 나쁜 습관을 깨끗이 씻음을 받을 수 있는 것입니다. 갈라디아서 5장 1절에 "그리스도께서 우리를 자유롭게 하려고 자유를 주셨으니 그러므로 굳건하게 서서 다시는 종의 멍에를 메지 말라" 그러므로 십자가에 못 박히신 예수 그리스도의 은혜와 보혈의 권세를 깊이 믿어야 되는 것입니다. 말이 영이요, 생명이라 했으니 믿음의 말, 축복의 말을 하시기를 바랍니다.

우리 예수 믿는 사람의 가장 위대한 은혜는 믿는 것입니다. 믿음 이외에 우리가 뭐 "선한 행위를 함으로 말미암아 하나님께 불쌍히 여김을 받아서 구원을 받는다."고 생각하는 것은 얼토당토한 일인 것입니다. 우리는 죄를 짓고 불의하고 추악하고 버림을 받아야 마땅함에도 불구하고 예수님의 십자가 보혈로 깨끗이 씻음을 받았다. 의롭다 함을 입되 평생에 죄를 한 번도 안 지은 사람같이 의롭다 함을 입고 그리스도를 통해서 천국에 갈 수 있게 되었으니 얼마나 감사한 일입니까? 마귀는 우리를 여러 가지 나쁜 습관으로 포로를 삼습니다. 우리 인류의 문명은 날이 갈수록 발전을 거듭하지만은 인간은 여전히 죄의 포로가 되어 살아가고 있는 것입니다. 유형교회에 나와서 성령 충만 받으면서 우리를 묶는 악한 영들을 몰아내는 것입니다.

셋째, 영의 눈먼 자를 다시 보게 하셨다. 우리 주 예수 그리스도께서 계신 교회에 우리가 왜 나오느냐? 눈을 다시 떠서 보게 하기 위해서 우리가 나옵니다. 아담과 하와는 하나님의 형상과 모양을 본따 지음 받아 그 영성이 살아있기 때문에 하나님을 보고 하나님과 서로 대화할 수 있습니다. 그러나 타락하고 난 다음에 영이 죽으므로 영안도 죽고 말은 것입니다. 육신의 눈은 있으나 영적인 눈은 죽어 버렸었습니다. 그런데 교회에 와서 예수 그리스도를 믿음으로 말미암아 영적으로 새로 태어나면 영안이 열려서 교회가 예수 그리스도의 몸 된 것이 교회요, 성령이 이곳에 임재 하여 계시고, 예수 그리스도와 성령이 구하는 우리들을 축복해 주신다는 것을 깨달아 알 수 있게 만들어 주시는 것입니다.

우리의 영안이 열려서 하나님 세계를 볼 수 있게 된다는 것은 얼마나 놀라운 일입니까. 에베소서 1장 17절로 19절에 "우리 주 예수 그리스도의 하나님, 영광의 아버지께서 지혜와 계시의 영을 너희에게 주사 하나님을 알게 하시고, 너희 마음의 눈을 밝히사, 그의 부르심의 소망이 무엇이며, 성도 안에서 그 기업의 영광의 풍성함이 무엇이며, 그의 힘의 위력으로 역사하심을 따라 믿는 우리에게 베푸신 능력의 지극히 크심이 어떠한 것을 너희로 알게 하시기를 구하노라" 엄청난 하나님의 은혜를 우리가 영안을 가시고서 깨닫고 알게 되고, 믿게 되고, 구하게 되고, 그리고 우리의 생활은 교회를 통해서 천국 생활을 할 수 있게 된다는 것입니다. 우리 눈을 다시 떠서 하나님이 우리를 위해서 예비해놓으신 영광을 소유해야 되겠습니다.

넷째, 귀신에게 눌린 자를 자유하게 하셨다. 질병은 삶의 자유를 빼앗아 갑니다. 성령께서 교회에 참석한 성도들을 자유하게 하십니다. 마귀가 억압하여 병이 들게 하므로 마귀를 쫓아내고 병을 고치셨습니다. 그런 역사를 하나님이 베푸시는 것입니다. 하나님은 병을 굉장히 미워하십니다. 예수 그리스도께서 3년 반 동안 이 땅에서 목회하셨는데, 병든 자의 병을 안 고쳐준 적이 없습니다. 먼 곳에서 병을 고쳐달라고 하면 출장을 가서 병을 고쳐주셨습니다. 제자들에게도 회개하라 천국이 가까이 왔다 하고 가는 곳마다 병든 자를 고쳐주고 귀신을 쫓아내라고 한 것입니다. 기독교는 병을 고치는 종교인 것입니다. 교회는 병든 자들이 와서 기도하고 치료를 받는 장소가 교회인 것입니다.

오늘날 의사 선생님이 열심히 해서 많은 병을 고쳐주신 것을 감사하게 생각합니다. 그러나 인간의 힘으로 안 될 때, 성령의 권능이 역사하는 교회에 와서 우리가 기도하면 하나님의 기적이 나타나는 것입니다. 어떠한 사람은 우리가 의학적인 도움을 받아서 치료하면 하나님이 진노하셔서 기도를 안 들어 준다고 그렇게 오해를 하는데 그렇지 않습니다. 하나님이 원하시는 것은 치료에 있지 '병원에 가서 치료를 받아서 나았느냐, 주님이 안수기도를 해서 나았느냐' 그것을 따지지 않습니다. 크리스천이 치료해서 건강해지기를 하나님이 원하시는 것입니다. 그러므로 질병이 있을 때 하나님께 기도하면 병원에 보내서 병원의 도움을 받게 하기도 하시고, 그렇지 않으면 주님이 주님의 일꾼을 통해서 직접 안수해서 고쳐주기도 하시는 것입니다.

그러므로 방법에 대해선 걱정하지 말고, 구원의 치료를 받는다는 그 목적을 주님께서 관심을 가지고 계시다는 것을 잊지 마시기 바랍니다. 사도행전 10장 38절에 보면 "하나님이 나사렛 예수에게 성령과 능력을 기름 붓듯 하셨으매 그가 두루 다니시며 선한 일을 행하시고 마귀에게 눌린 모든 사람을 고치셨으니 이는 하나님이 함께 하셨음이라" 모든 사람을 고쳤다. 특별한 사람만 고친 것이 아닙니다.

하나님께서 예수님을 보내시매 그가 두루 다니시며 모든 사람을 고쳐주셨다. 크리스천 한사람 한 사람이 예수님의 몸이니깐, 유형교회 와서 기도를 통해서 예수 그리스도의 음성을 듣고 순종하면 불치병도 낫는 것입니다. 교회에 나와 예배를 통하여 예수님을 만나면 그 만남으로 은혜 속에서 주님이 고쳐주시는 것입니다. 고치는 것이 하나님의 뜻이요, 안 고치는 것은 마귀의 뜻인 것입니다. "도적이 오는 것은 도적질하고 죽이고 멸망시키는 것뿐이요 인자가 오는 것은 양으로 생명을 얻게 하되 더 풍성히 얻게 하려고 오노라" 죽이는 사망의 역사는 마귀가 가져오고 생명의 역사는 하나님의 아들이 가지고 오시는 것입니다. 축복을 받는 것은 하나님 아들이 주시는 것이요, 패망케 하는 것은 원수마귀가 하는 것입니다.

이 병은 스트레스에 의해서 온다고 성경은 가르쳐주고 있는 것입니다. 스트레스에 걸리면 온갖 병이 다 나타나는 것입니다. 눌림을 당하면 병이 됩니다. 마음이 눌리면 마음이 병들고, 육신이 눌리면 몸이 병드는 것입니다. 눌리는 것을 스트레스라 하는데 우리 국민의 일상생활의 스트레스와 직장인의 업무 스트레스가 OECD국가들 중 최고 수준이라는 것입니다. 스트레스를 우리 한국 사람들이 제일 많이 받고 있다는 것입니다. 우리 사회는 경쟁

이 심하기 때문에, 일생동안 스트레스를 경험하는데, 청소년에게는 과도한 입시 경쟁 때문에 입시 스트레스가 굉장히 괴롭게 하는 것입니다. 청년은 취업난 때문에 스트레스를 받고, 장년은 가계 및 빚이 너무 많으므로 업무상 스트레스를 받고, 어쩌면 해고되어 직장을 잃지 않을까하는 불안 때문에 스트레스와 고난을 받고 있습니다. 노년기에는 질병과 빈곤으로 스트레스에 시달리고 있는 것입니다. 우리 한국 사람은 말할 수 없는 스트레스를 당하고 있는 것입니다. 이 스트레스를 처리하는 곳이 교회입니다.

그런데 유형교회에 나와서 성령으로 충만 받으면 성령의 역사가 심령에 쌓인 스트레스를 몰아냅니다. 성령의 역사로 스트레스에서 해방과 자유를 얻게 되고, 치료받게 되는 것입니다. 봄철에 길거리를 걸어가다가 돌 밑에서 노랗게 떠 있는 풀을 보고 돌을 치워주고, 얼마 안 있으면 새파랗게 그 풀이 살아서 일어나는 것입니다. 풀이 돌에 눌리면 노랗게 되고 죽습니다. 마귀가 일으키는 스트레스에 눌리면 마음도 노랗게 되고, 몸도 노랗게 되고, 생활이 노랗게 되는 것입니다. 사람의 힘으로 스트레스를 벗어나지 못하지 않습니까? 그런데 교회 와서 예배드리며 성령으로 기도하여 성령으로 충만을 받으면 성령께서 스트레스를 다 몰아내고, 치워버리는 것입니다. 그리고 믿음, 소망, 사랑, 의, 평강을 통해서 새로운 힘을 얻어 일어나게 만들어 주시는 것입니다. 하나님은 유형교회를 통하여 마음의 상처와 스트레스와 질병을 치유하여 자유하게 하시는 것입니다.

다섯째, 하나님의 은혜를 전하셨다. 하나님께 나오는 궁극적인 목적은 구원을 얻어 지금 마음의 천국을 이루고 아브라함의 복을 받아 누리며 하나님의 군사로서 사명을 감당하다가 천국에 들어가는 것입니다. 세상 사람들은 우리가 구원을 얻기 위해서 의로운 삶을 살아야 하고, 행위를 정직하게 해야 한다고 하나 행위로 구원받을 사람은 한 사람도 없습니다. 그래서 예수님이 오셔서 인간을 대신하여 고난을 받으시고 믿음으로 '하나님의 은혜로 구원을 받는 것'을 선포하는 것입니다. 인간은 이 땅에 태어나서 천진난만한 시대에 아담과 하와가 살았으나 죄를 짓고 난 다음에는 양심시대가 되어 양심대로 살다가, 그 다음엔 율법을 주셔서 율법시대가 다가왔고 지금은 예수님을 통해서 은혜의 시대에 살고 있는 것입니다. 천진난만한 시대의 사람은 천진난만하게 살았습니다.

그러나 양심시대가 왔는데 양심대로 살지 못했고, 율법시대가 왔는데 율법을 다 어기고…. 어떻게 해야 하나님 앞에 인정을 받고 살겠습니까? 예수 그리스도의 십자가 보혈을 통해서 이젠 믿음으로 은혜를 받아서 구원 받는 은혜의 시대에 우리가 살고 있습니다. 우리들은 지구상에 살아있는, 살아 온 사람들 중에 가장 문명이 좋은 시대에 살고 있는 것입니다. 갈라디아서 2장 16절에 보면 "사람이 의롭게 되는 것은 율법의 행위로 말미암이 아니요" 좋은 일을 한다고 구원받는 것이 아닙니다. "율법의 행위로 말미암는 것이 아니요, 오직 예수 그리스도를 믿음으로 말미암는 줄 알므로 우리도 그리스도 예수를 믿나니, 이는 우리가 율법의 행위로써가 아니고, 그리스도를 믿음으로 의롭다 함을 얻으려 함이라. 율법의 행위로써 의롭다 함을 얻을 육체가 없느니라"

유형교회에서 가장 위험한 것이 행위로 열심히하고 판단하는 것입니다. 아! 나는 너보다 열심히 봉사한다. 아! 나는 너보다 더 성경을 많이 앎다. 아! 나는 너보다 기도를 많이 한다. 거짓말을 너보다 좀 적게 하고, 탐욕도 너보다 적고, 그래도 덜 교만하다. 너보다 낫다. 하나님은 오늘날 더 낫다, 더 못하다 계산하지 않습니다. 좌우지간에 죄는 조그마한 것도 죄요, 많은 것도 죕니다. 죄의 값은 사망이요, 하나님의 은혜는 보혈을 통하여서 영생인 것입니다. 그러므로 자랑할 것이 없습니다. 에베소서 2장 8절처럼 "너희는 그 은혜에 의하여 믿음으로 말미암아 구원을 받았으니 이것은 너희에게서 난 것이 아니요 하나님의 선물이라" 선물에는 조건이 붙어 있지 않습니다. 무조건하고 공짜로 주는 것입니다.

하나님은 예수 그리스도의 생명을 대속으로 내어놓고 난 다음 그 은혜로 우리를 구하는 것이기 때문에 믿기만 하면 되는 것입니다. 하나님께 감사하고 믿고! 너무너무 감사하지 않습니까? "그 은혜를 인하여 믿음으로 말미암아 구원을 얻었으니 이것은 우리에게서 난 것이 아니요 하나님의 선물이라" 행위에 말미암는 것이 아니니 그러므로 자랑할 것이 없느니라! 주님만 믿기만 하면 구원이 다가오는 것입니다. 고린도후서 6장 2절에 "이르시되 내가 은혜 베풀 때에 너에게 듣고 구원의 날에 너를 도왔다 하였으니 보라 지금은 은혜 받을 만한 때요 지금은 구원의 날이라" 오늘날 우리가 살아있는 지금이 은혜와 구원을 받는 때인 것입니다. "교회는 무엇을 하는 곳이며, 왜 와야 되는가"를 예수님께서 분명히 설명하셨습니다. 교회는 그냥 텅 빈 모임을 위한 공간이 아니라, 예수님의 이름을 붙인 성령님의 전인 것입니다. 교회 오는 사람들이 반드시 알아야 할 사항은 성령께서 교회를 세우셨고, 예수님은 어제나 오늘이나 영원토록 동일하시고, 우리와 함께 임재 하여 계심으로 우리는 교회의 살아있는 역사 속에 예배드려야 되는 것입니다. 목회자의 신앙지도를 받으면서 믿음이 자라게 해야 합니다. 거기다가 성령의 역사로 문제를 해결 받고, 상처를 치유하며, 병을 고치고, 스트레스를 성령의 역사로 몰아내는 것입니다. 예수 그리스도는 어제나 오늘이나 영원토록 동일하시고, 성령도 동일하시니 교회에 나와서 예수님을 만나고 성령 충만해지고 죄 사함을 받고, 마귀를 쫓아내고, 저주에서 해방되어 축복을 받고, 은혜를 받아 천국을 선물로 가슴에 품고 매일매일 성령의 도우심을 받아 죄악을 씻고 주님 나라를 앙망하는 그곳이 교회인 것입니다.

충만한 교회에서는 매수 복요일 밤 19:30-21:30 성령, 기도, 내적치유집회를 정기적으로 진행하고 있습니다. 성령세례와 체험을 원하시는 많은 분들이 찾아오셔서 성령세례를 받고, 방언기도를 분출시키며, 질병과 마음의 상처를 치유 받고 있습니다. 담임목사가 일일이 1시간이상 안수하여 성령으로 기도하며 성령의 강력한 역사가 일어나서 오시는 분들이 많은 은혜를 받고 있습니다.

4장 교회는 치유(힐링)와 회복의 공동체

(엡 4:25-32)"(32)서로 친절하게 하며 불쌍히 여기며 서로 용서하기를 하나님이 그리스도 안에서 너희를 용서하심과 같이 하라"

하나님은 예수를 믿고 성령의 인도를 받는 크리스천을 교회에 들어오게 하여 전인적인 치유와 회복하게 하십니다. 그래서 교회는 이 세상에서 가장 거룩하고 영광스러운 공동체입니다. 이 교회의 구성원들은 누구도 예외 없이 예수 그리스도를 하나님의 아들이시며 죄인들의 구주로 믿는 자들입니다. 사람들은 누구든지 거룩한 교회를 통하여 그리스도의 복음을 접하게 되고 교회에서 신앙생활을 하다가 이 세상을 떠나 영원한 본향으로 돌아갑니다. 그러므로 교회는 구원받은 자들의 공동체입니다. 그러나 문제는 교회의 이중성입니다. 교회의 이중성은 교회를 구성하고 있는 성도들의 모습 속에서 나타납니다. 교회는 거룩하고 완전하지만, 그럼에도 불구하고 교회 공동체 속의 인간은 불완전합니다.

한 젊은이가 목사님을 찾아와 자신의 고민을 꺼내며 이런 요청을 했다고 합니다. "목사님, 저는 교회생활을 하는데 힘이 들고 늘 시험받게 됩니다. 아무 문제도 없는 완전한 교회 하나를 소개해 주세요." 이때 목사님은 빙그레 웃으며 젊은이에게 이렇게 말했다고 합니다. "자네가 혹시 그런 완전한 교회를 찾으면 절대로 그 교회에 속하지는 말게." "왜요?" "왜냐하면 자네가 그 교회에 속하는 날부터 그 교회의 완전함은 사라질 테니까, 바로 자네 때문에 말일세." 세상에 완전한 교회는 있을 수가 없고, 자기 자신부터 완전하도록 치유되어야 되는 대상이라는 말입니다.

첫째, 교회는 죄인들이 성화되어 가는 공동체이다. 에베소서는 사도바울이 로마 옥중에서 에베소교회 성도들에게 보낸 서신입니다. 에베소서 4장 1~16절은 그리스도인이 영적으로 성장해야 한다는 말씀이며, 에베소서 4장 17~24절은 구원받은 그리스도인의 새 생활에 관한 말씀입니다. 본문 25~32절은 구원받은 그리스도인들이 새로운 삶을 살기 위해서 버려야 할 것들이 무엇인지를 말해 줍니다. 25절부터 읽어 보겠습니다. 사도바울은 에베소교회 신자들에게 "여러분들은 거짓을 버리고 이웃과 더불어 참되게 살아가라" 합니다. 26~27절은 "분노함으로 죄에 이르지 말고 마귀에게 틈을 주지 말라."고 합니다. 28절은 "도둑질하는 자는 다시 도둑질하지 말고 돌이켜 가난한 자에게 구제할 수 있도록 자기 손으로 수고하여 선한 일을 하라."라고 합니다. 29절도 읽어보겠습니다. "무릇 더러운 말은 너희 입 밖에도 내지 말고 오직 덕을 세우는 데 소용되는 대로 선한 말을 하여 듣는 자들에게 은혜를 끼치게 하라."라고 권면합니다. 왜 사도 바울이 에베소 교인들에게 이러한 잘못된 것들을 버리라고 강조할까요?

그것은 사도바울이 세상에서 살아가다가 예수를 믿고 에베소교회에 들어왔으니 교인들 중에는 거짓말을 잘하는 사람들과 혈기를 잘 내는 사람들과 일하기 싫어서 다른 사람의 물건을 훔치는 자들과 더러운 말을 잘하는 이들이 있을 수 있다는 것을 느꼈기 때문에 강조했다고 생각이 됩니다. 아니 바울이 소문을 들어서 알았을 경우도 있습니다. 이들이 생명의 말씀과 성령으로 변화가 필요하다고 느낀 것입니다.

에베소 교회는 기독교역사상 가장 탁월한 리더였던 사도바울이 세운 교회입니다. 사도행전 20장에서 사도바울이 밀레도에서 에베소교회 장로들을 만나서 이런 말을 합니다. “아시아에 들어온 첫날부터 지금까지 내가 항상 여러분 가운데서 어떻게 행하였는지를 여러분도 아는 바니 곧 모든 겸손과 눈물이며 유대인의 간계로 말미암아 당한 시험을 참고 주를 섬긴 것과 유익한 것은 무엇이든지 공중 앞에서나 각 집에서나 거리낌이 없이 여러분에게 전하여 가르치고 유대인과 헬라인들에게 하나님께 대한 회개와 우리 주 예수그리스도께 대한 믿음을 증언한 것이라” 에베소교회는 이러한 사도바울의 눈물과 기도와 헌신으로 세워진 교회입니다.

그런데 어떻게 에베소교인들 중에서 이렇게 실망스런 모습을 보여주고 있을까요? 교회는 구원을 받은 성도들이 모여서 성화되어 가는 공동체이기 때문입니다. 성화는 영원한 천국에 들어갈 때까지입니다. 성화는 현재 진행형입니다. 다시 말하면 교회는 천국인 동시에 병원입니다. 이것이 바로 교회의 이중성입니다.

교회를 대중목욕탕과 같다고 비유합니다. 왜냐하면 더러운 죄인이 교회에 들어와서 죄 씻음을 받고 새롭게 변화되기 때문입니다. 또한 교회는 병원과 같다고 비유합니다. 왜 그럴까요? 산부인과 병원에서는 새로운 생명을 받아내 줍니다. 그리고 살아가면서 몸이 병들면 내과나 외과나 정신과 등의 병동에서 잘못된 몸을 치료하여 건강하게 살도록 도와줍니다. 마찬가지로 교회에 나와서 복음을 듣고 예수님을 영접함으로 새 생명이 태어납니다. 그리고 살아가면서 생기는 여러 가지 상처들과 질병을 교회에서 치유 받고 회복됩니다. 지긋지긋한 고질병을 가지고 세상을 살아가다가 예수 믿고 교회에 들어와 순간적으로 치유 받기도 합니다. 그러므로 교회는 병원과 같은 전인치유 공동체입니다.

인간의 가장 근원적인 질병이 무엇이라고 생각하십니까? 성경은 그것이 영혼의 질병인 죄라고 합니다. 로마서 3장 23절에서 인간을 이렇게 진단합니다. "모든 사람이 죄를 범하였으매 하나님의 영광에 이르지 못하더니" 성경이 말하는 '죄'는 영적인 질환입니다. 이 영적 질환이 모든 죄악을 가져 오는 주범입니다.

그러므로 인간이란 구원 받아야 할 죄인입니다. 영육을 치유 받아야 하는 환자입니다. 성경이 말하는 구원(천국)은 '힐링=치유'이라고 말할 수 있으며, 에덴동산의 영성으로 회복입니다. 땅의 사람이 하늘(천국)의 사람으로 바뀌는 것입니다. 하나님과 대면할 수 있는 사람으로 바뀌어야 하는 사람들입니다. 그런데 사람들은 자신이 영적으로 병들었다는 사실을 보려거나 인정하지 않습니다. 그러므로 자신의 죄를 깨달은 자가 하나님 앞에서 가장 복된 사람입니다.

스코틀랜드의 설교자였던 알렉산더 화이트는 어느 모임에서 이렇게 말했다고 전해집니다. "나는 이 마을에서 가장 사악한 사람을 발견했습니다." 사람들은 호기심을 갖고 다음 말을 기다렸습니다. 그는 잠시 말을 멈추었다가 이렇게 말하였다고 합니다.

"그 사람은 바로 알렉산더 화이트입니다." 예수를 믿고 교회에 들어와 죄로 말미암아 깨어진 하나님과의 관계, 깨어진 인간관계, 깨어진 자신과의 관계를 회복시켜야 합니다. 그러므로 자신이 영적 환자라는 것을 아는 자만이 하나님의 치료가 필요한 존재인 것을 알게 됩니다.

둘째, 예수님이 세상에 오신 이유를 증명하는 공동체. 예수님이 세상에 오신 것은 병든 자들을 치료하기 위하여 오셨습니다. 사람들이 병원에 가는 이유는 그 곳에 의사가 있기 때문입니다. 그렇다면 병든 인간의 심령을 고쳐주는 의사는 누구일까요? 예수님이 세상에 오셔서 하신 일이 크게 세 가지입니다. 마태복음 4장 23절에 "예수께서 모든 도시와 마을에 두루 다니사 그들의 회당에서 가르치시며 천국 복음을 전파하시며 모든 병과 모든 약한 것을 고치시니라"고 말해 줍니다. 치유하시고(healing) 가르치시고(teaching) 천국을 선포하시는(preaching) 일을 하셨습니다.

그리고 히브리서 13장 8절서 "예수 그리스도는 어제나 오늘이나 영원토록 동일하시니라."고 말씀하셨습니다. 그러므로 예수 그리스도는 오늘 날에도 여전히 치유자이십니다. 예수님께서 이 땅에 천국을 건설하러 오셨기 때문에 치유자이십니다. 천국에는 병이 없기 때문입니다.

사람이 병에 걸리면 먼저 의사의 지도를 받아야 하고 약도 써야 하고 필요하면 수술도 받아야 합니다. 병을 치료함에 있어서 현대의학을 무시하는 사람이 있다면 매우 잘못된 것입니다. 수많은 의약품과 의료기술은 하나님께서 주신 선물인데 이것들을 무시하는 것은 잘못된 일입니다. 반대로 어떤 사람들은 약이나 의사만 믿고 성령의 인도(신앙)를 무시하는 경우가 있으나 이것도 잘못된 일입니다. 아무리 인간의 지혜와 기술이 훌륭하다고 하여도 인간의 능력에는 한계가 있습니다.

질병가운데는 현대의학의 힘으로도 치료할 수 없는 경우도 많습니다. 그러므로 전능하신 하나님을 믿고 의지하는 신앙이 반드시 필요합니다. 다시 말하면 질병을 치료함에 있어서 현대의학과 복음적인 신앙이 서로 도와야 합니다. 상처와 스트레스로 발생한 질병은 성령의 인도로 잠재의식을 치유해야 치유되기 때문입니다. 종합병원에는 온갖 질병으로 앓는 환자들이 찾아옵니다. 그런 의미에서 교회도 종합병원과 같다고 말 할 수 있습니다. 예수님은 인간의 영혼만 구원하시는 분이 아니라 전인구원을 해주시는 분입니다. 영혼의 구원만이 아니라 전인적은 구원을 받아야합니다. 이것이 진정한 구원입니다.

그리스도의 몸인 교회에서 전인구원의 치유가 일어나려면 어떻게 해야 할까요? 예레미야 8장 22절에 그 해답이 나옵니다. "길르앗에는 유향이 있지 아니한가 그곳에는 의사가 있지 아니한가 딸 내 백성이 치료를 받지 못함은 어찌 됨인고." 길르앗은 요단강 동편에 있는 산지이며 길르앗의 유향은 오래전부터 그 지방에서 자라는 나무의 진을 받아서 만든 것입니다. 이 유향은 어떤 상처도 치료하는 신비한 약이었습니다. 이렇게 길르앗에는 좋은 치료약이 있었습니다. 그런데 그곳에는 유향만 있는 것이 아니라, 그 약을 유용하게 사용할 줄 아는 의사도 있었습니다.

예언자 예레미야 당시에 이스라엘은 큰 상처를 입었습니다. 이 상처는 정치적 경제적 사회적 도덕적 영적인 상처로 전인적인 상처들입니다. 그런데 예레미야는 "길르앗에는 유향이 있지 아니한가, 그곳에는 의사가 있지 아니한가, 그러나 딸 같은 내 백성의 상처는 치료를 받지 못한다"고 탄식합니다. 하나님의 백성들이 상처가 심각함에도 불구하고 고침을 받지 못하고 있다고 탄식합니다. 길르앗에 유향이 없는 것도 아니며, 상처를 치유할 의사가 없는 것도 아니다. 그러나 아무리 좋은 약이 있고 아무리 훌륭한 명의가 있다고 할지라도 상처 입은 환자가 그 의사(하나님)를 찾아가지 아니하는데 어떻게 치료가 일어 날 수 있겠는가? 하는 탄식입니다.

그런데 오늘날에 우리에게도 길르앗의 유향이 있습니다. 이 유향은 갈보리 산위의 십자가에서 흘려주신 예수그리스도의 보혈입니다. 그리고 성령의 역사입니다. 다시 말하면 십자가의 복음과 성령이 길르앗의 유향입니다. 십자가의 복음에는 신비한 능력이 있습니다. 온갖 질병들을 치료해 주는 권능이 복음가운데 있습니다. 또한 만병을 고쳐 주시는 의사도 있습니다. 그분이 바로 성령의 인도를 받는 예수님의 종인 담임목사입니다. 예수님을 대신하여 담임목사가 만병의 의사로 세워진 것입니다.

예수님은 마가복음 2장 17절서 이렇게 말씀하십니다. "건강한 자에게는 의사가 쓸데없고 병든 자에게 라야 쓸데 있느니라. 내가 의인을 부르러 온 것이 아니요, 죄인을 부르러 왔노라" 예수님은 죄로 말미암아 병든 인생을 치유하는 의사라고 하십니다. 그러므로 모든 병든 인생들은 위대한 의사이신 예수님께 나가야 합니다.

그러나 십자가의 복음에 치료의 능력이 있고, 인간의 질병을 고치는 위대한 의사가 계실지라도 그 분에게 나아가 자신의 문제를 내어 놓고 치유를 받으려고 하지 아니하면 예레미야의 탄식처럼 그것이 무슨 효능이 있겠습니까? 다시 말하면 교회에는 나오지만 위대한 의사이신 예수님 앞에 나와서 자신의 질병을 내어 놓고 고치려고 하지 아니 한다면 그 어떠한 치유도 일어 날수가 없는 것입니다. 필자가 목회를 하다가 보면 치유받기를 거부하고 도망가는 크리스천이 있습니다. 필자는 사악한 영이 데리고 가는 것이라고 생각합니다.

오늘날 교회를 다니면서도 예수님에게 자신의 상처와 질병을 내어 놓지 않는 이들이 참으로 많습니다. 그렇다면 아무리 교회를 다녀도 치유가 일어날 수 없습니다. 만약에 교회를 오래 다녔어도 자신의 생활이 변화되지 아니하고 여전히 구습이 남아 있다고 하면, 그것은 위대한 의사이신 예수님을 아직도 제대로 만나지 못하였거나, 온갖 병들을 고치시는 예수님을 통하여 힐링을 받지 못하였기 때문입니다. 빨리 원인을 찾아서 고쳐야 합니다. 성령의 인도를 받는 믿음생활을 하면 반드시 치유되고 변화되게 되어있습니다.

왜 많은 그리스도인들이 때로는 어린이 같은 유치한 모습을 보여 주는 것입니까? 원인은 두 가지입니다. 영적으로 제대로 성숙하지 못하였거나 치유가 안 되어서 그렇습니다. 그리고 치유가 일어나려면 자신에게 생겼을 때 즉시 예수님께 나아가야 합니다. 작은 질병도 그냥 방치하게 되면 나중에 손 못 쓰는 고질병이 되고 맙니다. 하나님께서는 인간의 병든 것들을 치유하기 위하여 길르앗의 유향과 같은 복음을 주셨습니다. 생명의 말씀과 성령을 주셨습니다. 그리고 그리스도의 몸인 교회 안에는 전인적으로 치료해 주시는 명의인 담임목사가 계십니다. 그럼에도 불구하고 치유 받지 못한다면 얼마나 애석한 일이겠습니까?

오늘 책을 읽는 분들 가운데 상처 입은 심령을 치료받지 못한 분은 없습니까? 예수님께 마음을 열고, 교회에 나와서 치유를 받으시기를 바랍니다. 교회는 종합병원입니다. 인류 역사에 수많은 민족과 사람들이 만병의 의사되시는 예수님을 믿음으로 치료받고 구원받았습니다. 그러므로 예수님께서는 지금도 길르앗의 유향인 십자가의 보혈과 성령으로써 상한심령과 상처들을 고쳐 주실 것을 믿으시기를 바랍니다.

죄에서 자유를 얻어야 삶이 치유되고 회복됩니다. 죄 문제 해결 없이 진정한 치유를 받을 수 없습니다. 그리고 죄에서 자유를 얻게 하는 유일한 길은 예수님의 보혈입니다. 그러므로 오직 예수 그리스도만이 복음입니다. 모든 상처에서 치유되고 회복되려면 십자가의 보혈의 능력을 믿어야 합니다. 그리하면 치유를 받게 됩니다. 그리고 구원을 받고 치유를 받은 자도 계속적인 구원과 치유가 필요합니다. 빌립보 2장 12절서 "두렵고 떨림으로 너희 구원을 이루라"라고 하였습니다. 그러므로 칭의는 한 순간이지만 성화는 일평생 계속해서 이루어져야 합니다.

셋째, 병든 몸을 치유하는 병원이 되는공동체. 예수님은 치유자로 사역을 하셨으며, 그의 제자들에게도 같은 일을 하도록 위임하셨습니다. 요한복음 14장12절서 이렇게 약속하셨습니다. "내가 진실로진실로 너희에게 이르노니 나를 믿는 자는 내가 하는 일을 그도 할 것이요 또한 그보다 큰일도 하리니." 그러므로 그리스도의 몸인 교회도 힐링의 공동체가 되어야합니다. 그렇다면 교회가 치유, 힐링의 공동체가 되려고 하면 어떻게 해야 할까요?

1)치유는 성령의 역사입니다. 30절을 읽어보겠습니다. "하나님의 성령을 근심하게 하지 말라 그 안에서 너희가 구원의 날까지 인치심을 받았느니라." 성령은 성부 성자와 함께 우리를 구원해 주시고 우리 몸이 완전히 구속되는 날까지 지켜주십니다. 그리고 상한 심령을 치유해 주신다. 누가복음 5장 17절에 "병을 고치는 주의 능력이 예수와 함께 하더라." 하셨습니다. 예수님께서도 성령을 힘 입어 치유사역을 하셨습니다. 예수님께서도 성령의 능력을 힘입어 치유의 사역을 감당하셨다면, 하물며 우리에게도 치유하는 일은 성령의 도우심이 절대적으로 필요한 것입니다. 에베소 5장 18절서 "술 취하지 말라 이는 방탕한 것이니 오직 성령으로 충만함을 받으라."합니다. 그러므로 치유를 위하여 성령의 도우심을 간구하여야 합니다. 성령의 역사가 일어나도록 기도해야 합니다.

2)신구약 성경말씀은 병든 자를 고쳐 주는 특효약입니다. 31절 말씀을 읽어 보겠습니다. "너희는 모든 악독과 노함과 분냄과 떠드는 것과 비방하는 것을 모든 악의와 함께 버리고" 하나님의 치유가 나타나려면 잠재의식의 모든 죄악들을 버려야 합니다. 이러한 죄악은 마치 몸속에 남아 있는 고름과 같습니다. 이것들을 성령의 임재가운데 버려야 치유됩니다. 그러므로 하나님의 말씀들을 듣고 순종할 때 치유가 나타납니다. 순종하지 아니하면 치유는 불가능

합니다. 하나님의 말씀을 믿고 순종할 때에 치유가 나타납니다.

3)치유와 힐링은 용서를 통하여 성령으로 일어납니다. 32절을 읽어 보겠습니다. "서로 친절하게 하며 불쌍히 여기며 서로 용서하기를 하나님이 그리스도 안에서 너희를 용서하심과 같이 하라." 용서가 필요 없는 사람은 아무도 없습니다. 다른 사람을 용서하지 않아도 될 사람도 아무도 없습니다. 어떻게 용서할 수 있습니까? 자신에게 상처를 준 사람의 입장을 이해하고 불쌍히 여기는 마음이 필요합니다. 이것이 용서의 첫 단계입니다. 용서의 두 번째 단계는 하나님께서 우리들을 용서해 주신 것을 기억해야 합니다. 하나님께서 우리를 어떻게 용서해 주셨나요? 하나님은 아무 조건 없이 우리들을 용서해 주셨습니다. 그리고 하나님은 우리들을 그리스도 안에서 용서해 주셨습니다. 하나님께서는 외아들을 십자가에 피 흘려 죽게 하심으로 우리를 용서해 주셨습니다. 그러므로 용서의 기초는 십자가입니다. 우리도 십자가를 힘입어 용서할 수 있습니다. 용서가 잘 안 된다면 그리스도의 십자가의 사랑이 여전히 부족하기 때문입니다. 그리스도의 십자가가 내 안에서 더 녹아지고 녹아져야 용서가 가능해 집니다.

4)치유는 성령이 역사하는 교회에서 일어납니다. 교회는 하나님의 힐링을 경험하는 공동체입니다. 특별히 교회는 치유와 회복의 공동체입니다. 성령의 역사로 내면이 강해지면서 치유가 됩니다. 병원에서도 소수의 의료진이 치료합니다. 마찬가지로 영적인 치유와 회복은 모든 교회가 아니고 일부 교회에서 일어납니다. 모든 교회에서 일어난다고 장담할 수가 없습니다. 담임목회자와 성도들

이 치유(힐링)를 인정하는 교회에서만 일어납니다. 치유를 전문으로 하는 담임목사가 많은 성도들을 한꺼번에 치유할 수가 없습니다. 적은 인원을 대상으로 사역을 할 때 치유가 강하게 일어납니다. 그러므로 치유와 회복을 위하여 교회가 형식적인 모임이 되어서는 안 됩니다. 진정한 치유와 회복을 위하여 삶의 문제들과 아픔들을 내어놓고 지체들이 함께 성령으로 간구해야합니다. 그리하면 힐링, 치유하시는 하나님을 더욱 깊이깊이 경험하게 될 것입니다.

넷째, 담임 목회자는 치유 공동체를 이끄는 자이다. 교회는 목회자가 치유에 관심을 가져야 합니다. 일부 교인들이 기도제목을 목회자에게 나누는 것을 보면 대부분 일차적인 현실 삶의 문제에 집중되어 있습니다. 즉, "먹을 것과 마실 것과 입을 것과 육체와 마음의 질병"을 위해 기도를 부탁합니다. 이차적 문제인 마음의 고민과 정신적 갈등 등은 그다음 단계이고, 삼차적 문제인 영혼의 궁핍함(영혼의 불만족) 등은 잘 나누지 않는 것이 보통입니다. 사람들은 자신의 내면을 공개하는 것을 꺼립니다. 목회자는 성도들에게 내면이 정리되지 않으면 현실문제가 해결이 되지 않는 다는 것을 바르게 알려주어야 합니다. 내면이 강해지지 않으면 치유되지 않기 때문입니다. 하나님과 관계가 열리지 않기 때문입니다. 하나님과 관계가 열려야 하나님의 역사로 현실문제가 해결되는 것입니다.

내면의 상처와 아픔을 나무로 비유해 보면, 한 사람의 말과 행동이 마음에 거슬리고 불편함을 주는 것은 내면에 잠재하여 있던 상처가 몸의 표현으로 나타난 것입니다. 잠재의식의 상처가 밖으로 나타나는 것입니다. 말과 행동은 몸의 표현이므로 나무의 열매

부분입니다. 이런 경우 뿌리까지 내려가서 상처의 쓴 뿌리를 치유해야 합니다. 치유의 순서를 임의로 정하는 것은 너무 인위적일 수 있지만, 우선은 생명의 말씀과 성령으로 영혼을, 그다음은 마음과 정신(잠재의식)을, 마지막으로 몸과 언행 순으로 치유하는 것이 효과적이라고 생각합니다. 모두가 성령의 역사로 치유가 됩니다.

목회자가 가장 중점적으로 해야 하는 것은 말씀전파, 말씀교육, 그리고 성령이 인도하는 개별 집중치유라고 생각합니다. 성령의 인도받는 상담도 포함이 됩니다. 영혼에 뿌리 내리고 있는 상처와 아픔은 하나님과의 깨어진 관계를 회복시키는 것에 집중해야 합니다. 위의 세 가지 통로를 통해서 하나님의 사랑과 용서와 은혜에 대한 확신과 감동을 회복시키는 것입니다. 그래서 그 사람이 자신의 정체성과 자존감을 회복할 수 있도록 이끌어 줍니다. 자신이 하나님의 자녀이며 천국 시민이라는 것을 각인해야 합니다. 그다음으로, 마음과 정신의 치료는 관계 속에서 발생한 상처와 아픔을 지속적으로 치유해야 합니다. 잠재의식의 상처와 아픔은 성령의 역사로 치유가 됩니다. 인간적이거나 심리적인 방법으로는 불가능합니다.

부모에게 받은 상처들, 부부간의 갈등, 자녀와의 갈등 등 많은 깨어진 관계들이 사람의 마음에 가시와 엉겅퀴와 같이 자라고 있어서 다른 좋은 것들이 뿌리내리고 자랄 수 없는 황폐한 땅과 같은 내면을 형성시킵니다. 이러한 상처를 치유하는 길은 목회자 자신이 경험한 마음에서 기인한 "긍휼의 옷"을 덧입히는 것입니다. 치유 받은 치유자라는 것입니다. 교회가 교회다우려면 담임목회자의 관심이 중요합니다.

5장 교회는 성도들의 생명을 살리는 곳

(행 2:1-4)"오순절 날이 이미 이르매 그들이 다같이 한 곳에 모였더니 홀연히 하늘로부터 급하고 강한 바람 같은 소리가 있어 그들이 앉은 온 집에 가득하며 마치 불의 혀처럼 갈라지는 것들이 그들에게 보여 각 사람 위에 하나씩 임하여 있더니 그들이 다 성령의 충만함을 받고 성령이 말하게 하심을 따라 다른 언어들로 말하기를 시작하니라."

하나님은 변화되는 성도~ 살리는 교회가 되기를 소원하십니다. 정말 가슴 아픈 이야기이지만 제가 보는 현재 한국 교회는 많은 부분에 있어 세상에서 빛과 소금의 역할을 감당하지 못하고 있다고 생각됩니다. 많은 교회들이 어두움에 둘러싸인 영혼들에게 빛의 역할을 감당하고 있지 못하며 절망에 빠진 이들에게 희망을 주지 못하고 있습니다.

교회는 어떤 곳입니까? 신학적으로 다양하게 이야기 할 수 있겠지만, 쉽고 명료하게 이야기하면 교회는 본래 새 생명을 주는 곳입니다. 영원히 죽지 않는 생명~ 영생을 주는 곳입니다. 그러나 안타깝게도 이 시대의 많은 교회들이 영생을 갈구하며 찾아온 사람들에게 생명을 주지 못하고 있습니다. 많은 사람들이 실망하며 교회를 등지고 있습니다. 이러한 문제의식은 교회 내부에서도 심각하게 대두되고 있으며 교회를 섬기고 있는 그리스도인들조차 더 이상 교회는 소생 가능성이 없다며 희망이 없다며 절망적으로 이야기합니다. 그러나 저는 이러한 비관만으로 그쳐서는 안 된다고 생각합니다. 원인을 분석 고쳐야 합니다.

한 환자가 오랜 기간 동안 병원에서 투병생활을 하고 있었습니다. 그는 자신의 주치의를 믿고 병을 이기기 위해 열심히 노력했습니다. 그러던 어느 날 의사가 이렇게 이야기 합니다. "이제 당신은 이틀밖에 살 수 없습니다. 남은 시간이 별로 없습니다. 반드시 만나고 싶은 사람이 있으면 말씀해 주십시오. 제가 연락해 드리겠습니다." 그러자 이 이야기를 가만히 듣고 있던 환자가 이렇게 이야기했다고 합니다. "혹시 다른 의사 선생님 없습니까?" 어찌하든 자신은 살고 싶다는 것입니다.

저는 이 이야기가 일부분 이 시대의 교회들의 상황에 맞는 이야기라고 생각합니다. 많은 사람들이 지친 몸과 영혼을 이끌고 교회에 나아옵니다. 세상적인 갖가지 수를 다 써봤지만 해결되지 않자 마지막 희망을 걸고 예수를 믿고 교회에 나아옵니다. 교회에 살 수 있는 길이 있을 것이라는 생각을 가지고 교회 문을 열고 들어옵니다.

그러나 교회에 나와 보니까 교회가 말하는 것이 무엇입니까? 인간은 죽을 수밖에 없으며, 소망이 없으며, 그저 남은 것이라고는 절망뿐이라는 것입니다. 그럼 사람들은 질문합니다. "아니 그걸 누가 모릅니까? 그러니 교회가 살려주어야 할 것이 아닙니까?" 그러면서 실망한 사람들은 "다른 교회 없습니까?"라고 말하고 싶은 심정일 것입니다. 지금 우리에게는 살아있는 교회, 세상을 살리는 교회, 비전을 제시하는 교회가 필요합니다.

오늘 봉독한 사도행전 2장은 교회의 기원을 보여줍니다. 이 부분을 통하여 우리는 교회의 본질이 무엇인지 알 수 있습니다. 그러므로 이 본질을 붙들 때만이 진정한 교회로 거듭날 수 있을 것입니다.

저는 우리 충만한 교회가 본질을 든든히 부여잡고 뿌리를 든든히 내려 주님께서 이 땅 가운데 교회를 세우신 목적에 부합하는 교회가 되길 간절히 정말 간절히 소망합니다. 오늘 함께 나누는 말씀을 통해 우리의 신앙에 대해 성찰해 보며 우리 교회의 모습에 대해 되돌아보며 교회의 본질에 어긋나는 부분들이 있다면 반성하여 이 세상과 교회들에게 희망과 비전을 제시하는 교회로 거듭나는 초석을 마련하기를 간절하게 소원합니다.

진정한 교회는 어떤 교회라고 생각하십니까? 다양한 이야기가 나올 수 있겠지만 제가 생각하는 진정한 교회는 하나님이 계신 곳입니다. 하나님이 임재하시는 곳입니다. 살아계신 하나님이 증명되는 곳입니다. 그리하여 하나님의 행동~ 하나님의 일하심이 있는 곳입니다.

오늘 봉독한 사도행전 2장 2~3절은 다음과 같이 기록하고 있습니다. "홀연히 하늘로부터 급하고 강한 바람 같은 소리가 있어 저희 앉은 온 집에 가득하며 불의 혀같이 갈라지는 것이 저희에게 보여 각 사람 위에 임하여 있더니"

이 말씀을 무엇을 보여주는 것입니까? 무엇을 증거하고 있는 것입니까? 이 말씀의 의미하는 것은 바로 '하나님이 행동하셨다'는 것입니다. 하나님의 한 위격인 성령님이 행동하시자 교회가 세워졌다는 것입니다. 그렇기에 교회의 기원은 그 무엇도 그 누구도 아닌 하나님이신 것입니다. 교회는 하나님의 일하심으로부터 시작되었습니다.

혹자는 교회는 제자들에 의해 설립되었다고 이야기합니다. 물론 틀린 이야기는 아닙니다. 그렇지만 100% 맞는 이야기도 아닙니다. 초대교회 당시 예수님의 제자들은 어떤 사람들이었습니까? 학식 있는 사람들과 당시의 지배자들은 예수님의 제자들을 어떻게 생각했습니까? 사도행전 4장 13절을 보면 그들은 제자들을 "학문 없는 범인(凡人)"으로 알았다고 기록되어 있습니다. 다른 말로 표현하면 '무식하기 짝이 없는 천한 사람들'로 인식하고 있다는 것입니다. 사실, 이 표현에는 제자들을 향한 그들의 무시와 조소가 담겨 있습니다. 그러나 이 말씀을 깊이 생각하면 소중한 것을 깨달을 수 있습니다.

초대교회가 설립되던 당시 예수님의 제자들과 성도들은 학식 없는 사람들이었습니다. 그렇기에 영향력도 없었고 권세도 없었고 물질도 없었습니다. 만약 이렇게 평범하거나 보통에도 미치지 못하는 사람들이 스스로의 노력으로 교회를 설립했다고 하면 그 자체가 어불성설이지 않겠습니까? 그렇기에 제자들이나 성도들이 교회를 세운 것이 아닙니다.

하나님이 친히 교회를 세우셨습니다. 초대교회의 능력은 사람에게 있었던 것이 아닙니다. 하나님께 있었습니다. 하나님께서 성도들과 제자들 안에서 이들을 도구 삼아 일하셨습니다. 성령님이 역사하실 때 이 '학문 없는 범인'들이 가는 곳마다 세상이 변화되는 역사가 일어났습니다. 이러한 이유로 사도행전은 '성령행전'이라고 부르는 사람들이 많습니다. 사도행전의 주역은 성령님, 즉 하나님이십니다. 표면적으로 보기에는 사도들이 움직이는 것처럼 보이지만 명백하게 하나님께서 일하셨습니다. 그렇기에 사도행전의 강조점은 하나님의 임재, 하나님의 행동, 하나님의 일하심입니다.

다시 한 번 말씀드리지만 교회는 하나님의 행동이 있는 곳입니다. 하나님의 임재가, 하나님의 일하심이 있는 곳입니다. 그렇기에 혹자가 이야기 하듯 기독교는 죽은 종교가 아닙니다. 화석화된 종교가 아닌 것입니다. 그렇기에 교회는 종교적인 행사를 치르는 곳이 아니라, 하나님의 임재가 있는 곳입니다. 눈으로 보이는 살아계신 하나님의 역사가 일어나는 곳입니다. 교회는 예배를 강조하며 예배를 위해 많은 시간을 할애하며 준비합니다. 왜냐하면 예배를 통하여 하나님을 만날 수 있기 때문입니다. 그러므로 교회에서 가장 중요하게 생각할 것은 '과연 우리 교회에 하나님의 임재가 있는가? 하나님의 일하심이 있는가?' 입니다.

하나님께서 우리의 예배에 임재 하셔서 마음을 어루만져 주시면 우리 마음 가운에 있는 죄악들을 인식하게 됩니다. 찬양하고 기도하는 가운데 나 자신의 죄악들을 보게 됩니다. 그래서 회개하는 마음이 생깁니다. 우리가 인식하고 있는 죄건 인식하고 있지 못하고 있는 죄는 간에 그 모든 죄들은 예수 그리스도의 십자가 보혈이 아니면 사함을 받을 수 없습니다. 우리는 각자 자신의 십자가를 지고 자복할 때 죄를 용서받고 자유 함을 얻게 됩니다. 이러한 과정이 일하는 곳이 교회이며 많은 부분이 예배 중에 일어납니다.

많은 사람들이 육체적인 질병, 정신적인 질병, 그리고 영적인 질병 가운데 고통을 받으며 하루하루를 힘겹게 살아내고 있습니다. 그런데 예배가운데 성령님을 통하여 하나님께 나아가면 하나님께서 우리의 아픔을 명확하게 이해하고 계심을 알게 됩니다. 하나님께서 우리 자신의 아픔을 정확하게 보여주십니다. 그리고 우리의 상처를 어루만져 주십니다. 손을 대주십니다. 그 때부터 상처가 회복되기 시작합니다. 우리들이 예수를 믿고 교회에 나와서 예배를 드리고 기도하는 가운데 육체의 질병, 정신의 질병, 영혼의 질병에서 벗어나게 되는 것입니다. 반드시 일어나게 되어있습니다. 교회를 통하여 하나님께서 살아계신 것을 증명하시기 때문입니다.

어떤 사람은 속사람이 완전히 무너져 지독한 절망 가운데 빠져 있습니다. 그런데 그러한 사람도 살아 계신 하나님을 만나면 생명의 빛이 어둠의 나락 속에 빠져있는 그의 영혼을 비추기 시작합니다. 그러면 그는 그 절망의 자리를 털고 일어섭니다. 그에게 비전이 생기고 가야할 명확한 길이 보이기 시작합니다. 이러한 변화가 일어나는 곳이 바로 교회인 것입니다.

교회는 생명을 살리는 곳입니다. 하나님을 만나는 곳입니다. 하나님을 만나 변화가 일어나는 곳입니다. 변화를 받아 죽어가는 뭇 생명들을 살리는 곳입니다. 그렇기에 교회에서 하나님이 빠지면 교회의 존재 이유 자체가 사라지는 것입니다.

교회에서 살아계신 하나님을 만나고 계십니까? 살아계신 하나님이 자신의 안에서 역사하고 계십니까? 하나님이 자신 안에 성전삼고 계십니까? 하나님을 체험하고 변화되는 과정이 교회생활입니다. 만약 그것이 안 된다면, 그러한 과정이 일어나지 않는 다면 그 곳에 아무리 많은 사람이 모였다 할지라도, 아무리 오랜 시간 동안 예배를 드린다 할지라도 그 곳은 진정한 교회가 아닌 것입니다. 사람들이 모여있는 장소에 불과한 곳입니다.

초대교회 당시에 두 가지 기독교의 대적(對敵)이 있었습니다. 하나는 유대주의였고, 다른 하나는 헬레니즘이었습니다. 유대주의는 철저하게 전통을 내세우며 헬레니즘은 시대의 풍조를 따른 세련됨과 멋을 내세웁니다. 이러한 것들은 세월이 흘러 시대가 바뀌어도 지속적으로 기독교에 도전합니다. 오늘날도 기독교의 대적들은 전통을 들고 나오는 부류와 세련됨을 들고 나오는 부류들입니다. 한쪽은 전통화를 추구하고, 다른 한쪽은 세속화를 추구합니다.

그런데 이들에게는 공통점이 있습니다. 이들의 공통점은 교회 안에서 하나님을 약화시킨다는 것입니다. 이들은 유대인들이 그러했던, 것처럼 전통이나 제도를 중심에 놓고 교인들로 하여금 예수그리스도와 성령님을 필요로 하지 않게 만들어 버립니다. 어떤 프로그램이나 형식만 있으면 얼마든지 '예배를 드리고 교회를 유지할 수 있다!'라고 생각합니다. 그리스도를 약화시키고 교회 가운데 하나님을 지우는 일을 자행합니다.

기독교 신앙에서 그리스도를 약화시키는 행위는 분명 악한 일입니다. 그런데 너무나 안타깝게도 교회 안에서 특정한 인물(대부분이 목회자)를 주목하고 인간의 수고를 찬미하는 일들이 심심치 않게 일어납니다. 대표적인 것이 아무개 목사 기념교회 같은 것입니다. 교회에서 기념해야 할 분은 주님 되시는 예수그리스도이지 인간이 주님을 대신해 그 자리에 서려고 해서는 안 되는 것입니다.

그런 맥락에서 우리는 부단히 자신을 지우고 자신의 부족함을 인정하고 성령님의 도우심을 구해야 하는 것입니다. 성령님이 우리에게 임하시면 우리는 자신의 부족함에 대해 깨닫게 됩니다. 어느 시대나 어느 순간이나 성령님이 임재하실 때 인간은 부족감을 느꼈습니다. 대표적인 예가 이사야서 6장에 나옵니다. 이사야가 하나님의 영광 앞에 섰을 때 그는 다음과 같이 고백합니다. “저는 죄인입니다. 입술이 더러운 종입니다.” 이러한 것은 비단 이사야 뿐 만이 아닐 것입니다.

하나님의 현존 앞에 서게 되면 누구나 할 것 없이 자신의 부족감, 무능함을 뼈저리게 느낍니다. 그러한 마음이 들면 이렇게 절규합니다. ‘나같이 부족한 사람이 감히 어떻게 하나님 앞에 서겠는가!’ 하지만, 하나님의 영광 안에서, 결국 우리는 하나님의 능력을 붙들게 되어 있습니다. 나의 연약함 가운데 일하시는 하나님의 은혜에 붙들리게 되어 있습니다. 이러한 실제적인 과정이 일어나는 곳이 바로 교회인 것입니다.

교회는 변화가 일어나는 곳입니다. ‘하나님이 계신다.’라는 말과 '변화'라는 말은 어떤 의미에서는 같은 말입니다. 왜냐하면 하나님께서 임재하시면 변화가 일어나게 돼 있기 때문입니다. 주님께서는 제자들을 변화시키셨습니다. 제자들은 본래 겁이 많고 소심한 사람들이었습니다. 그런데 주님을 만나고 난 다음에 용맹한 주님의 용사로 변화되었습니다. 프랑스의 사상가 파스칼이 〈팡세〉에서 이런 말을 했습니다. "아브라함의 하나님, 이삭의 하나님, 야곱의 하나님은 철학자와 학자의 하나님이 아니다. 나의 하나님이다. 세상이 아버지를 알지 못해도 나는 아버지를 알았다. 이제 나는 아버지께 전적으로 순종하겠다."

이 말은 아브라함과 이삭과 야곱에게 역사하셨던 하나님이 지금 그를 변화시키고 계시다는 의미입니다. 그리스도인은 실제로 변화된 사람일 수밖에 없습니다. 살아계신 하나님을 만났는데 어떻게 변화되지 않겠습니까? 영원한 생명의 근원을 만나고서 어떻게 변화되지 않을 수 있겠습니까? 예수를 믿고 교회에 와서 변화되지 않았다면 빨리 원인을 찾아 해결해야 합니다. 교회가 인간적인 교회이었든지, 자기가 예수님과 성령님과 예배를 잘못 알고 있었든지 둘 중의 하나가 잘못된 것입니다.

미국에 데스벨리(Death Valley, 죽음의 계곡)라는 곳이 있습니다. 아마 가보신 분도 있으실 텐데요, 이곳은 황량한 분위기의 영화 촬영지로도 많이 사용되는 곳입니다. 이곳은 꼭 달나라와 같은 인상을 줍니다. 왜냐하면 광대한 사막 가운데 있는지라 살아 있는 생명체가 거의 없기 때문입니다. 사람들이 죽음 앞에 섰을 때 공포심을 느끼는 것처럼 황무한 데스밸리에 가면 그 비슷한 감정을 느낄 수 있습니다. 그러한 이유로 그곳은 관광지가 되었습니다. 데스밸리는 이름 그대로 죽음을 맛보는 곳입니다. 그런데 어떻게 된 일인지 몇 년 전 데스밸리에 많은 비가 내리더니 그 곳에 꽃이 피기 시작했습니다. 멀리서 날아왔던 꽃씨들이 기나긴 시간 동안 그 땅에 묻혀 있다가 물을 만나니까 새싹을 틔었던 것입니다.

저는 데스밸리가 이와 같이 변화되고 있다는 이야기를 듣고 이렇게 생각했습니다. '아~ 이런 것이 변화구나! 생명의 발아는 바로 이런 것이구나! 완전히 죽은 것 같아 희망 없어 보였던 땅도 물을 만나니까 꽃을 피우는구나!'

우리의 심령이 꼭 데스밸리와 같지 않습니까? 주님을 만나기 전제는 황무한 사막처럼 메마른 심령이었지 않습니까? 그런데 주님의 은혜의 생명수와 성령의 역사가 밀려오니 우리의 심령에 꽃이 피지 않았습니까? 바로 이것이 변화입니다. 이러한 변화가 일어나게 하는 곳이 바로 교회입니다. 하나님께서 직접 일하시고 성령이 역사하는 교회입니다. 그렇기 때문에 예수님을 믿고 변화되지 않았다는 말은 이치에 맞지 않습니다. 만약 그가 예수님을 믿는 다고 하면서 변화되지 않았다. 라면 주님을 진정으로 영접했다고 볼 수 없습니다. 성령의 인도를 받지 못했다고 볼 수도 있습니다.

어떠한 교회가 생명력이 있는 교회인지 아닌지는 교인의 수로 따지는 것이 아닙니다. 사람이 많이 모인다고해서 생명 있는 교회의 증거가 될 수 없습니다. 생명력이 있는 교회는 변화가 일어나는 교회입니다. 성도 한 사람 한 사람이 변화되고 목회자가 변화되는 교회, 그 것이 바로 살아있는 교회~ 생명력이 있는 교회인 것입니다. 생명에는 변화의 능력이 있습니다.

로마서에는 성도의 삶이 어떠해야 하는지를 보여주는 구절이 있습니다. "너희는 이 세대를 본받지 말고 오직 마음을 새롭게 함으로 변화를 받아"(롬 12:2)변화가 핵심입니다. 교회란 무엇입니까? 구성원 한 사람 한사람에게서 변화가 일어나는 곳입니다. 예수님의 인격으로 변화되는 곳입니다. 잠재의식의 상처가 치유되고 병자가 고침 받는 곳입니다. 지옥 같은 생활에서 천국을 누리는 삶으로 변화되는 곳입니다.

만약 누군가가 교회를 오래 다녔는데도 변화가 일어나지 않는다면 그것은 신앙에 일정부분 문제가 있는 것입니다. 변화 없는 사람은 그 안에 생명(성령)이 없는 것이며, 인격적으로 하나님을 만나지 못한 것입니다. 그래서 영적 성숙함이 없이 늙어 가는 것입니다. 생명이신 하나님을 만나면 반드시 변화 받게, 변화되게 되어있습니다.

그렇다면 변화란 무엇일까요? 변화란 인간적인 욕망을 십자가에 못 박는 것입니다. 목회자가 숫적으로 교회를 성장시키는 일에 치중하던 것을 멈추고, 성도 한 사람 한사람을 하나님께서 주인 된 걸어 다니는 성전 만드는 목회로 변화되는 것입니다. 그렇다면 무엇 때문에 그리스도인이 변화 받아서 세상과 전혀 다르게 살아갈 수 있겠습니까? 그건 바로 십자가와 함께 자신의 정욕과 욕심을 못 박았기 때문입니다. 그래서 악한 영이 더 이상 그에게 영향력을 끼치지 못하게 되는 것입니다.

주님을 진정으로 영접한 사람에게는 이러한 과정이 일어나게 되어 있습니다. 그 사람은 '가장 큰 영광의 하나님을 만났기 때문에' 다른 것은 눈에 보이지 않습니다. 적절한 예가 될지 모르겠지만, 일예로 그랜저와 같은 고급차를 타던 사람이 뉴 SM3라는 차가 제 아무리 잘 나왔다고 해서 그 차에 유혹되지 않습니다. 그 차를 사고 싶은 마음이 들지 않는 것입니다.

우리는 살아계신 주님을 맛본 사람들입니다. 살아 계신 하나님을 맛본 사람들입니다. 살아계신 하나님을 맛본 사람이 세상의 유혹에 넘어갈 수 있겠습니까? 그것에 마음을 빼앗길 수 있겠습니까? 절대 그럴 수 없습니다. 다시 말씀드리지만 교회란 주님을 만났기 때문에 우리의 시각이 변화되는 곳입니다. 소망이 변하며 가치관이 바뀌는 역사가 일어나는 곳입니다.

그러므로 교회가 해야 할 일은, 목회자가 할 일은 인간의 능력으로 성도들을 변화시키기 위해 아등바등 해야 하는 것이 아니라, 주님을 만날 수 있는 시간과 기회를 다양하게 제공해야 하는 것입니다. 예배와 기도와 찬양과 말씀의 묵상을 통하여 성령님의 인도를 받게 하는 것입니다. 성도들 안에 성전 삼고 주인으로 계시는 하나님과 1:1관계를 맺게 하는 것입니다. 왜냐하면 하나님을 1:1로 만나서 관계가 열리면 그 사람은 반드시 변화받게 되어있기 때문입니다.

필자가 개척 초기 교회에 나와 교회성장을 위하여 기도를 하던 중에 주님께서 이러한 마음을 주시는 것을 느낄 수 있었습니다. '교회에 나와 모여 기도하며 말씀을 나누며 기도하는 시간을 늘려가도록 하라. 성령의 역사가 일어나는 집회를 열어라. 주일날도 주중 집회와 똑 같이 예배를 드려라. 성도들이 기도 외에는 말씀 외에는 성령의 인도와 역사 외에는 이 세상을 이겨낼 방법이 없다. 교회는 한 사람 한사람을 나(하나님)의 성전을 만드는 곳이다'

이러한 마음을 주시며 깨닫게 해주신 주님께 감사를 드리며 구체적으로 실천하려고 노력하고 있습니다. 바라기는 우리 충만한 교회 성도들이 먼저 변화되어 생명력을 갖고 이 세상에 선한 영향력을 끼칠 수 있게 되길 간절히 기원합니다. 주님께서 우리 충만한 교회 성도들을 거룩하고 강력한 성전으로 변화시켜 주실 것을 믿습니다. 더불어 교회 구성원 한 지체 한 지체가 영적으로 무장된 성전 된 그리스도인들이 되기를 원합니다. 그리하여 그 어느 때보다 교회 안팎에서 위세를 떨치고 있는 악한 영들에 맞서 신음하며 죽어가고 있는 뭇 피조물들을 살려내는 귀한 역할을 감당하는 우리가 되기를 바랍니다.

따라서 개척목회는 하나님께서 원하시는 목회를 해야 합니다. 많은 목회자가 교회를 성장시키는 목회를 합니다. 지방에서 아무개 목사가 필자에게 이런 말을 했습니다. 요즘은 교회를 개척하면 성공하기가 쉽지 않은데, 저는 그런대로 자리를 잡아가면서 안정권에 들어서고 있었습니다. 이대로만 가면 부흥은 금방 이루어질 것 같았습니다. 그런데 좀 모여서 점프하려고 하면, 교인들이 쑥 빠져나가기를 반복하였습니다. 작은 개척교회에서 어느 해엔가는 무려 40명이 한 해 동안 교회를 나간 적도 있었습니다. 이런 일이 2-3년 주기로 계속 되었습니다. 그러면서 저는 목회에 지쳐서 탈진 상태가 되고 말았습니다. 목사님 제가 목회를 어떻게 하면 좋겠습니까?

필자가 이렇게 대답을 했습니다. 필자의 개척초기와 똑 같은 목회를 하신 것 같습니다. 목사님은 주님이 보내신 자로써의 사명을 감당하는 것이 아니라, 자신의 목회, 내 욕심을 채우는 목회를 하면서 주님께서 내게 맡겨주신 양들인 성도들의 영혼을 살리는 목회를 하지 않은 것 같습니다. 목회자가 지극히 세상 적이요, 정욕적인 목회를 하니, 성도들 역시 세상 적이요, 정욕 적이 될 수밖에 없습니다. 주님께서 교회를 세우신 목적은 아버지의 뜻, 주님의 뜻을 이루시기 위함인데, 목사님은 교회를 맡아 목회하면서 아버지의 뜻도 모르고, 주님의 뜻도 모르고, 오직 자신의 뜻만 이루려고 외형적이고 숫자적인 성장에 몰두한 목회를 하신 것입니다.

이전에 필자도 목회를 하면서 영생에 대하여 잘 몰랐습니다. 영생은 예수 믿으면 당연히 가는 그런 천국이라고 생각하고, 그것은 먼 미래적인 영생에 불과하였습니다. 필자는 영생을 너무나 많이 오해하였던 것입니다. 영생은 하나님 아버지와 그의 아들 예수 그리스도를 아는 것으로, 이는 그분들과 사귐과 교제를 통하여 날마다 누리는 것을 말합니다. 그런데 이런 영생의 의미를 전혀 모르고 완전히 오해를 하고 있었으니 내게 맡겨주신 양들을 내가 어떻게 보호할 수 있단 말입니까? 필자는 오히려 주님의 양들을 잡아서 내 배를 불리려는 삯군, 그 이상도 이하도 아니었습니다.

왕은 백성들을 괴롭혀서는 안 된다고 하셨는데, 저는 내게 맡겨주신 성도들을 바르게 인도하지 못하고 열심히 하라고만 했습니다. 물론 물리적으로 괴롭힌 적은 없지만, 그것보다 더 괴롭혔다고 할 수 있는 것은 그들을 영적으로 온전히 인도하고 보호히지 못했기 때문입니다. 하나님께서 원하시는 방법과 완전히 반대로 목회를 한 것입니다. 하나님은 성도 한 사람 한사람이 하나님께서 거하시는 성전이 되기를 원하십니다.

목사는 성도들의 영혼을 책임질 수 있어야 합니다. 물론 책임이라는 말을 쓰는 것이 무리인 줄은 알지만, 어찌됐든 목사는 성도들의 영혼이 잘 되어 날마다 영생을 맛보고 누릴 수 있도록 만드는 것이 사명입니다. 그것은 복음 외에 다른 것이 없습니다. 저는 우리 성도들에게 복음과 성령의 역사 외에 다른 것은 전하지 않습니다. 왜냐하면 우리 성도들에게 가장 중요한 것이 바로 복음이요, 성령의 역사입니다. 복음과 성령으로 변화되기 때문입니다. 그것이 바로 하나님의 뜻이요, 주님의 소원입니다. 목사님 이제 성도 한 사람 한사람을 성전 만드는 목회를 해보세요. 그럼 금방 부흥할 것입니다. 이렇게 조언을 했습니다. 교회는 성도들을 살리는 곳입니다. 누구나 예수를 믿고 교회에 들어오면 변화가 일어나는 곳입니다. 살아계신 하나님께서 친히 목회 하시는 곳이기 때문입니다. 그래서 목회는 하나님께서 원하시는 생명을 살리는 목회를 해야 개척교회가 자립하고 성장합니다.

2부 대중목욕탕 같은 교회는 무엇하는 교회

6장 교회는 죽지 않는 의인들이 모인 곳

(요 11:25-26)"예수께서 이르시되 나는 부활이요 생명이니 나를 믿는 자는 죽어도 살겠고, 무릇 살아서 나를 믿는 자는 영원히 죽지 아니하리니 이것을 네가 믿느냐"

교회는 하나님께서 친히 세우시고 목회하시는 곳입니다. 하나님께서 교회를 세우시는 목적은 예수를 믿고 교회에 들어온 성도들을 생명의 말씀과 성령으로 아담을 고쳐서, 여호수아와 갈렙 같이 온전하게 순종하여 하나님의 영광을 나타내는 도구로 바꾸려는 것입니다. 교회는 광야와 같은 곳입니다. 크리스천 한 사람 한사람이 생명의 말씀과 성령으로 바뀌어서 걸어 다니는 하나님의 성전이 되게 하는 곳입니다. 성도들을 교회에 보내는 이유는 교회 건물을 짓고 부흥시키라고 보내는 것이 아니고, 한 사람 한사람이 하나님께서 주인 된 성전이 되게 하려는 것입니다. 그리하여 이 땅에서 천국을 누리며 하나님의 영광을 드러내다가 영원한 천국에 입성하게 하려는 것입니다.

교회는 새 생명을 얻어 영생을 누리게 하는 곳입니다. 영생은 인간이면 누구나에게 주어지는 것입니다. 그러나 어떤 이는 지옥에서 영생, 어떤 이는 천국에서 산 영생을 누리게 되는 것입니다. 지옥이면 불꽃가운데 고통당하는 영생, 천국이면 산 영생이 되는 것입니다. 마가복음 10장에 한 청년이 나옵니다. 이 청년이 어느 날 무슨 연유로 그랬는지 모르겠으나 예수님이 길을 걸으시는데 예수님께 갑자기 달려와 꿇어 앉아 이렇게 여쭙니다. "선한 선생님이여 내가 무엇을 하여야 영생을 얻으리이까?" 우리가 의아하게 생각하는 것은 이 청년이 상당히 부자라는 사실입니다. 그런데 무엇이 부족하여 달려온 것입니까? 영생입니다. 영생은 부자나 가난한자나 공평하게 주어지는 것이고 결정되는 것이라는 것입니다. 다 있어도 다 누려도 영생이 없으면 소용없는 것이지요. 그래서 부자도 영생을 취하고 싶은 것입니다.

옛날 중국 한나라의 무제는 오래살고 죽지 않기 위해 구리로 큰 접시에 찬 이슬을 받아 마셨다고 합니다. 이슬을 마시면 신선이 된다는 이야기 때문입니다. 이후 중국을 통일한 진나라의 시황제는 늙지 않고 죽지 않는 불로초를 구하기 위하여 동방의 삼신산으로 500명의 신하를 보냈다고 합니다. 그런데 사람을 보냈지만 불로초를 구했다는 말이 없습니다. 물론 먹고 불로장생했다는 말도 없습니다. 사람은 누구나 죽지 않고 영생하기를 원합니다. 하지만 이 세상에 많은 사람들이 또 이전의 많은 사람들이 또 이후의 많은 사람들이 영생하는 법을 모릅니다.

이 책을 읽는 모든 분들도 천국에서 영원한 영생을 얻기를 원합니다. 이 세상 지긋 지긋 한데 뭔 낙이 있다고 더 살길 원하느냐? 반문하시는 분도 계십니다. 그러나 어찌합니까? 이생이 끝이 나면 이제 영원한 천국 영생의 때가 오는데 말입니다.

다만 우리는 영원한 천국에서의 영생을 원하는 것입니다. 영원한 천국 영생입니다. 그런데 중요한 것은 이 천국은 현재에 따라 결정된다는 것입니다. 혼(생명)이 살아 있을 때 구원과 영생이 결정된다는 것입니다. 이 세상에 사는 동안 천국과 지옥이 결정되는 것입니다. 죽음 이후에는 소용이 없습니다. 그렇다면 저는 이 시간 세 가지 질문을 드립니다.

첫째, 천국 영생을 소유하셨습니까? 이 질문에는 내가 성도라면 누구나 꼭 대답을 해야 하는 것입니다. 혹 대답을 할 수 없는 분이 계시다면 아직 구원을 받지 못한 것입니다. 어떻게 영생을 소유했다는 것을 알 수 있습니까? 요한복은 11장 25절을 읽습니다. 정리하면 두 가지입니다. 첫째는 "나는 부활이요 생명이다." 둘째는 "나를 믿는 자는 죽어도 산다." 그런데 이 둘은 연결되어 있습니다. "나는 부활이요 생명이니 나를 믿는 자는 죽어도 산다." 여기서 중요한 것은 믿음입니다. 사실을 믿느냐는 것입니다. 우리가 믿음으로 예수님과 함께 죽고 다시 부활하고 그래서 새 생명을 갖게 됨을 믿느냐는 것입니다.

내가 예수를 구주로 믿으면 내가 그분 안에 거하게 되어 주와 함께 죽고, 주와 함께 산다는 것을 믿느냐는 것입니다. 갈라디아서 2장 20절 "내가 그리스도와 함께 십자가에 못 박혔나니 그런즉 이제는 내가 사는 것이 아니요, 오직 내 안에 그리스도께서 사시는 것이라 이제 내가 육체 가운데 사는 것은 나를 사랑하사 나를 위하여 자기 자신을 버리신 하나님의 아들을 믿는 믿음 안에서 사는 것이라." "함께"이는 결합입니다. "나는 이미 예수님과 결합되어 십자가에 죽었다. 이제 내가 사는 것은 부활 신앙으로 나를 사랑하사 십자가에 달리신 그분을 믿은 믿음 안에 산다. 그리고 그분이 오시는 날 완전한 부활로 맞이하게 될 것이다." 그래서 예수를 믿고 성령으로 거듭난 성도는 죽으나 사나 영생을 소유한 몸인 것입니다. 요한복음 5장 24절 "내가 진실로 진실로 너희에게 이르노니 내 말을 듣고 또 나 보내신 이를 믿는 자는 영생을 얻었고 심판에 이르지 아니하나니 사망에서 생명으로 옮겼느니라." 이제 결정적인 구절을 봅니다. 요한복음 3장 16절입니다. "하나님이 세상을 이처럼 사랑하사 독생자를 주셨으니 이는 그를 믿는 자마다 멸망하지 않고 영생을 얻게 하려 하심이라." 이것을 믿습니까? 믿으면 천국영생입니다. 믿지 않으면 지옥 영생입니다. 지옥은 영원히 죽은 것입니다. 살아 있으나 죽음보다 못한 것입니다.

어느 날 하루살이와 메뚜기가 함께 놀았습니다. 저녁 무렵이 되었을 때 메뚜기가 하루살이에게 "오늘은 그만 놀고 내일 만나자."고 말했습니다. "내일이 뭔데?" "캄캄한 밤이 지나면 밝은 날이 오는데 그게 내일이야." 하루살이는 메뚜기의 이 말을 듣고도 이해를 하지 못했습니다. 이 메뚜기는 어느 날 개구리와 함께 놀았습니다. 개구리는 "날씨가 추워지니 그만 놀고 내년에 만나자."고 말했습니다. "내년이 뭔데?" "내년은 겨울이 끝난 후 날이 따뜻해지려고 할 때 오는 거야." 그러나 메뚜기는 개구리의 말을 알아듣지 못했습니다. 예수님은 성령으로 사람들에게 영생이 있다고 선포합니다. 그러나 사람들은 묻습니다. 이 세상밖에 모르는 사람은 "영생이 뭔데요?"라고 다시 묻습니다. 그리스천들이여! 영생을 아십시오. 영생은 영원히 사는 것입니다. 인간에게 죽음이 끝이 아닙니다. 죽음은 영생의 시작입니다.

필자는 모든 분들이 주 예수의 십자가의 은총을 깨닫게 회개함으로 거듭나 영생을 소유하시기를 간절하게 바랍니다. 성령의 음성을 듣고 믿기를 원합니다. 아직도 믿음이 없어서 영생을 소유하지 못한 분이 계시다면, 지금 회개하고 예수를 내 구주 내 하나님, 내 주인으로 영접하시기를 부탁드립니다. 이제 다시 묻습니다. 영생을 소유하셨습니까? 예~ 저는 지금 이 세상을 떠나도 영원한 천국에서 영생한다는 소망을 가지고 살고 있습니다.

둘째, 천국 영생을 가진 사람처럼 사십니까? 요한복음 11장 26절을 읽습니다. "무릇 살아서 나를 믿는 자는 영원히 죽지 아니하리니 이것을 네가 믿느냐" "이것을 믿느냐?" "그렇다면 그 믿음의 증거는 무엇이냐? 네가 영생을 가진 사람처럼 사느냐?" 이 질문은 두 가지의 의미를 둡니다. 첫째는 영생이신 주님만 바라는가? 둘째는 세상에 미련을 두지 않는가? 한나라의 무제가 진나라의 시황제가 영생을 위해 무엇이든 하려고 했습니다. 영생을 위한다면 그 어떤 대가도 치를 수 있는 것입니다.

만일 그들에게 어떤 이로부터 영생을 받게 되었다면 무제와 시황제는 때마다 일마다 그 영생을 준분만 바라고 살았을 것입니다. 다른 그 어떤 것도 필요가 없습니다. 가치가 없습니다. 우리는 그들이 얻지 못한 그 영생을 얻었습니다. 주 예수로부터, 그렇다면 우리에게 예수님은 길이고 진리고 생명이신 것입니다. 요한복음 14장 6절 "예수께서 이르시되 내가 곧 길이요 진리요 생명이니 나로 말미암지 않고는 아버지께로 올 자가 없느니라." 삶의 목적과 이유, 최고봉, 그 무엇과도 바꿀 수 없는 가치인 것입니다. 그래서 우리는 예수님만 바라보는 주 바라기가 되는 것입니다. 이것이 영생을 가진 사람의 첫 번째 증거입니다.

두 번째 증거는 세상에 미련을 두지 않는 것입니다. 마가복음 10장의 부자 청년은 이후 주님을 따랐을까요? 따르지 않았을까요? 자! 손을 들어 보십시오. 따랐다. 따르지 않았다. 여기서 내가 얼마나 성경을 많이 읽고 있는가! 읽지 않는가! 표시가 납니다. 둘 다 들지 않는 사람들은 무엇입니까? 들키지 않기 위한 지혜입니까? 그건 잔머리입니다. 정답은 "따르지 않았다."입니다. 이유는 무엇입니까? 마가복음 10장 22절입니다. "그 사람은 재물이 많은 고로 이 말씀으로 인하여 슬픈 기색을 띠고 근심하며 가니라." 그는 아직 이 세상에 미련이 있습니다. 이 세상의 삶과 관습과 가치와 기준이 영생보다 나은 것입니다. 세상의 많은 사람들이 주님을 따르지 않을까? 아직 세상에 미련이 남아서입니다.

당신은 어떠십니까? 이 세상의 삶과 관습과 가치가 영생의 가치보다 낫습니까? 이제 조금 지나면 민족의 명절인 설이 다가옵니다. 저는 가끔 명절을 맞아 제사 문제로 성도들이 우울해하는 모습을 많이 봅니다. 또 제사 문제로 가족과의 갈등을 일으키지 않기 위해 교회를 떠나는 사람도 보았습니다. 저는 묻습니다. 성도가 제사를 지내야 합니까? 천주교는 제사를 지냅니다. 저는 제사를 종교적 이유에서 "우상을 섬기는 것이기 때문에 제사를 지내면 안 된다. 절을 하면 안 된다." 이런 말 하고 싶지 않습니다.

저는 이런 말을 하고 싶습니다. "성도는 죽지 않고 영원히 살 것인데 무슨 제사가 필요한가?" 혹 자손들이 내가 죽으면 제사를 어떻게 드릴까요? 묻거든 대답해 주십시오. "난 죽지 않고 영원히 살 것이니 제사를 드리지 말라." "또 무덤도 만들지 말아라. 꼭 만들어야겠다면 봉 없이 1평에 바닥에 십자가만 세워라." 성 어거스틴의 어머니 모니카는 처음에 죽으면 자기 남편 곁에 묻히고 싶었습니다. 그래서 아프리카에 있는 남편 무덤 곁에 자기 무덤을 준비해두었습니다. 그러나 모니카는 자기 생명이 얼마 남지 않은 것을 깨닫고는 아들을 불러 이렇게 이릅니다. "내 몸을 아무데든 묻어라. 장지 문제로 신경 쓰지 말아라." 그러자 아들이 다시 묻습니다. "고향에서 너무 멀리 떨어진 곳에 묻히게 되어 두렵지 않습니까?" 그러나 모니카는 이렇게 대답합니다. "하나님께는 먼 곳이 없단다. 부활을 믿는 신앙인의 삶은 무덤에 집착하지 않는다." 얼마나 믿음에 찬 말입니까? 죽으면 묻을 무덤에 신경을 쓰는 크리스천은 영원한 천국에 대한 믿음의 확신이 없기 때문입니다. 영원한 천국에 대한 확신이 있는 크리스천은 죽지 않기 때문에 무덤에 신경을 쓰지 않습니다. 영원한 천국의 확신이 있기 때문입니다. 추도예배에 대해 바르게 알아야 합니다. 추도예배는 예수를 믿는 성도끼리 모여서 드리는 것이라고 생각합니다. 믿지 않는자가 끼어서 추도예배를 드리면 누가 찾아오겠습니까? 귀신은 사람에게 붙어삽니다. 불신자가 추도 예배드리러 올 때 귀신이 따라 온다고 보는 것이 정확할 것입니다.

셋째, 믿는 자는 이 세상의 죽음(절차)을 통해 영생으로 간다.

예수님은 영원한 생명의 길이 되십니다. 예수님은 생명의 길을 가르치는 분이 아닙니다. 생명의 길이 되십니다. 이 세상의 태어난 위대한 종교가들은 모두 다 길을 가르치는 사람이었습니다. 공자도 참되게 사는 길을 가르쳤습니다. 석가도 인생을 깨닫고 사는 해탈의 길을 가르쳤습니다. 그러나 예수님은 길을 가르친 적이 없습니다. 예수님은 바로 길이 되신 것입니다. 우리의 영원한 생명의 길이 되신 것입니다. 죽음은 미로 속에 빠진 사람들은 다시 살아나지 못합니다. 사람이란 죽고 난 다음에는 다시는 살아나지 못합니다. 그 미로 속에 한번 들어간 사람은 되돌아오지 못합니다. 영생의 길을 가르친 선생이나 성자나 종교인들도 죽음에 빠진 이후에 되돌아 온 사람은 아무도 없습니다.

어느 무신론자가 불란서 임금님에게 가서 임금님 내가 새 시대 종교를 하나 만들겠습니다. 그러니까 임금님이 이렇게 말했습니다. 자네가 죽었다가 부활하면 내가 그 종교를 믿겠거니와 자네가 죽었다가 부활하지 않은 이상은 아무리 멋있는 종교를 만들어도 나는 믿지 않겠네! 그 말이 맞습니다. 어떠한 종교를 전파하고 어떠한 철학을 가르친다고 하더라도 그가 직접 몸으로 죽었다가 부활하기 전에는 자기가 가르치는 것이 진실이라는 것을 증명할 도리가 없는 것입니다.

사도행전 4장 12절에 "다른 이로서는 구원을 얻을 수 없나니 천하 인간에 구원을 얻을만한 다른 이름을 우리에게 주신 일이 없음이니라 하였더라" 예수님만이 사망과 음부를 멸하시고 이기심으로 부활하셔서 생명의 길이 되셨습니다. 예수님 이외에 부활한 사람이 누가 있습니까? 예수님 이외에 부활의 신앙을 전파한 분이 누가 있습니까? 주님께서는 이 세상에 사시면서 우리에게 시 한수도 남겨 놓지 않았습니다. 논문 한 페이지도 적지 않았습니다. 그러나 그리스도를 통해서 구원 받은 수많은 사람들은 그 부활의 성령을 통하여 영감을 받아 위대한 시인도 되고 위대한 창작가도 되고 위대한 예술가도 되는 것입니다. 예수님은 흑암을 직접 몸으로 감당해서 이기시고 주님께서 부활하셔서 우리에게 영원한 생명의 원천이 되신 것입니다.

히브리서 2장 14절로 15절에 “자녀들은 혈육에 함께 속하였으매 그도 또한 한 모양으로 혈육에 함께 속하심은 사망으로 말미암아 사망의 세력을 잡은 자 곧 마귀를 없이 하시며 또 죽기를 무서워하므로 일생에 매여 종노릇하는 모든 자들을 놓아 주려 하심이니” 우리는 죽음을 무서워하여 죽음의 종이 되어 불안과 공포 속에 떨면서 살았습니다. 그런데 예수님은 우리를 위해서 대신 죽었다가 부활하심으로 이제 사망의 줄을 끊어 버림으로 죽음의 공포에 몸부림치는 우리에게 영원한 해방과 자유를 주셨습니다. 바울 선생 같은 사람은 담대하게 사망아 너희 이기는 것이 어디에 있느냐 사망아 너희 쏘는 것이 어디에 있느냐 사망을 경멸하고 조롱했습니다. 이제는 우리는 두려워 할 필요가 없습니다.

하나님을 믿으니 또 나를 믿으라고 예수님께서 자신 있게 말했었습니다. “내 아버지 집에는 있을 곳이 많도다. 그렇지 않으면 내가 일렀으리라 내가 너희를 위하여 처소를 예비하여 가노니 가서 처소를 예비하면 다시 와서 나 있는 곳에 너희도 함께 있게 하리라" 이 세상의 죽음은 없어지고 사라지는 것이 아니라. 우리 주 예수 그리스도께서 부활하셔서 예비해 놓으신 내 아버지 집으로 들어가는 한 과정이라는 것을 예수께서 우리에게 말씀하셨습니다. 이러므로 그리스도의 죽으심과 부활하심은 우리에게 죽음이 영원한 절망의 동굴이 아니라, 저 건너편으로 건너가는 터널이 된 것을 우리가 깨달아 알게 된 것입니다.

우리는 이 세상에서 죽음의 터널을 통하여 저 세상으로 건너갑니다. 더 영화롭고 맑고 밝고 환하고 소망차고 기쁨이 넘치는 세계로 나아가게 되는 것입니다. 그러므로 예수 그리스도의 부활만큼 우리에게 큰 빛과 소망을 주는 사건은 없는 것입니다.

결론입니다. 월남 이상재 선생은 YMCA 운동의 선구자입니다. 하루는 어떤 청년이 그에게 이런 질문을 합니다. "선생님! 신문에 보니까 영국 수상 처칠은 100세를 누릴 수 있다고 장담하고, 또 어떤 사람은 자기가 120세는 누릴 수 있을 것이라고 장담합니다. 선생님도 건강하시니까 오래 사실 것 같은데, 얼마나 사실 것 같으십니까?" 그러자 그는 껄껄 웃으면서 이렇게 답변했습니다. "그 사람들은 사는 법을 몰라. 나는 영원히 살 것이니까!" 교회는 영원히 죽지 않는 의인들이 모인 곳입니다.

사랑하는 크리스천들이여! 믿는 자의 수명은 영원입니다. 예수를 구주와 주로 믿는 자는 영생하는 것입니다. 천국 영생입니다. 영생을 가진 사람처럼 사십시오. 이 세상에 미련을 두지 말고, 다만 교회에 나와 천국 예행연습으로 사랑하며 사십시오. 필자는 우리 모두가 예수 믿고 영원히 살게 되기를 축복합니다.

7장 교회는 영과 진리로 예배드리는 곳

(요 4:23-24)"아버지께 참되게 예배하는 자들은 영과 진리로 예배할 때가 오나니 곧 이 때라 아버지께서는 자기에게 이렇게 예배하는 자들을 찾으시느니라. 하나님은 영이시니 예배하는 자가 영과 진리로 예배할지니라"

하나님께서는 크리스천들에게 영과 진리로 예배를 드리라고 말씀하십니다. 왜 하나님에게 예배를 드려야하느냐는 것입니다. 예배란 "예수 그리스도 안에서 자신을 계시해 주신 하나님과 그 하나님 앞에 뜨겁게 응답하는 만남의 현장"이라고 말할 수 있습니다. 즉 예배란 언제나 우리를 인도하시고, 찾아주시며, 구원해 주신 하나님의 놀라우신 사랑과 은혜에 응답하는 행위라고 말할 수 있을 것입니다. 예배를 통하여 하나님을 경배하고, 하나님으로부터 은혜와 사랑과 축복과 치유를 받는 것입니다. 예수를 믿는 성도는 예배를 통하여 하나님이 자신의 주인이라는 것을 증명하며, 경외하고, 하나님으로부터 복을 받는 시간입니다. 모든 것이 예배를 통하여 이루어지는 것입니다.

그렇기 때문에 사단이 인간에게 예배를 받으려고 하는 기를 쓰는 것입니다. 사단이 자신을 예배하게 하기 위하여 여러 가지 이해하지 못하는 일들을 일으키는 것입니다. 이방인의 제사, 무당 굿, 법당의 법회, 이방신들을 섬기기는 자들의 예배행위, 기우제, 고사 등등이 여기에 해당이 되는 것입니다. 예배는 이렇게 중요합니다. 그래서 하나님을 경외하고 주인으로 인식하기 위하여 매주 첫날(주님이 부활하신 날) 교회에 모여서 하나님에게 예배를 드리는 것입니다.

그러면 예배를 어떻게 드려야 하는지를 밝히 알고 행해야 합니다. 하나님은 이렇게 말씀을 하십니다. "아버지께 참되게 예배하는 자들은 영과 진리로 예배할 때가 오나니 곧 이 때라 아버지께서는 자기에게 이렇게 예배하는 자들을 찾으시느니라. 하나님은 영이시니 예배하는 자가 영과 진리로 예배할지니라."(요 4:23-24). 영이신 하나님만을 주목하는 예배, 하나님께 참되게 예배하는 것은 무엇을 의미합니까? 어떻게 드리는 예배를 가리켜 아버지께 참되게 예배하는 것입니까?

첫째, 하나님께 참되게 예배하는 자는 영으로 예배합니다. 영으로 드리는 예배가 무엇입니까? 우리가 이를 바르게 알기 위해서는 먼저 성경말씀을 바르게 알아야 합니다. 원래 헬라어 성경을 보면 24절에서 "하나님은 영이시니… 영으로 예배하라." 하는 구절의 '영'을 가리켜 '성령'(pneuma)으로 표기했습니다. 복잡하게 설명하지 않겠습니다. "하나님은 영이시니." 즉 하나님은 성령 하나님이십니다. 하나님은 살아계시면서 영이십니다.

그러므로 "영으로 예배할지니라." 즉 성령 하나님으로 예배하라는 말씀입니다. 더 쉽게 설명을 드리면 '성령의 인도함 가운데, 성령님 안에서 예배하라.'는 것입니다. 우리가 믿고 잘 알고 있듯이 하나님은 삼위일체 하나님이십니다. 성부 하나님의 고유 사역은 창조사역(계획)입니다. 성자 하나님, 예수님의 고유 사역은 구원사역(이루심)입니다. 성령 하나님의 고유 사역은 인도, 지지의 사역(알게 하심)입니다.

성부 하나님이 이스라엘 백성들과 늘 동행하셨습니다. 성자 예수님이 임마누엘의 하나님으로 우리 가운데 임재 하셨습니다. 성령 하나님이 우리들과 세상 끝날 까지 함께 하십니다. 그러므로 하나님을 가리켜 성령님이라고 하는 것입니다. 그러므로 성령님의 감동 가운데 하나님께 예배하라는 것입니다. '성령님의 감동 가운데 드리는 예배'에 대해 설명을 드리겠습니다. 예배드리는 가운데 다른 생각이 나는 것, 성령님의 감동이 아닙니다. 마귀가 방해하는 것입니다. 예배를 드리면서 세상 생각하는 것이 아닙니다. 예배드리는 가운데 마음 속 깊은 곳에서 솟아나오는 기쁨, 성령님의 감동입니다. 그렇게 성령님이 주시는 감화와 감동 가운데 예배드리라는 것입니다. 예배 찬송을 부르는데 주님의 은혜가 감사하여 눈물이 흐릅니다. 성령님의 감동입니다.

찬송을 크게 부르고 싶은데 주위 사람들이 신경이 쓰입니다. 성령님의 감동이 아닙니다. 사람을 의식하는 인본주의 행위입니다. 설교말씀을 들으면서 무엇인가 깨달음이 있습니다. 성령님의 감동입니다. 그런데 그 말씀을 가만히 생각해보니 많은 희생과 양보가 있어야 할 것 같습니다. 성령님의 감동입니다. 그대로 양보와 희생하라는 것입니다. 예수님이 주시는 은혜도 좋지만 내 것을 내려놓기가 싫습니다. 아깝습니다. 성령님의 감동이 아닙니다.

영으로 드리는 예배는 성령으로 드리는 예배, 성령님의 감동 가운데 드리는 예배를 뜻합니다. 자신이 없어지고 성령님이 주인 되어 드리는 것입니다. 성령님의 지배와 장악된 가운데 드리는 것입니다. 살아있지만 자신의 의지를 발휘하지 않고 성령의 인도를 받는 상태입니다. 우리 모두는 하나님을 예배할 때마다 영이신 하나님께 늘 성령의 감동 가운데 예배하는 성도들이 되기를 바랍니다. 영으로 예배하는 것과 또 어떻게 드리는 예배를 가리켜 아버지께 참되게 예배하는 것입니까? 진리(예수)로 예배를 드려야 합니다.

둘째, 하나님께 참되게 예배하는 자는 진리로 예배합니다. '진리로 드리는 예배'의 뜻을 바르게 알기 위해서 역시 성경말씀을 바르게 알아야 합니다. 헬라어 성경을 보면 "진리로 예배할지니라."는 구절에서 '진리'는 헬라어 이 단어 역시 '진리'를 뜻합니다. 그런데 성경을 보면 '진리'라는 말이 유독 많이 나오고 있음을 볼 수 있습니다. 특히 구약성경의 잠언서에 '진리, 지식, 지혜'라는 표현이 많이 나옵니다. (잠 3:3)"인자와 진리가 네게서 떠나지 말게 하고 그것을 네 목에 매며 네 마음 판에 새기라" (잠 16:6)"인자와 진리로 인하여 죄악이 속하게 되고 여호와를 경외함으로 말미암아 악에서 떠나게 되느니라" 기억하십시오. 구약성경에서 지식, 지혜, 진리는 하나님을 뜻합니다.

오늘의 본문인 요한복음을 보면 '진리'라는 단어가 아주 많이 나오고 있습니다. (요 1:14)"말씀이 육신이 되어 우리 가운데 거하시매 우리가 그의 영광을 보니 아버지의 독생자의 영광이요 은혜와 진리가 충만하더라" (요 1:17)"율법은 모세로 말미암아 주어진 것이요 은혜와 진리는 예수 그리스도로 말미암아 온 것이라" (요 3:21)"진리를 따르는 자는 빛으로 오나니 이는 그 행위가 하나님 안에서 행한 것임을 나타내려 함이라 하시니라"

어쩐지 '진리'가 예수님과 어떤 깊은 관계가 있는 것 같지 않습니까? (요 5:33)"너희가 요한에게 사람을 보내매 요한이 진리에 대하여 증언하였느니라" (요 14:6)"예수께서 이르시되 내가 곧 길이요 진리요 생명이니 나로 말미암지 않고는 아버지께로 올 자가 없느니라" 요한복음의 기자는 '진리'가 바로 예수님이라고 선언합니다. 그래서 예수님께서 이렇게 말씀하셨다고 증거합니다. (요 8:32)"진리를 알지니 진리가 너희를 자유롭게 하리라" 이제 '진리로 예배할지니라'는 말씀의 의미가 분명해졌습니다. 그렇습니다. 바로 '예수님으로, 예수님 안에서 예배하라'는 의미입니다. 죄인인 아담은 예수를 믿을 때 죽고 다시 태어난 하늘의 사람… 하나님의 자녀로 태어난 영의 사람인 예수로 드리라는 말씀입니다. 사람이 주목받는 예배, 이는 진리로 드리는 예배가 아닙니다. 예수님이 드러나지 않기 때문입니다.

우스갯소리로 사람들의 귀를 즐겁게 하는 예배, 이는 진리로 드리는 예배가 아닙니다. 우리 주님의 이야기, 복음은 우스개 이야기가 아니기 때문입니다. 사람이 영광을 받고 갈채를 받는 예배 역시 진리로, 예수님으로 드리는 예배가 아닙니다. 진리로 드리는 예배, 예수님으로 드리는 예배, 예수님 안에서 드리는 예배는 오직 예수님만이 나타나는 예배입니다. 진리로 예배를 드리라는 말은 예수 안에서 말씀으로 드리라는 것입니다. 자신은 예수를 믿을 때 죽었고 다시 예수로 태어났으니 죄가 없는 의인(예수)된 상태에서 드리라는 것입니다.

하나님은 영과 진리로 드리는 예배만 받으십니다. 하나님은 영이시기 때문입니다. 성령의 임재 하에 영으로 예배를 드리기를 바랍니다. 오늘날 드려지는 예배는 교단별로 각각의 개교회마다 순서와 형식의 다양한 방법을 통해 드려지고 있습니다. 순서와 형식의 다양한 방법에 대해 옳다 그르다의 기준은 없습니다. 그러나 반드시 하나님에 대한 예배에 포함 되어야 할 요소들이 있습니다.

셋째, 예배에 포함되어야 할 요소들이다. 하나님께 대한 예배에 포함되어야 할 요소들은 다음과 같습니다.

첫째로, 찬양과 신앙고백입니다. 예배의 궁극적인 목적은 하나님을 영화롭게 하는 것입니다. 그리고 찬양은 하나님의 영광을 높이는 수단입니다. 그러한 점에서 찬양은 예배에서 빠질 수 없는 요소입니다. 구약 시대 성전 제사에서도 찬송은 빠질 수 없는 필수 요소였습니다. 그래서 '나윗'은 아예 '레위인'으로 구성된 찬양대를 조직하여 하나님을 찬양하게 하기도 하였습니다. 오늘 우리도 찬송가를 부름으로서 하나님을 찬양하였습니다. 조직이 잘 되어 있는 일반 교회에서는 따로 찬양대를 세워 예배의 한 순서로 하나님을 찬양하게 하고 있습니다.

우리가 하나님을 찬송하는 것은 성도의 마땅한 의무임과 동시에 특권이므로 즐거운 마음으로 찬송을 드려야 하는 것입니다. “우리 능력 되신 하나님께 높이 노래하며 야곱의 하나님께 즐거이 소리할지어다.”(시편81:1), 말씀했습니다.

둘째는 신앙 고백입니다. 예배는 분명한 대상이 있어야 합니다. 예배의 대상이 분명하지 않는 예배는 다 헛된 몸짓에 불과합니다. 우리들의 예배의 대상은 천지만물을 창조하시고 주관하시는 하나님이십니다. 우리는 이 하나님에 대한 신앙 고백을 하는 것입니다. 다른 종교와 달리 우리는 특별히 예배시간에 사도신경을 꼭 암송을 합니다. 사도신경은 기독교의 핵심 진리를 요약한 것이라 할 수 있습니다. 그래서 이는 모든 교회와 성도 각 개인의 공적인 신앙고백으로 삼고 있는 것입니다. 우리가 예배시간에 교회와 성도 개인의 신앙고백으로 사도 신경을 암송하는 것도 이 때문입니다. 하나님께 속한 자는 바로 예수를 주로 고백하는 자들 입니다. “그러므로 내가 너희에게 알게 하노니 하나님의 영으로 말하는 자는 누구든지 예수를 저주할 자라 하지 않고 또 성령으로 아니하고는 누구든지 예수를 주시라 할 수 없느니라(고전12:3)에”했습니다.

셋째로 말씀의 선포와 화답입니다. 하나님은 예배를 통해서 성도들을 만나 주시고 우리에게 필요한 말씀들을 주십니다. 물론 하나님께서 구약 시대처럼 직접 말씀 하시는 일은 없습니다. 하나님은 항상 대언의 종들을 세우시고 그들을 통하여 말씀을 주십니다. 예를 들어 더불어 민주당, 새누리당, 국민의당… 등 각 정당 대변인이 발표를 하는 것이 곧 그 정당의 뜻인 것처럼 하나님은 인생들 중 대언할 심부름꾼을 세워 하나님의 뜻을 전달하시는 것입니다. 구약 시대에는 주로 제사장과 선지자들을 통하여 택한 선민 이스라엘 백성들에게 하나님으로부터 직접 계시를 받아 하나님의 뜻을 전하여 주셨습니다.

신약 시대이후에는 목회자를 통하여 하나님의 말씀을 주십니다. 물론 신약 시대의 목회자들은 구약 시대의 선지자들과 달리 직접 계시를 받아 말씀을 전하는 것이 아닙니다. 바로 하나님의 말씀이 기록된 성경을 성령의 조명을 받아 이를 잘 이해할 수 있도록 풀어서 전하는 것입니다. 물론 성도라면 누구나 갖고 있는 것이 성경 말씀입니다. 그러나 성경을 읽는다고 다 하나님의 말씀을 깨닫는 것은 아닙니다. 또 말씀을 깨달았다고 해서 그 말씀이 항상 동일하게 적용되는 것은 아닙니다. 그렇기 때문에 그때그때 마다, 하나님은 성령으로 감동케 하시고 성경을 재해석하게 하심으로서 우리에게 필요한 말씀을 주시는 것입니다.

넷째로 간구와 호소입니다. 만남은 당사자 간에 대화가 있을 때 비로소 그 의미가 있는 것입니다. 대화가 없는 만남은 진정한 의미의 만남이라고 할 수 없습니다. 우리는 세상을 살아가면서 수많은 사람들과 만나게 됩니다. 출근길의 지하철이나 버스 안에서도 만나고, 길거리에서도 만납니다. 그러나 우리는 그러한 만남을 만남이라 부르지 않습니다. 왜 그렇습니까? 그 만남에는 진솔한 대화가 없기 때문입니다. 그러한 의미에서 예배가 참 예배가 되려면 하나님과 성도 간에는 반드시 진솔한 대화가 있어야 합니다. 목회자의 말씀 선포는 하나님의 말씀이 성도들에게 전해지는 과정입니다.

그에 반해 성도들의 기도나 호소는 하나님께 말씀드리는 방편이라고 할 수 있습니다. 따라서 예배에 말씀의 선포가 있어야 하는 것처럼 성도의 간구와 호소도 반드시 있어야 하는 것입니다. 우리는 하루하루 매일 같이 하나님의 도움이 없이는 살아갈 수 없는 존재들 입니다. 예배가 하나님의 영광을 구하고 하나님의 은혜를 힘입는 시간이라면 간구와 호소는 그 은혜가 우리 각자의 삶에 어떤 방식으로 펼쳐 저야 할지를 정하는 것, 즉 은혜를 구체화하는 것이라 할 수 있습니다. 그렇기 때문에 간구와 고백은 예배를 드릴 때 반드시 필요한 요소 중 하나라 할 수 있습니다. 잘 알고 있듯이 기도는 하나님과의 교제의 통로입니다.

다섯째, 감사와 헌신입니다. 우리는 매 순간 하나님의 은혜가 없이는 살아갈 수 없는 사람들 입니다. 다시 말해서 우리가 매 순간 살아가고 있는 것이 하나님의 은혜의 결과입니다. 하나님은 시시때때로 우리에게 필요한 은혜를 베푸사 이 험난한 세상을 살아갈 수 있도록 힘과 용기를 주십니다. 더욱이 우리는 본래 다 죄로 인하여 영원히 멸망할 운명에 처하였던 존재로서 감히 하나님께 나아갈 수 없었던 신분이었습니다.

그러나 죄인을 구원하기 위해 독생자를 아끼지 않으신 하나님의 그 크신 은혜와 우리를 위하여 자기 몸을 기꺼이 희생하신 예수 그리스도의 사랑으로 우리가 죄 사함을 받고 하나님께 나아갈 수 있는 것은 물론, 하나님의 영원한 기업의 후사가 된 것입니다. 그런즉 우리가 하나님께 감사하는 것은 지극히 당연한 것입니다. 봉헌(헌금)도 하나님의 은혜에 대한 감사의 표시입니다. 또 하나님을 위하여 헌신을 하는 것도 감사의 표시입니다.

하나님을 영화롭게 하는 자는 바로 감사로 제사를 드리는 자라고 했습니다. “감사로 제사를 드리는 자가 나를 영화롭게 하나니 그 행위를 옳게 하는 자에게 내가 하나님의 구원을 보이리라(시편50:23)”했습니다. 믿음도 현재형이고 감사도 현재형 입니다. 표현되지 않은 사랑은 더 이상 사람이 아닌 것처럼 표현되지 않는 감사 또 한 더 이상 감사가 아닌 것입니다. 감사는 해도 그만, 안 해도 그만이 아니라 살아있는 모든 날들이 다 감사의 조건이 되는 것입니다. 우리 모두가 하나님에 대한 찬양과 신앙고백, 말씀의 선포와 화답, 간구와 호소, 감사와 헌신을 통한 풍성한 복을 내 것으로 만들어 가는 믿음의 주인공들이 다 되시기를 진심으로 소원합니다.

충만한교회에서는 매주 토요일 10:00-12:30 정한 선교헌금을 하고 1주전 예약하여 2시간 30분씩 특별 개별집중내적치유 시간이 있습니다. 대상자는 여기서도 저기서도 치유와 능력을 받지 못한 분/ 불치병, 귀신역사를 빨리 치유 받을 분/ 목, 허리디스크, 허리어깨통증, 근육통, 온몸이 아프고 무거움에서 치유해방 받고 싶은 분/ 자녀나 본인의 우울증, 공황장애, 조울증, 불면증을 빨리 치유 받을 분/ 가슴이 답답하고 기도하기가 힘이 드는 분/ 생업과 목회로 영육의 탈진에 빠져서 고통당하시는 분/ 축복과 영의 통로를 뚫고 싶은 분/ 성령의 불세례를 체험하고 싶은 분/ 최단기간에 성령치유 능력 받고 싶은 분이 참석하시면 기적적인 영육의 치유와 능력을 받습니다. 반드시 1주전에 전화하시고 예약해야 합니다.

8장 교회는 복 있는 의인들이 모인 곳

(고후 8:9)"우리 주 예수 그리스도의 은혜를 너희가 알거니와 부요하신 이로서 너희를 위하여 가난하게 되심은 그의 가난함으로 말미암아 너희를 부요하게 하려 하심이라."

하나님께서 부르신 것은 축복하여 하나님의 영광을 드러내시려고 부르신 것입니다. 하나님은 부름에 순종하고 예수를 믿고 교회에 들어온 성도들을 축복의 도구가 되게 하려고 단련하십니다. 생명의 말씀과 성령으로 인도하시면서 세상 것들을 제거하시면서 하나님의 음성에 순종하는 크리스천이 되게 하십니다. 하나님은 아브라함을 불러서 단련하시면서 축복하셨습니다. 이와 같이 예수를 믿고 교회에 들어와 믿음 생활하는 성도들을 전인적으로 축복하십니다. 하나님의 부름에 순종했다는 것은 축복을 받는 행로에 들어선 것입니다. 하나님은 부름에 순종한 성도들을 교회에서 생명의 말씀과 성령으로 의인이 되게 하여 하나님의 음성에 온전하게 순종하는 자녀들이 되게 하십니다. 온전하게 순종하는 자녀들을 전인적으로 축복하여 그들을 통하여 세상에 하나님의 나라를 건설하는 일을 하십니다. 하나님께서 직접 이 땅에 하나님의 나라를 건설하는 것이 아니고 부름에 순종하여 생명의 말씀과 성령으로 훈련된 크리스천들을 통하여 일을 하십니다. 그렇기 때문에 예수 믿고 교회에 들어온 성도들은 복 받은 복 있는 특별하고 위대한 사람들인 것입니다.

첫째, 죄 사함의 복과 구원의 복을 주셨습니다. 예수를 믿고 죽어 죄가 사해져서 의인이 된 것입니다. 의인은 성령으로 하나님과 교통할 수 있다는 것입니다. 복 중의 가장 큰 복은 죄 사함과 구원의 복입니다. 세상의 모든 종교가 죄 문제를 해결하려고 하는 것입니다. 그러나 세상의 종교로는 죄사함을 받을 수가 없습니다. 세상의 부귀영화를 다 누렸어도 죄 사함을 받지 못하고 죽으면 지옥에 떨어지는 저주를 받게 됩니다. 그러므로 다윗은 복 중의 큰 복은 죄 사함 받는 복이라고 고백했습니다. "허물의 사함을 얻고 그 죄의 가리움을 받은 자는 복이 있도다"(시32:1). 왜 예수를 믿고 교회에 다니는 크리스천이 복을 받은 사람들인가? 에 대하여 몇 가지 핵심적인 것을 말씀드리겠습니다.

1)사람은 영원히 사는 (영생하는) 존재이기 때문입니다. 우리는 70~80년 살다가 죽어 없어지는 존재가 아닙니다. 죽은 후에는 영원한 세계가 있습니다. 전도서 3장 11절에 보면 "하나님이 모든 것을 지으시되 때를 따라 아름답게 하셨고 또 사람에게 영원을 사모하는 마음을 주셨느니라"고 말씀하였습니다. 우리가 영원히 사는 존재이므로, 하나님께서 우리에게 영원을 사모하는 마음을 주신 것입니다. 70~80년, 혹은 100년 살다가 죽음으로 끝나는 인생이 아닙니다. 죽음 후에는 반드시 부활이 있고(요5:28~29), 영원한 천국과 지옥이 반드시 있습니다. 죽음 다음의 세계(내세)가 없다면 우리들이 예수 믿을 필요가 없습니다. 미개한 사람들도 하나님을 찾고 내세를 믿습니다. 불교신자들은 극락에 가려고 행위로 열심으로 섬깁니다.그 이유는 우리 인간이

영적인 존재이고 영원한 존재이기 때문입니다. 인간은 하나님을 찾아 만나기까지는 참 만족과 행복, 평안이 없습니다. 예수를 믿고 교회에 나오는 사람은 복중에 복을 받은 것입니다.

2)죄의 삯(값)은 사망이기 때문입니다. 어리석은 사람들은 하나님이 없다고 합니다(시14:1). 왜 하나님이 없다고 생각할까요? 그 이유는 그 영혼이 죽었기 때문입니다. 죽은 사람은 어떻게 해도 모른다. 반응이 없습니다. 이처럼 "죄의 삯은 사망"(롬6:23)이라고 말씀대로 사람들은 원죄와 자범죄로 영혼이 죽었기 때문에 하나님도 모르고 영의 세계도 인식하지 못하는 것입니다. 로마서 3장 23절에 보면 "모든 사람이 죄를 범하였으매 하나님의 영광에 이르지 못하더니"라고 말씀하였습니다. 이 말씀대로 하나님을 알 수도 없고 하나님 나라에 들어갈 수도 없게 되었습나다. 계속 로마서 3장 24절에 보면 "그리스도 예수 안에 있는 구속으로 말미암아 하나님의 은혜로 값없이 의롭다 하심을 얻은자 되었느니라"고 하였습니다. 구속 이란 말은 "(몸)값을 주고 사냈다(해방하였다)"는 뜻입니다.

한 흑인 노예가 가족들과 헤어져 팔려가는 것을 보고 한 부자가 돈을 지불하고 그 노예를 사서 자유한 사람이 되게 하여 가족의 품으로 돌아가게 하였습니다. 이것이 바로 구속의 의미입니다. 이처럼 하나님의 아들이신 예수님께서 이 땅에 오셔서 천국 가는 길을 가르쳐 주시고 마지막 십자가에 달려 피흘려 죽으심으로 우리 죄인들의 죄 값을 치루어 주셨습니다. 그래서 어떤 죄인도 회개하고 예수만 믿으면 영생을 얻고, 천국에 들어 갈 수 있게 되었습니다. 왜 예수님께서 십자가에서 피흘리셔야 했나? 피흘림이 없은즉 죄 사(赦)함이 없기 때문입니다(히 9:22). 하나님의 아들이신 예수의 피가 우리를 모든 죄에서 깨끗하게 하십니다(요1서 1:7). 그러므로 이제는 어떤 죄인이라도 회개하고 예수를 믿으면 그의 피로 모든 죄를 씻음 받고 영생을 얻어 천국에 들어 갈 수 있게 되었습니다. 오직 하나님의 아들이신 예수님을 믿어야만 구원받을 수 있습니다(요 3:16, 14:6). 예수님은 십자가에 달려 죽으시고 삼일 만에 부활하셨습니다. 예수를 믿고 교회에 나오는 자는 이러한 복을 받은 자들입니다.

3)죽은 후에는 심판이 있고, 영원한 두 세계(천국과 지옥)가 있기 때문입니다. 히브리서 9장 27절에 보면 "한번 죽는 것은 사람에게 정하신 것이요 그 후에는 심판이 있으리라"고 말씀하셨습니다. 예수님의 피로 죄사함 받지 못하면 반드시 둘째 부활을 얻어 죄의 심판을 받게 됩니다. 하나님은 모든 행위와 모든 은밀한 일을 선악간에 심판하십니다(전 12:4). 예수 믿고 구원받은 사람은 그 행위에 대한 영원한 상급을 받습니다. 천국에서 영생복락을 누리게 됩니다. 그러나 구원받지 못한 사람은 일평생 지은 모든 죄에 따라 형벌을 받게 됩니다. 그곳이 바로 지옥입니다. 지옥은 반드시 존재합니다. 지옥은 실재합니다. 지옥은 꺼지지 않는 불이 있는 곳이며 한번 들어가면 나올 수 없는 곳입니다(마 10:28, 막 9:48). 누구든지 예수를 구주로 믿기로 결단하고 입으로 시인하면 구원받게 됩니다(롬 10:10). 예수를 믿고 교회에 나오는 성도들의 복은 참으로 헤아리기 힘들 정도입니다. 할

렐루야! 교회밖에는 죄 사함과 구원이 없습니다. 예수를 믿고 교회에 나오시는 분들 모두에게 하나님께서 죄 사함의 복과 구원의 복을 주시기를 기원합니다.

둘째, 성령의 인도를 받게 하십니다. 예수를 믿어 의인된 성도들을 성령으로 인도하시면서 전인적인 축복의 도구가 되게 하십니다. 그러므로 성령의 인도에 순종하기만 하면 하나님의 복을 받는 것입니다. 우리가 예수를 믿고 교회에 들어와 변화된 사람은 이제 성령과의 교통과 인도 속에 사는 것입니다. 이스라엘 백성이 애굽에 살 때는 구름기둥과 불기둥 같은 것은 본적도 없습니다. 애굽에서 나오자마자 구름기둥과 불기둥이 그들을 인도했습니다. 그들이 인간의 지혜와 지식과 총명으로 좌우를 분별하고 앞뒤를 분별을 할 필요가 없었습니다. 구름기둥과 불기둥이 없었을 때는 자기들 생각에 오른편으로 갈까 왼편으로 갈까 앞으로 나갈까 뒤로 갈까 어떻게 할까 궁리해야 됐습니다. 그러나 이제는 애굽에서 나오자 구름기둥과 불기둥이 그들의 갈 길을 인도해 주신 것입니다. 이처럼 이제 우리 천국의 시민들은 우리 인간의 지혜와 지식과 수단과 방법으로 어떻게 살까? 어디에 갈까? 무엇을 할까?를 생각하지 아니하고 성령의 인도를 받아서 살아야만 되는 것입니다.

하나님의 성령께서 마음속에 구름기둥과 불기둥처럼 일어나셔서 우리가 기도를 할 때 우리의 소원을 통하여 혹은 계시를 통하여 묵시를 통하여 온 생각을 통하여 우리를 인도해 주시는 것입니다. 이러므로 성령과의 교통이 있다는 것은 이제 우린 하나님의 가족이 되었다는 것입니다. 성령님과 함께 사는 우리는 하나님의 자녀인 것입니다. 이러므로 항상 우리 속에 와 계시는 인격적인 이 성령님을 우리는 인정하고 환영하고 모시어드리고 의지하며 인도 받고 살아야 되는 것입니다.

성령은 인격적으로 돕기 위해서 마음 가운데 와서 영원한 천국에 올라살 때까지 손을 삽고 이끌어 삽니다. 주님 친히 말씀하기를 "내가 아버지께 구하겠으니 그가 또 다른 보혜사를 너에게 주사 영원토록 너희와 함께 있게 하시리니 저는 진리의 영이라 세상은 능히 죄를 받지도 못하나니 이는 주를 보지도 못하고 알지도 못함이라 그러나 너희는 저를 아나니 이는 저는 너희와 함께 거하심이요 너희 속에 계심이라" 세상에 살 동안에는 성령을 보지도 못하고 알지도 못합니다. 우리가 예수를 믿고 옛사람을 벗어버리고 새사람이 되어 나오자마자 성령을 알게 되고 성령을 체험하게 되고, 이제 성령이 감싸고 채우고 앞뒤로 보호하고 손을 잡고 이끌어서 사는 것입니다. 이러므로 새로운 피조물이 되어서 사는 삶은 항상 성령과 함께 사는 것입니다.

이러므로 성령은 보혜사로서 진리가운데 이끌어주고 기억나게 해주고 위로해주고 격려해주고 용기를 북돋아 주고 깨닫게 해주고 꾸짖어 주시고 거룩하게 해주고 온갖 역사를 베풀어서 온전한 크리스천으로서 성공적인 인생을 살기를 원하는 것입니다. 하나님은 성령으로 인도하시면서 축복의 도구가 되도록 훈련하시는 것입니다. 성령의 인도에 순종하면 복을 받습니다.

셋째, 가정의 복과 자손의 복을 받았습니다. 복 중의 또 하나의 큰 복은 가정의 복입니다. 세상의 부귀영화를 다 누렸어도 가정의 복을 받지 못했다면 그는 불행한 사람입니다. 한나는 본래는 가정적으로 불행한 사람이었습니다. 그러나 한나가 성막에 올라가서 기도하는 가운데 가정의 복을 받았습니다. 귀한 아들 사무엘을 얻었고 그 후에는 세 아들과 두 딸을 더 얻었습니다. 부부와 온 가족이 모두 하나님을 경외하는 축복을 받았습니다. 시128편도 가정의 복을 약속하고 있습니다. 하나님을 경외하는 자는 시온에서 복을 받되 가정의 복을 받는다고 말씀했습니다. 3절은 하나님을 경외하는 자는 아내가 결실한 포도나무 같이 되는 아내의 복을 받고 자식들이 어린 감람나무 같이 되는 자식의 복을 받는다고 했습니다. 6절은 "너는 평생에 예루살렘의 복을 보며 네 자식의 자식을 볼찌어다"고 했습니다.

예루살렘도 교회를 가리킵니다. 교회에서 복을 받되 자식의 복과 자손의 복을 받는다는 말씀입니다. 시37:25에는 "의인의 자손이 걸식함을 보지 못하였다"고 했습니다. 우리는 예수님을 믿고 교회에 나와서 가정의 복과 자손의 복을 받습니다.

초대교회의 빌립 집사는 교회에서 집사의 일을 충실하게 한 결과 가정의 복을 받았습니다. 부부가 해로하며 주님의 종들을 대접했고 네 딸들도 모두 주님의 말씀을 전하는 예언자들이 되었습니다. 지금 우리 교회에는 부부와 온 가족이 예수를 믿고 교회에 나와서 정성을 다해 예배를 드리며 신앙생활을 하시는 분들이 많이 있습니다. 하나님께서 이와 같은 분들에게 가정을 복을 주실 것입니다. 부부가 잘되고 자식들이 잘 되고 자손들이 잘 되는 복을 주실 것입니다. 그렇게 믿으시기를 바랍니다. 가정의 복을 받으려면 온 가족이 교회에 나와야 합니다. 부부가 잘되고 자식들이 잘 되려면 교회에 나와야 합니다. 반대로 교회에 나오지 않는 사람들은 가정의 복을 받을 수가 없습니다. 예수를 믿고 교회에 나오시는 분들 모두에게 하나님께서 가정의 복과 자손의 복을 주시기를 기원합니나.

넷째, 사업의 복과 형통의 복을 받았습니다. 하나님은 예수를 믿고 교회에 들어와 믿음 생활하는 성도들을 통하여 하나님의 일을 하십니다. 성도들을 통하여 하나님의 일을 해야 하기 때문에 순종하는 성도들을 축복하시는 것입니다. 복 중의 또 하나의 큰 복은 사업의 복입니다. 모든 일이 잘 되는 형통의 복입니다. 하나님께서 시온에서 복을 주시되 사업의 복과 형통의 복을 주신다고 말씀했습니다. “네가 네 손이 수고한대로 먹을 것이라 네가 복되고 형통하리로다.” 롬16:23과 요삼1:1에 나오는 가이오는 “온 교회의 식주인”이라고 부를 정도로 교회에서 교인들과 나그네 대접하는 일을 열심히 했습니다. 결국 가이오는 범사에 잘 되는 사업의 복과 형통의 복을 받았습니다.

교회에 나와서 신앙생활을 성실하게 하는 사람들은 형통의 복이 함께하여 학교에 가면 학교에서 복을 받고 직장에 가면 직장에서 복을 받습니다. 교회에 나와서 신앙생활을 성실히 하면 학업의 복과 사업의 복을 받습니다. 복을 받아야 하나님의 일을 할 수가 있기 때문입니다. 하나님은 형통이십니다. 형통이신 하나님께서 주인으로 계시지 때문에 성도들이 하나님의 뜻대로 하는 사업에 축복이 있는 것은 당연한 것입니다.

한국이 그 동안 경제성장을 이룬 중요한 원인은 한국 사람들이 시온에서 사업의 복을 받았기 때문입니다. 수많은 북한의 신자들이 남한으로 피난 와서 교회를 세우고 신앙생활을 하면서 사업을 했는데 그들이 모두 시온에서 사업의 축복을 받았습니다. 제가 항상 믿고 있는 하나의 소신은, 교회에서 신앙생활을 충실히 하는 사람들은 반드시 학업의 복과 사업의 복을 받는 다는 것입니다. 예수를 믿고 교회에 나와서 신앙생활을 하시는 분들에게 하나님께서 학업의 복과 사업의 복과 형통의 복을 주시기를 축원합니다. 하나님은 교회에서 죄사함의 축복을 주시고 가정의 축복을 주시고 사업의 축복을 주십니다.

저는 이렇게 생각합니다. 하나님께서 일반적으로는 시온에서 가정의 축복과 사업의 축복을 주십니다. 그러나 특별한 경우에는, 특별한 주님의 종들과 그들의 가정에는 일반 은총적 축복보다는 특별 은총적 축복을 주신다고 생각합니다. 주님의 십자가의 고난에 동참하므로 주님의 뜻을 이루게 하시는 특별한 은총을 주십니다. 이렇게 보면 교회는 결국 축복의 창고라고 말할 수 있습니다. 하나님께서는 모든 복을 예수님을 통해서 그리고 그의 몸인 교회를 통해서 우리들에게 주신다고 말할 수 있습니다. 하나님께서 교회를 통해서 죄 사함의 복을 주십니다. 하나님께서 교회를 통해서 가정의 복을 주십니다. 하나님께서 교회를 통해서 사업의 복을 주십니다.

9장 교회는 살아계신 하나님을 증명하는 곳

(요 11:27)"이르되 주여! 그러하외다 주는 그리스도시오, 세상에 오시는 하나님의 아들이신 줄 내가 믿나이다."

하나님은 영이십니다. 하나님은 영이시지만 살아계십니다. 영이시기 때문에 일반적인 눈으로는 보이지 않습니다. 그래서 관념적인 하나님으로 알고 믿음 생활하는 크리스천들이 적지 않습니다. 관념적인 하나님은 성경지식으로 하나님을 안다고 하는 것입니다. 성경지식은 눈이 아닙니다. 관념입니다. 바른 지식은 보는 것에 도움이 되지만, 잘못된 지식은 보는 것을 방해합니다. 하나님은 살아계십니다. 실제적인 하나님이십니다. 반드시 성령으로 충만한 가운데 영 안에서 믿음으로 알 수가 있는 분입니다. 필자가 몇 개월 전 새벽에 기도하는데 하나님께서 이렇게 말씀하셨습니다. "내(하나님)가 살아있다는 것을 증명하는 목사가 되라." 즉 살아계신 하나님을 증명시키라는 하명입니다.

이렇게 말하면 어떤 분들은 이렇게 말할 것입니다. 하나님께서 살아계신다는 것을 모르는 성도가 있나! 필자에게 하나님께서 강조하시는 것은 하나님께서 살아계신다는 것은 알고 있지만, 관념적으로 알고 있는 성도들이 많다는 것입니다. 실제적인 체험적인 살아있는 하나님으로 알도록 하라는 것입니다. "하나님께서 살아계신다. 살아서 천지만물을 통치하고 계신다." 이 말은 정말이지 온 세상 인류를 향하여 가장 크게 외치고, 또 외치면서 전해야 할 진리가 아니겠습니까? 필자가 매주 성령치유 집회를 하면서 주일 예배를 드리면서 "하나님은 살아계십니다" 라고 참석을 하고 있는 모든 영혼들에게 큰소리로 외치고 또 외치는데 눈물이 핑 돌고 가슴이 뜨거워집니다.

세상 사람들 중에는 지식을 가지고 사는 사람도 있고, 체험으로 사는 사람이 있고, 이성으로 사는 사람이 있고, 과학을 통해서 사는 사람이 있고, 이런 저런 의지하는 것 없이 그저 되는대로 사는 사람도 있습니다.

우리 기독교인들도 말씀을 지식적으로 알고 믿은 관념적인 믿음으로 생활하는 성도가 있고, 성령의 인도를 받으며 말씀을 삶에 적용하여 체험한 실제적인 믿음으로 생활하는 목회자와 성도가 있습니다. 우리 기독교인은 반드시 체험적인 실제적인 믿음으로 살아야 합니다. 하나님께서 말씀을 주셨으므로 성령으로 난 믿음으로 살면 오늘날도 하나님께서는 초자연적인 기적을 나타내 주십니다. 분명하게 하나님은 살아서 동행하고 있다는 것을 눈으로 보고 인정하고 감탄하게 하십니다. 오늘날도 홍해가 갈라지고, 메추라기가 날아오고, 쓴물이 정화되어 식수가 되며, 바위에서 물이 솟아오르는 기적이 일어납니다.

오늘날도 귀신이 쫓겨 나가고 병자가 낫고 죽은 자가 살아나는 기적이 일어나는 것입니다. 우리 크리스천은 체험적인 실제적인 믿음이 되어 하나님이 살아계심을 증명해야 합니다. 하나님은 이렇게 말씀하십니다. "예수 그리스도는 어제나 오늘이나 영원토록 동일하시니라"(히 13:8). 이렇게 믿고 체험하라는 것입니다. 이것인가 저것인가 불분명한 관념적인 신앙이 아이라, 하나님은 살아계신다고 증명시키는 믿음을 요구하십니다. 이는 하나님께서 동행하고 계신다는 것을 체험했을 때 담대하게 증명시킬 수가 있습니다. 그래서 기독교는 체험의 종교인 것입니다. 하나님께서 살아계시기 때문입니다.

많은 크리스천들이 성경의 약속은 '약속'대로 믿는다고 자기 스스로 그렇게 생각합니다. 사기 나름의 믿음이시요. 많이 알고 열심히 하니까, 자기가 제일 하나님을 잘 아는 것으로 믿습니다. 그런데 실제 삶의 현장에서 고난이나 위기가 부딪히면, '하나님의 보호'(성취)를 믿지 않습니다. 그래서 몹시 불안해합니다. '하나님의 인도'를 믿지 않습니다. 그래서 당황해 합니다. '하나님의 주권'을 믿지 않습니다. 그래서 하나님을 의심합니다. 그리고 해결하는 방법을… 인간적으로 모색합니다. 사람을 찾고 사람을 의지합니다.

우리 목회자들이나 성도들의 가장 큰 문제는 능력이 있다는 사람을 의지하는 것입니다. 영육의 문제해결도 능력 있는 사람을 통하여 해결하려고 메 달립니다. 교회에 와서도 자신 안에 주인으로 계시는 하나님께는 관심도 없고 유명한 목사님만 바라봅니다. 자신 안에 있는 성전에 주인으로 계시는 하나님은 뒷전입니다. 자칭 성도라는 사람이 주인으로 살아계신 하나님을 수외시킵니다. 은혜도 사람을 통하여 받으려고 쫓아다닙니다. 능력도 능력 있고 명성이 있는 사람을 통하여 받으려고 물불을 가리지 않고 따라다닙니다. 어떤 목회자는 성령의 불을 받으려고 능력이 있다는 어떤 목사가 운영하는 기도원에서 7년을 살다시피 했는데 성령의 불이고 능력이고 아무것도 받지 못했다고 합니다. 포기하고 지내다가 어떤 분의 소개를 받고 우리 충만한 교회에 와서 3일 만에 성령의 세례와 치유를 받고 너무나 좋아하는 것을 보았습니다. 필자가 자신 안에 계신 하나님께 기도하여 성령의 세례를 받으라고 방법을 알려주었더니 순종하여 3일 만에 해결이 된 것입니다.

사람은 너나나나 모두 미완성이기 때문에 미완성인 사람에게 얻을 것이 없습니다. 필자는 자주 이런 말을 합니다. 목회자나 성도가 자기 스스로 능력자라고 자처하는 사람은 이단이거나 사이비이나 사기꾼이니 주의하라고 합니다. 문제를 해결하고 불치병을 치유했어도 살아계신 하나님께서 자신을 통하여 하신 일이라는 것입니다. 우리 성도들이나 목회자들이 순진하여 능력이 있다, 병을 고쳤다. 귀신을 쫓아낸다, 하는 사람에게 관심을 둡니다.

필자는 이는 샤머니즘의 신앙의 잔재라고 생각합니다. 분명하게 성경에는 하나님께서 사람을 통하여 문제를 해결하는 것으로 기록되어 있기 때문입니다. 하나님은 이렇게 강조하시는 것입니다. “여호와께서 이와 같이 말씀하시니라 무릇 사람을 믿으며 육신으로 그의 힘을 삼고 마음이 여호와에게서 떠난 그 사람은 저주를 받을 것이라(렘 17:5)” 사람을 의지하지 말도록 강하게 말씀하고 계십니다. 아사왕은 발에 병이 났는데 이 병이 굉장히 심했습니다. 아마 요사이 제가 추측 건데 발에서 생긴 당뇨병 후유증인가 봅니다. 백방으로 의사를 불러서 치료해도 낫지를 않았습니다. 그리고 난 다음 2년 후에 아사는 쓸쓸히 죽었습니다. 성경은 그 상황을 역대하 16장 12절에 기록해 놓았습니다. "아사가 왕이 된 지 삼십 구 년에 그 발이 병들어 심히 중하나 병이 있을 때에 저가 여호와께 구하지 아니하고 의원들에게 구하였더라" 그가 의원들에게 치료받은 것이 나쁜 것이 아닙니다. 의원만 구하고 주 예수 그리스도를 통해서 하나님께 구하지 않았기 때문에 하나님께서 축복해주지 아니하므로 의원의 힘으로 못 고쳤습니다. 결국 죽고 말았습니다.

관심을 자신 안에 계신 하나님께 돌려야 무한대의 능력과 지혜와 권능과 성령의 역사가 흘러나옵니다. 하나님은 "명절 끝날 곧 큰 날에 예수께서 서서 외쳐 이르시되 누구든지 목마르거든 내게로 와서 마시라. 나를 믿는 자는 성경에 이름과 같이 그 배에서 생수의 강이 흘러나오리라 하시니(요 7:37-38)" 하나님과 관계가 열려야 어디를 가나 하나님께 문의하여 인생 제반사 문제들을 해결하면서 신 바람나는 믿음생활을 할 수가 있는 것입니다.

그런데 주님을 믿습니다! 하면서도… 관념적이지, 실제로는 인간적 수단으로 사는 것입니다. 감사헌금 봉투에 기도제목을 써도 하나님! 도와주세요. 가 아니고 목사님! 도와주세요. 라고 기록하면서 보이는 사람을 의지하는 것입니다.

이런 성도는 성경의 약속을 그저 어렴풋한 희망 정도로만 믿는 사람은 마치 멀리 바라보는 무지개처럼 믿고 싶어 하는 감상적이고 관념적 신앙을 가진 사람입니다. 우리들의 믿음에 문제가 있다는 말입니다. 분명하게 "예수께서 온 갈릴리에 두루 다니사, 그들의 회당에서 가르치시며 천국 복음을 전파하시며 백성 중의 모든 병과 모든 약한 것을 고치시니 그의 소문이 온 수리아에 퍼진지라 사람들이 모든 앓는 자 곧 각종 병에 걸려서 고통당하는 자, 귀신 들린 자, 간질하는 자, 중풍병자들을 데려오니 그들을 고치시더라"(마 4:23-24). 라는 말씀은 많이 들어서 잘 압니다. 그러나 체험하지 못했기 때문에 지금도 이런 일이 일어날 수가 있는가? 하면서 의심을 합니다. 그러다가 세상에서 영적이고 정신적인 고통을 당하는 사람을 만나면 고작 조언하는 것이 약물치료나 심리치료입니다. 체험하지 못했기 때문입니다.

요한복음 1장 45-49절까지 나오는 나다나엘과 똑같은 현실입니다. 나다나엘도 처음에는 믿지 않았습니다. 나다나엘은 율법을 알고 있어서 관념적으로만 믿었습니다. 그런 점에서 나다나엘은 훌륭한 믿음을 가졌습니다. 이유는 이 사람은 구약성경을 알고, 모세의 율법을 알고, 모세의 율법을 통해서 메시아가 오리라는 것까지도 알고 있었습니다. 성경에 대한 이해가 있고, 상당한 지식이 있습니다. 그러나 오늘 성경 자세히 보면 재미있는 부분이 있습니다. 자기 친구 빌립이 찾아와서 "내가 메시아를 만났다", "어디서?", "나사렛." "그래, 그랬었구나. 참 감사할 일이다. 우리 마을에 메시아가 났다니?" 이렇게 받아들여야겠는데, 이 사람 한다는 소리가 "나사렛에 무슨 선한 것이 나겠느냐?" 설사 선지자가 와도 우리 동네는 아니다, 이것입니다. 절대로 우리 이웃은 될 수가 없다. 이렇게 일축해 버립니다. 이렇게 나다나엘은 처음에는 "관념적 믿음"을 갖고 있었습니다.

예수님을 인격적으로 만나야 “실제적으로” 믿게 됩니다. 친구 빌립이 말하기를 “내가 진짜 메시아를 만났다” 그럽니다. 그때에 나다나엘은 지금까지 생각했던 성경적 지식, 자기가 생각하는 편견, 자기의 성경의 이해, 이런 자기 생각을 다 버리고 논리적인 생각과, 지식적 방법을 버리고, 그는 이 시간에 ‘만남’이라고 하는 방법으로, 진리추구 방법을 바꿉니다. 만나지 않으니까 문제가 많아요. 이해할 수가 없습니다. 성경의 지식으로 예수님을 정확하게 알 수가 없기 때문입니다. 예수를 일대일로 인격과 인격이 만날 때…. 이것은 이론의 문제가 아닙니다. 모든 이론을 다 초월할 수 있습니다. 그래서 예수를 만나기 위해서 그가 예수님께로 옵니다. 의심도 많아요, 생각도 많아요, 일단 믿음이 가지 않아요. 하지만 예수님께로 나옵니다.

이렇게 나아오는 나다나엘을 예수님께서 보시고 말씀하시기를 “이 사람은 참 이스라엘 사람이다”라고 말씀합니다. 나다나엘이 묻기를 “어떻게 저를 아십니까?” 예수님 말씀하시기를 “네가 무화과나무 아래에 있을 때 내가 보았다. 네가 내게 오기 전에 내가 너를 먼저 보았다”고 말씀합니다. 이 한 마디에 나나나엘은 그만 굴복하고 맙니다. “당신은 이스라엘의 임금이요, 하나님의 아들이로소이다”하고 신앙을 고백하게 됩니다. 그럼 이 한 마디가 왜 이렇게 중요했느냐 이것입니다. 이스라엘 사람들은 경건한 이스라엘인은 당시에 하루에 3번씩 기도했습니다. 아무리 바쁜 일을 하다가도, 시간으로 말하면 9시, 12시, 3시, 세 번만은 딱 멈추고 조용히 기도합니다. 나다나엘은 무화과나무 아래서 묵상하며 율법을 생각했습니다. 하나님 앞에 기도하는 그런 시간을 가졌던 것 같습니다. 예수님은 멀리서 벌써 보셨습니다. 저기에 경건한 사람이 있다고, 그리고 그를 만나 주셨습니다.

나다나엘에게도 여러 가지 생활이 있습니다. 잠 잘 때도 있고, 밥 먹을 때도 있고, 죄 지을 때도 있고, 예배드릴 때도 있고, 기도할 때도 있고, 잘못된 길로 갈 때도 있습니다. 그러나 그 생애 전부 묻지 아니하시고 나다나엘로 말하면 경건의 절정이요, 경건의 피크요, 가장 경건하고 가장 거룩한 그 시간에, 예수님이 보셨다는 겁니다. 나다나엘의 입장에서 보면 자신의 진실을 알아주시고, 자신의 경건을 알아주시고, 자신의 이 부족한 믿음을 알아주시는 그 분을, 그 분에게 그만 감격하고 맙니다. 이걸 잊지 말아야 합니다. 예수님이 자신을 믿어 주셨다는 것입니다. 자신을 찾아주시고, 자신을 이미 알고 계신다는 것입니다. 자신을 벌써 아시는 분에게 신앙을 고백하게 됩니다. 특별히 예수님은 그를 "참 이스라엘"이라고 추켜 세워주십니다.

그가 고백합니다. "당신은 왕이십니다. 당신은 메시아입니다. 당신은 하나님의 아들입니다" 하고 고백합니다. 이제 그는 만족합니다. 이 한 마디로 그는 완전히 그리스도의 사람이 되고 맙니다. 인격적인 만남이 있고나니 나다나엘의 관념적인 믿음이 체험적인 믿음으로 바뀌게 됩니다. 이와같이 만나야 바뀝니다.

우리 크리스천들도 이렇게 관념적인 믿음에서 체험적인 실제적인 살아있는 믿음으로 바뀌어야 합니다. 한국에 수만 개의 교회가 넘게 있고, 8만 명 가까이 목사님들이 있고, 천만 명 가까이 교회에 소속된 교인들이 있건만, 하나님께서 살아계신다고 외치는 소리들이 점점 식어가고 있습니다. 이미 각 교회들의 전단지와 홍보물들은 복음적이지 못하고 문화적인 것으로 정복을 당했고, 하나님께서 살아 계신다고 외치는 소리를 듣는 것이 쉽지 않는 실정이 되었습니다. 살아계신 하나님의 체험은 더 더욱 어렵습니다. 예수께서 이 땅에 오셔서 신유와 이적과 귀신을 쫓아내시고 병을 고치시는 현장마다 주변에 구경을 하던 사람들의 한결 같은 고백은 살아계신 하나님께 영광을 돌리며 이는 살아계신 하나님께서 함께 하심이라는 증거들이었습니다.

오늘날 교회와 목회자와 교인들에게서 이러한 증거를 보기가 어렵다는 것입니다. 주변의 사람들이 보고 과연 "하나님은 살아계십니다." 라고 외칠 수 있어야 하는데, 웬일인지 한국교회는 살아계신 하나님을 알게 하는데 에는 전혀 관심이 없어지고 있는 것 같습니다. 참으로 안타까운 현실입니다. 지금 한국교회에는 많은 수의 크리스천들이 체험적이고 살아 있으며 성령의 인도를 받는 실제적인 믿음생활이 아니고, 많이 알고 열심히 하면 다된다는 관념적인 믿음생활을 하고 있습니다. 정말 문제가 심각합니다. 보이는 면을 가지고 판단하는 것입니다. 보이는 면으로 열심히 하면 성령 충만한 것으로 믿어버리는 것입니다.

이렇게 관념적이 아니고 체험적인 믿음생활을 해야 합니다. 필자는 모든 성도들이 늙도록 부하고 존귀하며 건강하게 살다가 영원한 천국에 입성하는 것이 잠재의식 심기도록 매주일 예배 때마다 선포하며 기도하고 있습니다. 이는 하나님의 뜻이기 때문입니다. 말과 생각이 중요합니다. 그래서 말씀을 아는 것으로 열심히 하는 관념적인 믿음생활은 전인격이 변화를 받지 못한다는 것입니다. 성령의 인도를 받는 체험적이고 실제적인 믿음 생활이 되어야 합니다. 젊어서부터 체질화 되어야 합니다. 하나님께서 자신 안에 살아계신다는 것을 날마다 체험하면서 믿음생활을 해야 합니다. 관념적이 되어서는 하나님께서 주신 것들을 누릴 수가 없습니다. 더 나아가 하나님께서 살아계신다는 것을 증명하는 믿음생활이 되어야 합니다. 이렇게 적극적인 믿음 생활이 되면 절대로 늙어서 요양원에 가지 않을 것입니다. 살아계신 하나님께서 자신의 주인이 되어 장악하고 계시는데 어떻게 혈통의 문제가 문제를 일으키겠습니까? 필자가 항상 강조하는 것이 있습니다. “나는 걸어 다니는 성전이다. 하나님께서 나의 주인이다. 내 안에 하나님이 계신다. 그분에게 질문하면 어떤 문제도 해결할 수 있는 지혜를 주신다. 주신 지혜대로 순종하면 문제는 하나님께서 해결하신다.” 아주 중요합니다. 살아계신 하나님을 날마다 체험하는 아주 좋은 관심이고, 습관입니다. 내면세계에 형성된 상처나 혈통의 문제는 절대로 세상방법이나 관념적인 믿음생활로는 해결되지 못합니다. 반드시 살아계신 성령의 역사가 영의차원에서 역사해야 해결이 됩니다.

하나님의 계시의 말씀에는 하나님께서 함께 역사하사 따르는 표적으로 그의 살아계심을 보증하시고 나타내 주십니다. 그렇기 때문에 교회가 종교화 되지 말고, 관념화 되지 말고 살아계신 하나님의 입으로 나온 말씀대로 곧 성경대로 생명의 말씀을 전해야 합니다. 성경대로 행한다면 교회마다 표적으로 충만한 하나님의 보증의 역사가 나타납니다. 이러한 보증으로 교회 주변의 모든 사람들은 살아계신 하나님께서 역사하시는 교회를 보면서 "하나님은 살아계시는 군요" 하고 예수님을 믿고 하나님 앞에 나오게 될 것입니다.

또한 교인들이 하나님의 말씀대로 산다면 당연히 성경대로 사는 교인들의 주변의 사람들은 하나님은 살아계십니다. 하고 자복하고 회개하며 살아계신 하나님 앞에 나오게 될 것입니다. 한국 교회여 초대교회로 돌아갑시다. 살아계신 하나님께서 함께 하시며 역사하사 표적으로 보증을 해주시는 살아있는 성령님이 주인 된 유형 무형교회가 되기를 바랍니다.

교회는 사람이 살아 있으면 안 됩니다. 그리스도가 살아 있어야 합니다. 교회에 많은 문제가 있는 것은 그리스도가 살아 있지 못하고 내가 살아 있기 때문입니다. 사람의 생각이 살아 있으면 그 곳에는 살아있는 교회가 될 수 없습니다. 바울 사도는 나는 그리스도 안에서 죽고 그리스도가 내 안에서 사는 것이라고 말씀했습니다. 성도는 어떤 순간에서도 살아 계신 하나님을 믿어야 합니다. 우리는 교회를 통해서 그리스도에게 접붙임을 받았습니다. 접붙임의 비밀은 내가 죽는 것입니다. 나의 생명이 되는 뿌리를 포기해야 합니다. 그리고 그리스도의 생명을 받아들이는 것입니다. 주님은 우리에게 생명을 주시기 위해서 기꺼이 그 육체를 희생하셨습니다. 그것이 바로 주님의 십자가입니다. 우리가 다시 산 것은 내 안에 그리스도가 사신 것을 말씀하는 것입니다.

10장 교회는 세상 병원과 같은 곳

(약 5:14)"너희 중에 병든 자가 있느냐 그는 교회의 장로들을 청할 것이요 그들은 주의 이름으로 기름을 바르며 그를 위하여 기도할지니라."

하나님은 교회가 병원이 되기를 원하십니다. 교회는 분명하게 병원이 되어야 합니다. 세상 병원의 기능은 병든 사람을 치료하고, 악창은 수술하며, 정상인으로 만들어주고 죽을 사람을 살리는 기능이 있습니다. 교회도 죄 병, 악성병, 인격 병, 행위 병, 생활 병, 육신 병, 상처의 병, 영적인 병을 치료하고, 영육에 삐뚤어진 것을 바로 잡아주고 죽을 영혼을 살려주는 일을 합니다. 세상 병원은 이 사명을 다하기 위하여 때로는 아픔을 주고, 쓴 약을 주고, 금식을 시키고, 의식주를 제한하고, 주사침을 놓고 칼을 대어 아픈 환부를 찢고 째고 도려냅니다. 교회도 영육의 병을 고치기 위하여 아픔을 줍니다. 필자가 매주토요일 개별집중치유 시간에 보노라면 성령께서 상처와 질병과 영적인 문제를 치유하면서 본인이 고통을 느끼도록 하십니다. 칼로 도려내는 아픔을 겪는 분도 있습니다. 성령께서 지배하고 장악할 때 이해하지 못하는 고통을 느끼기도 합니다. 이는 자신이 상처받을 때 느꼈던 아픔을 그대로 느끼게 하면서 치유하시기 때문에 일어나는 현상입니다.

예수를 믿고 교회에 다니는 분들이 마음의 상처로 고통을 당하기 때문입니다. 필자는 매주토요일 집중치유하면서 마음이 안타깝고 불쌍한 마음이 들 때가 한두 번이 아닙니다. 얼마 전 토요일은 2시간 20분을 악을 쓰면서 잠재의식을 치유 받는 분이 있었습니다. 필자는 얼마나 안타까웠는지 눈물을 흘리면서 이렇게 말했습니다. "교회가 이러면 안 되는데…. 이유는 왜 예수를 믿고 권사직분을 받을 정도로 믿음 생활을 열심히 했는데 이렇게 많은 상처로 고생하면서 살았느냐" 성령께서 필자에게 감동하시기 때문에 눈물을 흘리면서 치유를 한 것입니다. 안수집사 장로 권사 목사님들이 최초 교회에 들어와 말씀과 성령으로 미움, 분노, 시기, 질투, 교만, 탐욕 같은 쓰레기더미의 원인을 찾아내고, 양심의 고통스런 죄책을 다 회개하고 성령의 역사로 씻어내지 못한 연고로 당하는 고통이기 때문입니다. 영적으로 무지한 연고입니다. 예수만 믿으면 다 된다는 관념적인 믿음이 문제입니다. 교회는 생명의 말씀과 성령의 살아있는 역사가 일어나 전인적인 질병을 치유하는 병원이 되어야 합니다. 세상에 실력있는 사람일수록 주치의를 두고 항상 몸을 진단 받습니다. 실력있는 교인일수록 주치의(목사)에게 진단을 청하고 수지의의 명령에 순종합니다. 그래서 항상 건강을 지켜나가야 합니다. 교회는 생명의 말씀과 성령으로 치유하는 병원이 되어야 합니다.

첫째, 건강하게 살려면 교회에 최우선을 두고 살아라. 교회가 생활 속에 차지하는 비중이 적은 사람과 큰 사람이 있습니다. 삶에 교회가 차지하는 비중이 작은 사람들은 하나님의 뜻과 교회보다도 세상이 먼저 우선이고 교회는 차후의 문제이기에 급한 일이 생기면 급하고 바쁜 쪽에 우선권을 두고 판단하고 행동합니다. 이는 그 사람을 이끌고 있는 힘이 무엇인가를 보여주는 삶의 한 단면이라 할 수 있습니다.

반면 교회에 최우선 권을 두고 있는 분들의 삶에서는 행복이 샘솟아 나는 삶을 살아가는 모습을 보게 됩니다. 이들은 하나님께서 주시는 하늘의 힘을 얻고 땅에서 주님이 주신 삶으로 황무지 같은 땅을 개척해 나가는 이들이기 때문입니다. 하여 삶의 많은 부분들이 황무지처럼 버려져 있는 것이 아니라 믿음의 땅인 젖과 꿀이 흐르는 땅으로 믿음의 텃밭이 조성이 되어 있습니다. 이들은 주님이 원하시는 인생을 살기 위해서 항상 자신을 변화시키고 성숙해지는 하나님께서 신앙의 디딤돌로 놓아주신 삶 공부에 도전하는 삶을 살아갑니다. 삶이 변화하지 않고는 하나님의 온전한 것들을 자신들의 삶에서 누릴 수 없기 때문입니다.

하나님께서는 "내가 거룩하니 너희도 거룩하여라" 말씀하시며 거룩함의 자리로 우리들을 부르셨습니다. 이는 하나님께 우리를 맞추어 가는 것이 아니라, 하나님께서 우리들에게 그분의 것을 누리고 자신의 인생을 축복된 삶으로 변화시켜 가시는 하나님의 배려입니다.

이처럼 삶에 교회가 차지하는 비중이 점점 커지다 보면 우리의 교회와 목사에 대한 기대치도 커지게 됩니다. 신앙의 문제는 항상 여기에서 생깁니다. 왜냐하면 교회가 기대치를 만족시켜 주기보다는 실망과 환멸을 심어주는 경우가 더 많기 때문입니다. "교인들이라면 뭔가 다를 줄 알았는데~!" 개인의 삶이나 사업하는데 있어서 안 믿는 사람과 다를 바 없음을 발견하기 때문입니다. 그래서 필자는 교회는 대중목욕탕이라고 말하는 것입니다. 교회는 예수를 믿은 지가 얼마 되지 않아 때를 물리는 사람도 있고, 믿음생활을 오래하여 성령으로 목욕을 끝내고 기분좋게 나가는 사람이 있기 때문입니다.

그래서 교회에 오면 용서와 사랑을 경험할 줄 알았는데 오히려 교인들끼리 싸우는 모습을 교회 내의 이 곳 저 곳에서 흔히 보게 됩니다. 하여 이러한 모습에 실망하고 낙담하여 이 교회 저 교회를 전전긍긍하는 분들도 있음을 봅니다. 이 분들은 이상적인 교회를 찾고 있는 것입니다. 이상적인 신앙생활 누구나 다 하고 싶어 합니다. 그러나 이상적인 신앙생활을 하려면 먼저 이상적인 교회의 모습을 성경적으로 그려 볼 수 있어야 합니다. 성경이 증거하는 이상적인 초대교회는 바울이 직접 세웠고, 3년이나 머물면서 훈련시킨 지도자가 있으며, 지리적으로도 훌륭한 교통의 중심지인 에베소교회라 할 수 있습니다.

그러나 교회는 우리가 기대하는 것과는 많이 다르다는 것을 발견하게 됩니다. "그런즉 거짓을 버리고 각각 그 이웃과 더불어 참된 것을 말하라"(엡4:25). 교인들 중에 거짓말쟁이가 있고, "분을 내어도 죄를 짓지 말며 해가 지도록 분을 품지 말고"의 말씀처럼 혈기부리는 사람도 있고, 도둑질하는 사람, 쌍소리나 음담을 지껄이는 사람 등이 존재하고 있음을 오늘 우리가 읽은 본문은 에베소 교회 교인들의 모습을 적나라하게 보여주고 있습니다.

이것이 바로 성경이 말하고 있는 성경적인 교회의 모습입니다. 우리들이 생각하고 있는 이상적인 교회는 제멋대로 자신의 삶을 키워온 다 자란 성인들이 모인 교회입니다. 맨 처음 교회에 출석하는 이들의 모습 속에서 그리스도의 향기를 느낄 수는 없습니다. 오히려 삶이 이리 저리 내동댕이쳐지며 일그러지고 엉망진창이 된 악취가 진동하는 삶을 지닌 모습이 주님 앞에 선 우리의 모습입니다. 주님은 우리가 교회에 나올 때에 '있는 모습 그대로 나오라' 말씀하십니다. 왜냐하면 그리스도께서 생각하신 이상적인 교회는 죄인들이 모인 곳이기 때문입니다. 왜 많은 사람들이 교회에 대해 실망합니까? 그것은 교회와 교회에서 만난 성도들에게서 천국을 기대하기 때문입니다.

둘째, 이상적인 교회는 천국이 아니라 병원이다. 거만하고, 이기적이고, 혈기 부리고, 술, 담배, 노름에 중독이 된 사람들이 모여서 하나님의 사랑가운데 변화 받는 치료의 장소가 바로 이상적인 교회입니다. 교회는 천국이 아니라 병원입니다. 하여 우리는 교회를 치료의 역사가 일어나는 분위기를 만들어야 하고 또 나 자신이 먼저 치료를 받아야 합니다. 교회는 에베소서 4장 32절처럼 "서로 친절하게 하며 불쌍히 여기며 서로 용서하기를 하나님이 그리스도 안에서 너희를 용서하심과 같이 하라" 서로 용납하는 분위기가 필요합니다. 잘잘못을 꼬집는 것은 병원을 찾은 중풍병자에게 숟가락질을 제대로 못한다고 야단치는 것과 같습니다. 자신이 모나고 이기적이어서 병을 고치러 교회에 나왔는데 "저 사람은 그 성격이 모가 났고, 삶이 너무 이기적이다" 라고 흉을 보면 어떡합니까?

병원에서는 아픈 사람이 제구실 못한다고 나무라지 않습니다. 교회도 이와 같아야 합니다. 인격이 모자란다고 나무라지 말고 치료받는 분위기를 만들어 고침을 받게 해야만 합니다. 이를 위해서는 교회가 가족이어야 합니다. 왜냐하면 가정은 실수와 허물이 용납되는 곳이며 실패한 이들이 새 힘을 얻고 인생을 새롭게 출발하는 곳이기 때문입니다. 성도들의 변화와 치료는 부정적인데서 이루어지지 않습니다. 오히려 긍정적인데서 자신의 가치를 다시 발견하고 내게는 자신의 인생을 새롭게 할 만한 아무런 가치도 없지만 예수님의 사랑 안에서는 항상 그 긍휼하심과 자비하심 사랑하심으로 인하여 새로운 인생을 향한 기대와 출발을 시도해 볼 수 있기 때문입니다.

필자와 이 책을 읽는 모든 크리스천들은 교회를 치유가 일어나는 병원으로 만들어 가기를 원합니다. 누구든지 와서 편하게 자기를 내 보일 수 있고, 자기 자신의 문제를, 자신의 아픔을 내 보일 수 있는 병원 분위기를 조성하여 문제가 해결되고 치유와 회복이 일어나는 병원이 되기를 원합니다. 주님이 원하시는 교회는 바로 이러한 모습을 가지고 있기 때문입니다.

그럼 어떻게 하면 병원 분위기를 만들 수 있습니까? 치료의 역사는 언제든지 작은 소그룹을 통해서 일어납니다. 그래서 필자는 토요일 날 개별집중치유 할 때 4-6명을 모시고 하는 것입니다. 교회는 성도들이 많으면 치유하는 병원 교회가 될 수가 없습니다. 필자는 40-50명이 적당하다고 생각합니다. 그러므로 자신의 영육의 질병을 치유 받으려면 숫자가 적은 교회를 가셔야 합니다. 전인치유를 하려면 한 8명 정도가 함께 모여 삶의 모든 것을 나눌 수 있는 가족이 될 때에 주님의 이름으로 함께 모인 그 곳에는 가르침도, 훈련도, 선교도, 치료도 함께 일어나는 병원의 역할이 나타나게 됩니다. 또한 가족은 남편과 아내, 그리고 자녀들로 구성된 것처럼, 작은 공동체 안에서 영적 위치들이 자리매김이 되어져 서로 서로 돌보는 사랑의 공동체로 성장하여 갑니다. 이처럼 40-50명의 사람들이 함께 모여 그룹에 속한 사람들끼리 자신의 치부도 내어 보이며 문제가 생겼을 때에 서로 서로가 도움을 주고받으며 하나님의 사람으로 성장하여 가는 믿음의 공동체가 바로 진정한 치유하는 병원 교회입니다.

그동안 우리 교회들이 서로 사랑을 하고 싶어도 추상적으로만 해왔습니다. 그러나 이제는 구체적으로 그리스도의 사랑을 나누며 서로 서로를 세워주는 믿음의 공동체인 사랑으로 하나되는 가정교회가 되어야 합니다. 교회가 병원이 되고, 병원이 가정이 되고, 가정이 교회가 되는, 믿음의 교회~! 이것이 바로 주님이 바라고 원하시는 진정한 교회의 모습입니다. 이를 위해서 필자는 성도님들이 저를 돕는 전통적인 교회의 구조가 아니라, 목회자인 제가 성도님들이 온전한 성도로 자라나도록 섬기면서 돕는 구조로 교회의 모습을 새롭게 변화시킨 목회를 하는 것입니다. 필자는 우리 교회 성도들의 삶과 인생이 하나님의 크신 은총 안에서 새로운 삶을 살아가도록 도우라고 보냄 받은 주님의 종이기 때문입니다.

하면 어떻게 교회의 모습을 새롭게 갱신할 수 있습니까? 그것은 우리가 먼저 예수님께서 이 땅위에 교회를 세우신 목적을 제대로 이해 할 때에 이상적인 교회를 세울 수 있습니다.

셋째, 교회에서 병 고치는 것이 주님의 뜻이다. 이제 "병 고치는 것이 정말로 예수님의 뜻일까?"라는 생각에 대해 살펴보고자 합니다. 많은 사람들이 "예수님께서 죄를 사하시고 많은 병을 고치시기는 하시는데 나의 병을 고치시는 것이 예수님의 뜻일까?" 라는 생각을 많이 합니다. 이 성경에 보면 백부장이 와서 자기의 종이 중풍으로 죽어가니 그를 고쳐달라고 예수님께 와서 많이 간구 했습니다. 우리는 하나님께 기도할 때 간절히 기도해야 합니다. 기도를 장난삼아 하듯 희미하게 하면 영적으로 아무런 효과가 없습니다. 영적인 기도는 하나님 앞에 간절하고 뜨겁게 하는 기도입니다. 간구 한다는 것은 뜨거운 소원을 아뢰는 것이고 진실한 마음으로 아뢰는 것입니다. 회개하는 것을 의미하고 간절히 기도하는 사람은 쉽게 낙심하지 않고 끝까지 매달리어 기도합니다. 이러한 의미에서 우리가 간구 할 때 새벽 기도하고 철야하고 금식하며 기도하는 것은 참으로 좋은 것입니다. 이것은 간절히 기도한 다는 확실한 증거이기 때문입니다.

많은 사람들이 하나님의 역사를 체험하지 못하는 이유는 그들이 기도를 희미하게 하고 뜨겁게 하지 않고 간절히 간구 하는 마음이 없기 때문입니다. 성경은 "너희는 내게 부르짖으라"라고 하십니다. 너희는 가만히 쳐다보고 있으라 하지 않으셨습니다. 주님께 우리가 간절히 부르짖을 때 주님께서는 응답하십니다. 백부장은 하나님을 믿지 않는 로마 사람임에도 불구하고 예수님께 와서 간절히 간구 했습니다. 그러자 예수님께서 어떻게 하셨습니까? 병 고치는 것이 주님의 뜻인지 아닌지 주님께서는 이곳에 분명히 나타내셨습니다. 예수님 말씀하시기를 “내가 가서 고쳐 주리라” 하셨습니다. 우리 주님께서는 “내가 가겠다”고 하셨습니다. “환자를 데리고 이리로 오너라 내가 기다리고 있으마”가 아니라. “내가 가서 고쳐주리라”라고 적극적으로 자원하시는 마음으로 말씀하셨습니다.

치료에 대한 예수님의 태도는 소극적이 아닙니다. 이러므로 예수 그리스도의 복음을 증거 할 때 병 고치는 것을 소극적으로 미루어 놓거나 뒤로 제쳐놓아서는 안 됩니다. 예수 그리스도의 복음을 전하고 죄 사함을 받을 때 주님께서는 적극적으로 나오셔서 병 고치시기를 원하십니다.

이러므로 우리가 예수님의 복음을 증거 할 때 적극적으로 병 고침에 대한 것을 증거 해야 하고 병을 고치기 위해 우리가 기도해 드리고 하나님의 역사가 일어나도록 간구해야 하는 것입니다. 예수님은 가서 위로만 해 주겠다고 하신 것이 아니라 가서 고쳐주겠다고 하셨습니다. 이것은 병에 대한 주님의 분명한 태도로 병을 고쳐야 한다는 갓입니다.

한번은 예수님께서 산상교훈을 말씀하고 내려오시는데 많은 군중이 예수님을 따라오고 있었습니다. 그런데 갑자기 전신에 문둥병 걸린 사람이 뛰어와서 예수님 앞에 엎드렸습니다. 그 당시에는 문둥병 환자가 군중 앞에 나오면 군중은 돌로 쳐서 그를 죽였고 문둥병 환자가 군중 앞에 서면 ‘나는 부정하다 부정하다'하고 소리를 쳐야 했기 때문에 모든 사람들이 놀라 손에 돌멩이를 들었습니다. 그런데 이 문둥병환자는 돌에 맞아 죽을 각오를 하고 예수님이 원하시기만 하면 고침을 받아 나을 수 있다고 생각한 것입니다.

예수님이 병 고치는 힘이 있다는 것을 확실히 알았고 주께서 병 고치기를 원하신 다는 것도 확실히 알았지만 자기의 병을 고치시는 것이 하나님의 뜻인지 아닌지 몰랐기 때문에 그는 뛰어나와 죽으면 죽고 살면 살 각오로 주님께 무릎 꿇고 말했습니다. '주여! 원하시면 저를 깨끗케 하실 수 있나이다' 그러자 예수님께서는 그 많은 사람이 보는 앞에서 그 문둥병자의 고름이 흐르는 머리 위에 손을 얹으시며 "내가 원하노니 깨끗함을 받으라"라고 말씀하셨습니다. 그러자 그 문둥병 환자는 즉시로 깨끗함을 받았습니다. 여기서 예수님은 병을 고치시는 것이 주님의 간절한 뜻임을 확실히 보여주셨습니다. 병 고치는 것이 주님의 뜻이 아니었다면 주께서 왜 인간의 병을 짊어지셨겠습니까? 이사야서 53장에 "저가 실로 우리의 질고를 지고 우리의 슬픔을 당하셨다"고 말씀하셨고 "저가 채찍에 맞으므로 너희가 나음을 입었다"고 하셨습니다. 마태복음 8장 17절 이하에는 "저가 실로 우리의 연약한 것을 담당하시고 병을 짊어지고 가셨다"고 말씀하셨습니다. 교회는 세상 병원과 같은 곳입니다. 교회에 나오셔서 고질병을 치유받기를 바랍니다. 영육의 자유 함을 받아 늙도록 부하고 존귀하며 건강하게 살다가 주님오라 부르시면 영원한 천국에 입성하는 것이 하나님의 뜻입니다.

11장 교회는 영육을 건강하게 하는 곳

(잠언4:20-22)"내 아들아 내 말에 주의하며 내가 말하는 것에 귀를 기울이라. 그것을 네 눈에서 떠나게 하지 말며 네 마음속에 지키라. 그것은 얻는 자에게 생명이 되며 그의 온 육체의 건강이 됨이니라."

하나님은 예수를 믿고 성령으로 거듭난 크리스천들이 영육으로 건강하기를 소원하십니다. 하나님은 모든 성도들이 주안에서 건강하기를 소원하십니다. 건강을 백번 강조해도 지나칠 수 없는 말입니다. 성도들뿐만 아니고 세상을 살아가는 모든 사람들은 건강하기를 원합니다. 새해 벽두에 소원을 말하라면 모두 자신의 건강과 가족의 건강을 말합니다. 건강은 참으로 중요하다는 것입니다. 그렇기 때문에 하나님께서 성도들이 건강하기를 소원하시는 것입니다.

성도들의 건강은 말씀과 성령으로 거듭난 영성이 없이는 강건한 삶은 불가능하기 때문입니다. 성령의 인도를 받아야 영-혼-육이 균형을 잡히는 건강을 유지 할 수 있기 때문입니다. 건강은 균형 잡힌 영성에서 나오는 것입니다. 어느 한쪽이 불균형을 이루면 건강한 삶을 살기란 어려운 것입니다. 육체의 건강은 예수 안에서 성령으로 충만할 때 유지할 수가 있는 것입니다. 크리스천이 교회에 들어오면 생명의 말씀과 성령의 역사로 내면이 정화되어 영육이 건강해지는 것입니다. 스트레스가 쌓이지 않도록 하는 것은 물론이고 스트레스를 해소하기 때문에 건강한 것입니다. 그리하여 내면을 생명의 말씀과 성령으로 꽉 채우기 때문에 건강한 것입니다. 단서가 있습니다. 자신 안에 계신 하나님께 소망을 두어야 합니다. 사람 의지하고, 세상을 의지하면 내면이 강해지지 않습니다.

첫째, 건강하기를 바라시는 하나님이시다. 예수께서는 그 공생애 기간에 많은 영혼을 구원시켰을 뿐 아니라, 많은 사람의 질병도 고쳐 주심으로써 인간이 건강하게 살기를 바라시는 하나님의 마음을 표현하셨습니다. 하나님은 성도들이 건강하고 행복하기를 원하십니다. 요삼 2절 "사랑하는 자여 네 영혼이 잘 됨같이 네가 범사에 잘되고 강건하기를 내가 간구하노라" 이 말씀은 당시 복음전도자를 선대한 가이오를 칭찬하여 축복한 말씀입니다. 이 말씀은 또한 오늘 우리에게 주시는 하나님의 축복의 선포입니다. 우리 하나님은 신실하신 하나님이십니다. 긍휼과 자비가 풍성하신 참 사랑의 하나님이십니다. 우리를 지키시고 복 주시고, 은혜 베푸시고 평강 주시시기를 원하시며 부요하고 건강하기를 원하시는 하나님이십니다.

예수를 믿고 교회 안으로 들어오게 해야만 온가족이 행복하고 건강하며 진정한 복을 누릴 수 있게 됩니다. 사람이 주님 밖에서 주님 안으로 들어오면 복도 오지만, 주님 안에서 주님 밖으로 나가면 복도 나갑니다. 우리가 주님 밖에서 주님 안으로 들어오는 순간, 우리는 행복 자가 되고, 건강하게 됩니다. 주님 안에서 주님 밖으로 나가는 순간, 괴로운 인생 수고로운 인생이 됩니다.

예수님은 혈루증을 앓는 여인을 고쳐 주시면서 "딸아 네 믿음이 너를 구원하셨으니 평안히 가라 네 병에서 놓여 건강할지어다."(막5:34)라고 예수님은 말씀하셨습니다. 질병이 없는 건강한 인간, 이것이 하나님이 인간에게 바라시는 자애로운 뜻임을 알 수 있습니다. 예수 그리스도께서 3년 반 동안 이 땅에서 목회하셨는데, 병든 자의 병을 안 고쳐준 적이 없습니다. 먼 곳에서 병을 고쳐달라고 하면 출장을 가서 병을 고쳐주셨습니다. 제자들에게도 회개하라 천국이 가까이 왔다 하고 가는 곳마다 병든 자를 고쳐주고 귀신을 쫓아내라고 한 것입니다. 기독교는 영-혼-육이 강건하고 병 고치는 종교인 것입니다. 교회는 병든 자들이 와서 기도하고 치료를 받는 장소가 교회인 것입니다. 하나님의 뜻이 성도들이 건강하게 사는 것이기 때문입니다.

하나님이 왜 인간들이 건강하기를 바라시는 것일까요? 그것은 이 세상에 보내신 모든 인간들이 각기 그들이 맡은 사명을 잘 감당하도록 하기 위해서입니다. 질병에 걸려 활동을 제대로 하지 못하게 되면 그가 수행해야 할 사명에도 지장이 있게 되지만, 그것 뿐만아니라 가족이나 다른 사람들에게도 폐를 끼치고 신세를 져야 하는 존재가 되기 때문에 정당한 권위를 가질 수 없게 됩니다. 그러므로 크리스천이 건강해야 한다는 것은 의무와 사명을 수행하거나 인격적 권위를 지키기 위하여 필요불가결한 인생의 요소이며, 기반이 된다는 것을 알 수 있습니다. 따라서 건강을 잃으면 인생을 잃는 것과 같습니다. 질병으로 고생하는 것은 하나님의 마음을 아프게 하는 것입니다.

둘째, 성도들은 건강관리를 잘 해야 한다. 성도의 영혼과 육체는 다 함께 그리스도의 피 값으로 산 하나님의 것입니다(고전 6:19). 그러므로 성도는 하나님의 영광을 위해 살아야 하며(고전 6:20). 따라서 영혼도 육체도 다 함께 건강하지 않으면 안 됩니다. 바울은 이렇게 권면하고 있습니다. “누구든지 언제든지 제 육체를 미워하지 않고 오직 양육하여 보호하기를 그리스도께서 교회를 보양함과 같이 하나니 우리는 그 몸의 지체임이니라”(엡5:29,30)가 그것입니다. 기독교는 금욕주의나 고행주의가 결코 아니기 때문에 하나님의 영광을 나타내기 위해서는 항상 건강하지 않으면 안 됩니다. 건강을 잘 관리해야 하는 것은 성도의 기본적인 의무에 해당한다고 할 것입니다. 크리스천이 영육이 건강하게 지내는 것은 말씀 안에서 성령의 인도를 받으면서 살아가는 것입니다

세상은 깊이보다 재미를 중시하지만 하나님은 재미보다 깊이를 중시합니다. 외적인 화려함이나 인기에 이끌려 발 빠른 존재가 되기보다는 내면을 잘 가꾸고, 내면을 잘 살펴서 어떤 바람에도 흔들리지 않는 뿌리 깊은 나무가 되기를 힘써야 합니다. 우리가 “성도답게 산다.”는 것은 “내적인 삶을 중시하면서 산다.”는 것입니다. 사실 우리의 외적인 삶을 순비하는 것은 내적인 삶입니다. 그러므로 내면이 건강해야 합니다. 삶에서 중요한 것은 “우리에게 어떤 일이 일어나고 있는가?”하는 것이 아니라. “우리 안에 어떤 일이 일어나고 있는가?”하는 것입니다. 그것이 바로 우리들에게 고독과 침묵의 시간이 필요한 이유입니다. 고독과 침묵의 시간은 우리의 내면세계를 건강하게 만듭니다. 내면세계의 건강은 영육의 건강으로 이어집니다.

고독과 침묵은 잘 활용하면 우리에게 큰 유익이 됩니다. 그러므로 고독과 침묵을 잘 훈련해야 합니다. 그러나 이 훈련은 어렵습니다. 왜냐하면 우리 사회는 고독이나 침묵과는 전혀 반대되는 방향으로 가기 때문입니다. 요즈음 인기 있는 음악을 보십시오. 고독과 침묵의 소리는 거의 들을 수 없습니다.

사람들이 고독과 침묵의 유익을 너무 모르고 있고, 그것들을 싫어합니다. 침묵이 들려주는 소리는 듣기 싫어하고 시끌벅적한 곳에 가야 만족감을 느끼는 분들이 많습니다. 그러나 우리가 보다 깊은 삶을 살려면 고독과 침묵의 세계로 들어갈 수 있어야 합니다. 왜 우리에게 고독과 침묵이 필요합니까? 지금 세상은 우리의 영혼에 도움이 되지 않는 여러 자극적이고 감성적인 소리로 우리를 유혹해서 혼란하게 만들기 때문입니다.

그러므로 우리는 그런 소리들을 물리치고 고독과 침묵 속에서 실체와 진실에 더욱 접근해야 합니다. 그래서 우리 자신을 더 생각하도록 만들고, 하나님께서 우리에게 더 말씀하시도록 만들어야 합니다. 바로 거기에서 환경을 이길 힘과 자신을 이길 힘이 생기게 됩니다. 성경 복음서를 보면 놀라운 사실을 발견합니다. 그것은 "예수님이 홀로 있는 시간을 아주 많이 가졌다"는 사실입니다. 예수님 때는 지금처럼 그렇게 난잡한 때는 아니었습니다. 그래도 예수님은 군중들로부터 떨어져 혼자 있는 시간을 많이 가졌습니다. 내면의 안정을 취하는 시간을 많이 가지시면서 스트레스가 쌓이지 않게 하셨습니다. 영육의 건강관리에 신경을 많이 쓰셨다는 것입니다. 크리스천들에게 영육의 건강관리에 관심을 가지라고 본을 보이신 것입니다.

영육의 건강을 위하여 때로는 조용한 곳에서 혼자 떨어져 살아 계신 하나님과 직접 대화를 하며, 평범한 것에서 진리를 발견하고 평범한 것에서 감사거리를 발견하는 삶이 진정 복된 삶입니다. 그렇게 '무대 앞'에 서기보다 '하나님 앞'에 서기를 힘쓸 때 내 영혼이 풍성하게 되고, 나를 한 맺히게 했던 말도 교훈과 위로와 축복을 주는 말로 신기하게 번역되어 들리고, 내 육신을 공격하는 바이러스와 암 덩어리의 공격력도 급속히 약화되어 병도 낫게 될 것입니다. "자기 혼자 하나님 앞에 서서 나의 부족함을 고백하고, 마음과 마음을 터놓는 대화를 하고, 하나님의 음성을 듣는 시간"이 별로 없다면 얼마나 허무한 일입니까?

예수님은 대중을 사랑했지만 대중성과는 거리가 멀었습니다. 사람들이 예수님을 이스라엘의 왕으로 모시려고 할 때 예수님은 뒤로 물러나 숨으셨고, 병자들을 치료하신 후에는 그들의 입에 마이크를 갖다 대고 간증을 유도하기보다는 그 기적을 아무에게도 알리지 말라고 하셨습니다. 그처럼 대중성 대신에 고독을 추구하셨던 예수님은 우리도 조용하고 비밀스럽게 드리고, 금식하고, 기도하기를 원하십니다.

마태복음 6장 6절에서 예수님은 말씀하셨습니다. "너는 기도할 때에 네 골방에 들어가 문을 닫고 은밀한 중에 계신 네 아버지께 기도하라 은밀한 중에 보시는 네 아버지께서 갚으시리라." 예수님은 중요한 순간에는 항상 혼자 따로 가셔서 기도하셨습니다. 예수님은 공적인 사역을 시작하시기 전에도 혼자 광야에 가셔서 40일간 금식하며 기도하셨습니다. 그 40일 금식 기도를 통해서 예수님은 온갖 유혹을 이길 수 있는 힘을 얻으셨습니다. 고독한 광야는 예수님을 약하게 한 장소가 아니었고 인간으로 오신 예수님을 강하게 한 장소였습니다. 그리고 예수님은 자주 고독과 침묵을 추구하셨습니다. 12제자를 선택하실 때에도 따로 가서 기도하셨고(눅 6:12-13), 사촌인 세례 요한이 죽었다는 소식을 들었을 때에도 따로 가서 기도하셨습니다(마 14:13).

누가복음 5장에서 예수님은 문둥병자를 고친 후 아무에게도 알리지 말라고 했는데 어느새 사람들이 그 사실을 알고 몰려오니까 예수님은 물러가셨고(눅 5:16), 5천 명을 먹이신 후에도 따로 산에 올라가셨고(마 14:23), 십자가에 달리시기 전에도 혼자 기도하셨습니다(마 26:36-48).

예수님에게도 그처럼 고독한 시간이 필요했다면 우리에게는 그런 시간이 얼마나 더 필요하겠습니까? 예수님은 대개 인생의 중요한 변화가 있기 전에 고독하게 되셨습니다. 공생애를 시작하기 전에 고독하게 되셨고, 사랑하는 동역자 세례 요한을 잃은 것에 대해 슬퍼하기 위해서 고독하게 되셨습니다. 또한 기적을 일으킨 위대한 사역 후에 오히려 고독하게 되셨고, 인생의 가장 극심한 어려움과 죽음에 처하시기 전에 고독하게 되셨습니다. 우리에게 고독과 침묵이 필요한 상황도 똑같습니다. 지금 인생의 중요한 결정을 앞두고 있습니까? 무엇인가 중요한 사건이 다가옵니까? 혹시 슬픔과 실망에 빠져 있습니까?

어떤 일의 성공을 위해 엄청난 에너지를 소모하셨습니까? 그렇다면 하나님의 음성을 듣고 자신의 영적인 배터리를 충전하기 위해서 고독과 침묵의 시간을 가져야 합니다. 그래서 다가올 날들을 준비해야 합니다. 고독과 침묵의 유익이 무엇입니까? 새벽에 하나님과 홀로 대면하는 느낌을 가지면서 내적인 평화가 생기고, 조용한 가운데 성경을 보면서 지혜를 얻게 됩니다.

또한 매일 당하는 상황과 기도를 필요로 하는 사람들을 위해 기도하면서 현실을 극복할 수 있는 힘을 얻고, 자신의 생입과 하나님의 뜻을 알기 위하여 성령으로 기도하면서 미래를 희망과 소중한 예감으로 보게 하는 신비한 시야를 얻게 됩니다. 때때로 극도로 어려운 상황에서 조용히 기도하면 생각보다 훨씬 가볍게 그 상황이 넘어가는 것을 보게 됩니다. 저도 가끔 지친 마음이 들 때가 있고, 드라이한 느낌이 들 때가 있고, 속이 상할 때가 있습니다.

그런 마음을 대략 4시간의 잠이 한번 풀어주고, 새벽에 교회에서 말씀과 기도 가운데 지내는 시간이 다시 한 번 그 마음을 풀어줍니다. 그러면 아침 해가 떠오르면서 울적했던 마음이 사라지게 됩니다. 그처럼 새벽 시간이 얼마나 중요한지 모릅니다. 어떤 분들은 밤 시간에 그런 역사를 경험할 수 있습니다. 우리가 사람들로부터 떨어져 조용한 곳에서 하나님의 세미한 음성을 들을 때 우리는 낙심과 좌절을 날려버릴 수 있는 힘을 얻게 됩니다.

그런데 만약 혼자 있는 시간이 없으면 어떻게 그 소리를 듣겠습니까? 하나님은 조용히 성경으로 말씀하시기를 즐겨하십니다. 왜냐하면 그러한 세미한 음성이 진정으로 우리의 영혼을 살찌우는 음성이 되기 때문입니다. 우리는 지금도 수많은 소음 중에 있습니다. 우리의 감각은 끊임없이 보는 것과 듣는 것에 의해 압도되고 있습니다. 그렇게 때문에 우리의 영이 새로워지고 신선하게 될 조용한 장소가 우리에게는 더욱 절실하게 필요합니다. 그래야 우리가 매일 당하는 스트레스를 극복할 수 있는 힘을 얻게 되고, 하나님의 선한 통제 아래에 놓여서 미래를 잘 준비하게 될 것입니다.

그러면 우리는 어떻게 고독과 침묵의 시간을 가질 수 있습니까? 새벽이나 낮이나 매일 일정 시간을 그런 시간으로 확보하는 것이 좋습니다. 그 시간은 전혀 방해받지 않도록 해야 합니다. 또한 집에서도 조용히 성경을 보고 기도할 수 있는 공간을 확보하는 것이 좋고, 시간이 될 때마다 교회에 나와 기도하는 것도 좋은 방법입니다. 그리고 가까운 산에 올라가는 것도 참 좋습니다. 새로운 환경이 얼마나 많은 메시지를 주는지 모릅니다. 조용한 숲에 들어가면 나무들이 말하는 것 같고, 자연으로부터 배우는 것이 참 많습니다. 얼마나 유익하고 중요한 시간인지 모릅니다. 사역의 현장에서 물러나 쉴 때 오히려 하나님이 가까이 하심과 하나님의 손길을 더 느낄 때가 많습니다.

우리에게 쉼의 의미는 무엇입니까? 하나님 중심적인 삶으로 다시 우리를 조율하는 것이 바로 쉼의 의미입니다. 그래서 주일이 중요하고, 예배가 중요하고, 쉴 때는 쉬는 삶이 중요합니다. 여가 생활에 돈을 쓰는 것을 낭비라고만 생각하지 마십시오. 여가가 없어서 건강을 망치면 5배, 10배의 돈이 들게 됩니다.

왜 여가생활을 합니까? 하나님 중심적인 삶을 회복하기 위해서입니다. 그처럼 여가생활을 통해서 하나님 안에서의 내 삶의 목적이 뚜렷해지고, 목적을 향해 달려가는 추진력을 얻는 재충전이 이루어진다면 우리는 여가생활을 잘 가진 셈이 됩니다. 결국 여가생활이 필요한 가장 큰 이유는 삶의 현장에서 물러나 고독과 침묵의 시간을 가지기 위해서입니다. 이렇게 고독과 침묵의 시간을 통하여 내면세계가 생명의 말씀과 성령으로 꽉 채워져서 건강하니 덩달아서 영-혼-육이 건강해지는 것입니다.

기도원이나 수도원에 가서 금식 기도할 때 가장 큰 유익이 무엇입니까? 기도원에 있는 전 시간 동안 아무 말도 하지 않는 것이 큰 유익입니다. 또한 아무 소리도 듣지 않는 것이 큰 유익입니다. 그곳에는 텔레비전도 없고, 라디오도 없고, 정신을 분산시키는 어떤 소리도 없습니다. 그렇게 며칠 있다 보면 하나님의 뜻이 보이고, 하나님의 소리가 들리고, 내적인 평화와 힘이 생깁니다. 또한 믿는 교인에게는 모든 것이 합력하여 선을 이루고, 현재의 고난은 내일의 축복이 되고, 나의 고난은 자녀의 축복으로 변하여 나타나게 된다는 사실이 확실히 믿어지게 됩니다.

그러므로 우리에게 고독과 침묵이 없으면 영적으로 자랄 수 없습니다. 영육의 건강을 유지할 수가 없습니다. 하나님은 때때로 혼잡하고 소음 중에서도 만나 주시지만 대개 조용한 장소에서 만나주시고 그분의 말씀을 들려주십니다. 그러므로 우리는 고독과 잠잠한 침묵의 시간을 가져야 합니다. 성령의 임재가운데 침묵과 고독의 시간은 영육의 밸런스를 유지하여 줍니다. 영육의 밸런스가 유지되니 영육이 건강하게 되는 것입니다.

12장 교회는 만남의 광장과 같은 곳

(행 2:46-47)“날마다 마음을 같이하여 성전에 모이기를 힘쓰고 집에서 떡을 떼며 기쁨과 순전한 마음으로 음식을 먹고, 하나님을 찬미하며 또 온 백성에게 칭송을 받으니 주께서 구원 받는 사람을 날마다 더하게 하시니라”

하나님은 교회를 통하여 만나주십니다. 필자는 인생은 만남이고 나눔이고 기쁨이란 말을 자주 하는데, 교회야말로 만남과 나눔과 기쁨의 장소입니다. 교회는 하나님을 만나고 사람들을 만나는 만남의 장소입니다. 교회는 은혜와 사랑을 함께 나누는 나눔의 장소입니다. 그래서 기쁨을 누리는 기쁨의 장소입니다. 만남이 없는 인생은 사막과 같습니다. 만남이 없는 인생은 고독하고 불행합니다. 하나님께서 함께하시며 복 있는 사람의 만남이 있을 때 인생은 기쁨과 즐거움과 행복을 누립니다.

첫째, 교회는 하나님을 만나는 장소입니다. 사람은 하나님을 만나므로 그의 운명이 바뀝니다. 하나님을 만난 사람은 천국의 삶을 살게 되고 하나님을 만나지 못한 사람은 지옥의 삶을 살게 됩니다. 하나님께서는 사람이 죄를 범한 이후에도 사람과 만나시기를 원하셨습니다. 그래서 사람들이 천국의 삶을 누리며 행복하게 살게 되기를 원하셨습니다. 그래서 하나님께서 “아담아, 아담아” “아브라함아, 아브라함아” “모세야, 모세야” 라고 이름들을 부르셨습니다. 그리고 저들을 만나주셨습니다. 그런데 하나님께서 사람들을 만나주시는 만남의 장소가 아무런 장소는 아니었습니다. 제단의 장소였고, 성막의 장소였고, 성전의 장소였고, 신약 시대에 와서는 교회의 장소였습니다.

아벨이 양을 잡아서 제사를 드렸을 때 하나님께서 아벨의 제사를 받으시고 그곳에서 아벨을 만나주셨습니다. 노아가 홍수 후 제단을 쌓고 짐승을 잡아서 제사를 드렸을 때 하나님께서 노아의 제사를 받으시고 그곳에서 노아를 만나주시고 축복해주셨습니다. 아브라함이 제단을 쌓을 때마다 하나님께서 그곳에서 아브라함을 만나주셨습니다. 아브라함이 모리아 산에서 제단을 쌓고 이삭을 잡아서 제물로 드리려고 했을 때 하나님께서 그에게 나타나서 "아브라함아 아브라함아" 라고 부르시면서 그를 만나주셨습니다. 그리고 아브라함을 크게 축복하셨습니다. "내가 네게 큰 복을 주고 네 씨로 크게 성하여 하늘의 별과 같고 바다가의 모래와 같게 하리니 네 씨가 그 대적의 문을 얻으리라"(창22:17). 이삭이 브엘세바로 올라가서 제단을 쌓으려고 했을 때 하나님께서 그곳에서 이삭을 만나주셨고 그를 축복하셨습니다. "여호와께서 그에게 나타나 가라사대 두려워 말라 내가 너와 함께 있어 네게 복을 주어 네 자손으로 번성케 하리라 하신지라 이삭이 그곳에 단을 쌓아 여호와의 이름을 부르고 거기 장막을 쳤더라"(창26:23-25).

야곱이 벧엘 곧 하나님의 집이란 곳에서 하나님을 만났습니다. 벧엘은 교회의 모형이었습니다. 아버지와 형을 속이고 피난길에 오른 야곱이 어느 날 저녁 돌을 베개하고 들에 누어 잠을 자고 있었습니다. 바로 그때 하나님께서 야곱에게 나타나서 이렇게 말씀했습니다. "나는 아브라함의 하나님이요 이삭의 하나님이라 너 누운 땅을 내가 너와 네 자손에게 주리니 땅의 모든 족속이 너와 네 자손을 인하여 복은 얻으리라"(창28:13,14). 야곱이 잠이 깨어 일어나서 두려움과 기쁨에 차서 이렇게 말했습니다. "이곳이 하나님의 전이요 하늘의 문이로다"(창28:17). 그리고 그곳에서 돌기둥을 세우고 하나님께 예배드리며 그곳 이름을 벧엘이라고 했습니다. 벧엘은 교회의 모형이었습니다.

20여년 후 야곱이 벧엘로 돌아와서 단을 쌓고 하나님께 제사를 드렸을 때 하나님께서 그곳에서 야곱을 다시 만나주셨고 말씀을 쏟아 부어주셨습니다. "야곱이 벧엘에 이르고 그가 거기서 단을 쌓고 그곳을 엘벧엘이라 불렀으니 이는 그 형의 낯을 피할 때에 그에게 거기서 나타나셨음이더라. 야곱이 돌아오매 하나님이 다시 야곱에게 나타나사 그에게 복을 주시고 그에게 이르시대 네 이름이 야곱이다마는 네 이름을 다시는 야곱이라 부르지 않겠고 이스라엘이 네 이름이 되리라 그가 그의 이름을 이스라엘이라 부르시고 그에게 이르시되 나는 전능한 하나님이니라 생육하며 번성하라"(창35:6-11).

하나님께서 시내산에서 모세로 하여금 성막을 만들게 하셨습니다. 성막은 만남의 장소였습니다. 성막의 중심에는 법궤와 속죄소와 그룹이 있었는데 하나님께서 그 곳에서 이스라엘 백성들과 만나시겠다고 말씀했습니다. "거기서 내가 너와 만나고 내가 이스라엘 자손을 위하여 네게 명할 모든 일을 네게 이르리라"(출25:22). 하나님께서 성막에서 이스라엘과 만나시고 그들에게 말씀하시겠다고 말씀했습니다. 교회는 하나님을 만나는 곳이고 하나님의 말씀을 듣는 곳입니다. 하나님과 은밀하게 친교 하는 비결을 배우는 곳입니다.

솔로몬이 예루살렘에 성전을 지은 다음 헌당예배를 드렸습니다. 그날 밤에 하나님께서 솔로몬에게 나타나서 이렇게 말씀했습니다. "내가 네 기도를 듣고 이곳을 택하여 내게 제사하는 전을 삼았으니 혹 내가 하늘을 닫고 비를 내리지 아니하거나 혹 메뚜기로 토산을 먹게 하거나 혹 염병으로 내 백성 가운데 유행하게 할 때에 내 이름으로 일컫는 내 백성이 그 악한 길에서 떠나 스스로 겸비하고 기도하여 내 얼굴을 구하면 내가 하늘에서 듣고 그 죄를 사하고 그 땅을 고칠찌라 이곳에서 하는 기도에 내가 눈을 들고 귀를 기울이리라 내 눈과 내 마음이 항상 여기 있으리라"(대하7:12-16). 교회는 하나님께서 우리를 만나시는 곳이고 우리에게 말씀하시는 곳입니다.

사마리아 여인 하나가 수가성 야곱의 우물가에서 예수님을 만났습니다. 이삭과 야곱의 우물은 교회의 모형들이었습니다. 야곱의 우물가에서 수가성 여인이 예수님을 만났습니다. 그리고 주님의 음성을 들었습니다. "내가 주는 물을 먹는 자는 영원히 목 마르지 아니하리니 나의 주는 물은 그 속에서 영생하도록 솟아나는 샘물이 되리라"(요4:14). 예수님을 만난 사마리아 여인은 그의 운명이 바뀌어졌고 그의 불행이 행복으로 바뀌어졌습니다. 그는 수가성에 복음을 전하는 전도의 선구자가 되었고 그곳에 교회를 세우는 교회의 반석이 되었습니다.

누가복음 18장에 죄인인 세리 한 사람이 등장합니다. 그가 기도하러 성전에 올라갔다고 했습니다. 그러나 그는 자기가 죄가 너무 많은 사람인 것을 알기 때문에 성전 앞으로 나아가지 못하고 성전 뒤에 멀리 서서 눈을 들어 하늘을 우러러 보지도 못하고 가슴을 치면서 이렇게 기도했다고 했습니다. “하나님이여 불쌍히 여기시옵소서 나는 죄인이로소이다”(눅18:13). 그런데 하나님께서 그의 기도를 들어 주시고 그를 만나 주셨습니다. 그리고 그의 기도를 응답해 주셨습니다. 죄인인 세리가 의인의 칭호를 받고 내려갔다고 했습니다. 교회는 죄인이 하나님을 만나는 곳이고 하나님의 응답을 듣는 곳입니다.

둘째, 교회는 사람들을 만나는 장소입니다. 사람은 사람들을 만나고 사귀고 교제하므로 인격이 성숙하게 되고 인생관과 세계관이 바뀝니다. 여러 종류의 사람들을 만나는 사람은 이기주의와 지역주의와 민족주의와 국가주의를 넘어서는 세계적이고 보편적인 삶을 살게 됩니다. 결국 천국과 이어지는 우주적인 삶을 살게 됩니다. 교회의 모형인 예루살렘 성전을 건축해서 봉헌한 솔로몬은 자기도 모르게 성령의 감동을 받아 세계적이고 우주적이고 보편적인 시각을 가지게 되었습니다. 솔로몬은 자기가 지은 성전이 이스라엘 사람들만 위한 것이 아니라고 고백했고 의인들만 위한 것이 아니라고 고백했습니다. 이방인들과 죄인들을 위한 성전도 된다고 고백했습니다. 하나님께서는 그 고백을 그대로 받으셨습니다. “하나님이 참으로 사람과 함께 땅에 거하시리이까? 하늘과 하늘들의 하늘이라도 주를 용납지 못하겠거든 하물며 내가 건축한 이 전이오리이까? 그러나 나의 하나님 여호와여 종의 기도와 간구를 돌아보시며 종이 주의 앞에서 부르짖음과 비는 기도를 들으시옵소서, 만일 주의 백성 이스라엘이 주께 범죄하여 적국 앞에 패하게 되므로 주께로 돌아와서 주의 이름을 인정하고 이 전에서 주께 빌며 간구하거든 주는 하늘에서 늘으시고 수의 백성 이스라엘의 쇠를 사하시고 그와 그 열조에게 주신 땅으로 돌아오게 하옵소,서 주의 백성 이스라엘에 속하지 않은 이방인에게 대하여도 저희가 주의 큰 이름과 능한 손과 펴신 팔을 위하여 먼 지방에서 와서 이 전을 향하여 기도하거든 주는 계신 곳 하늘에서 들으시고 무릇 이방인이 주께 부르짖는 대로 이루사 땅의 만민으로 주의 이름을 알고 주의 백성 이스라엘처럼 경외하게 하옵시며 또 내가 건축한 이 전을 주의 이름으로 일컫는 줄을 알게 하옵소서 범죄치 아니하는 사람이 없사오니 저희가 주께 범죄하므로 주께서 저희에게 진노하사 저희를 적국에게 붙이시매 적국이 저희를 사로잡아 땅의 원근을 물론하고 끌어간 후에 저희가 사로잡혀 간 땅에서 스스로 깨닫고 그 사로잡은 자의 땅에서 돌이켜 주께 간구하기를 우리가 범죄하여 패역을 행하며 악을 지었나이다 하며 자기를 사로잡아 간 적국의 땅에서 온 마음과 온 뜻으로 주께 돌아와서 주께서 그 열조에게 주신 땅과 주의 빼신 성과 내가 주의 이름을 위하여 건축한 전 있는 편을 향하여 기도하거든 주는 계신 곳 하늘에서 저희의 기도와 간구를 들으시고 저희의 일을 돌아 보옵시며 주께 득죄한 주의 백성을 용서하옵소서"(대하6:18-19,24-25,32-33,36-39).

솔로몬의 기도가 사도행전 2장에 와서 그대로 이루어졌습니다. 예루살렘 교회에는 주님을 따르던 120명 제자들이 함께 모여서 기도했고 그리고 세계 곳곳으로부터 모여든 3천 여명의 여러 종류의 사람들이 함께 모여서 사도의 가르침을 받고 회개하고 예수를 믿게 되었습니다. "우리가 우리 각 사람의 난 곳 방언으로 듣게 되는 것이 어찜이뇨 우리는 바대인과 메대인과 엘림인과 또 메소보다미아, 유대와 가바도기아, 본도와 아시아, 브루기아와 밤빌리아, 애굽과 및 구레네에 가까운 리비야 여러 지방에 사는 사람들과 로마로부터 온 나그네 곧 유대인과 유대교에 들어 온 사람들과 그레데인과 아라비아인들이라 우리가 다 우리의 각 방언으로 하나님의 큰 일을 말함을 듣는도다"(행2:8-11). "베드로가 가로되 너희가 회개하여 각각 예수 그리스도의 이름으로 세례를 받고 죄 사함을 얻으라 그리하면 성령을 선물로 받으리니 이 약속은 너희와 너희 자녀와 모든 먼데 사람 곧 주 우리 하나님이 얼마든지 부르시는 자들에게 하신 것이라 하고 또 여러 말로 확증하며 권하여 가로되 너희가 이 패역한 세대에서 구원을 받으라 하니 그 말을 받는 사람들은 세례를 받으매 이 날에 제자의 수가 삼천이나 더하더라 저희가 사도의 가르침을 받아 서로 교제하며 떡을 떼며 기도하기를 전혀 힘쓰니라"(행2:38-42).

예루살렘 교회의 특징은 여러 종류의 사람들이 함께 모여서 가르침을 받는 일과 교제하는 일과 떡을 떼는 일과 기도하는 일에 힘을 쓴 것이었습니다. 함께 모여서 가르침을 받기를 힘썼고, 함께 모여서 교제하기를 힘썼고, 함께 모여서 떡을 떼는 일에 힘썼고, 함께 모여서 기도하는 일에 힘썼습니다. 결국 교회는 만남과 나눔의 장소였고 만남과 교제를 힘쓴 장소였습니다. "저희가 사도의 가르침을 받아 서로 교제하며 떡을 떼며 기도하기를 전혀 힘쓰니라." 그리고 함께 모여서 구제하고 봉사하는 일에 힘을 썼습니다. "믿는 사람이 다 함께 있어 모든 물건을 서로 통용하고 또 재산과 소유를 팔아서 각 사람의 필요를 따라 나눠 주고 날마다 마음을 같이 하여 성전에 모이기를 힘쓰고 집에서 떡을 떼며 기쁨과 순전한 마음으로 음식을 먹고 하나님을 찬미하며 또 온 백성에게 칭송을 받으니 주께서 구원 받는 사람을 날마다 더하게 하시니라"(행2:42-47). 예루살렘 교회의 특징은 사람들이 서로 만나서 함께 가르침을 받고 함께 교제하고 함께 떡을 떼고 함께 기도하고 함께 구제하고 함께 봉사하는 것이었습니다. 만남과 나눔을 좋아하지 않고 힘쓰지 않은 신자는 참된 신자는 아니라고 생각합니다. 만남과 나눔을 좋아하고 힘쓰는 신자는 참된 신자라고 생각합니다. 교회는 성도들이 만나서 교제하는 장소입니다. 하나님은 사람을 통하여 일하시기 때문입니다.

셋째, 이방 교회 설립의 모습을 간단하게 살펴보겠습니다. 하나님 만남과 사람 만남의 교회는 이스라엘과 예루살렘에 머물지 않았고 점점 이방으로 멀리 퍼져 나아갔습니다. 우리는 가끔 우리끼리만 만나서 교제하며 즐겁게 지내는 것을 좋아합니다. 그런데 성경은 그와 같은 만남과 나눔과 기쁨의 축복이 이스라엘과 예루살렘에 머물지 않았고 점점 이방으로 멀리 퍼져 나아간 것을 보여줍니다.

열두 사도 중의 한 사람인 베드로가 예수의 영에 이끌리어 북쪽 이방의 땅 가이사랴로 갔습니다. 사실 베드로는 가이사랴로 가기를 거부하고 있었습니다. 그러나 예수님의 강권적 이끌리심에 의해서 할 수 없이 가이사랴로 갔습니다. 사도 베드로는 그곳에서 이방인 고넬료를 만났습니다. 고넬료는 로마 군인 백부장이었습니다. 고넬료의 집에는 고넬료의 친척과 친구들이 모두 함께 모여있었습니다. 모두 이방인들이었습니다. 그리고 이스라엘 사람들도 몇 사람 함께 모여 있었습니다. 베드로는 처음에는 당황했을 것입니다. 이방인들과 이스라엘 사람들이 한데 어울려 있는 것은 정상적인 일이 아니었기 때문이었습니다. 그러나 베드로가 성령의 이끌리심을 따르며 하나님의 말씀을 전했을 때 성령께서 그곳에 강하게 임재하셨습니다. "베드로가 이 말 할 때에 성령이 말씀 듣는 모든 사람에게 내려오시니 베드로와 함께 온 할례 받은 신자들이 이방인에게도 성령 부어주심을 인하여 놀라니"(행10:44-45). 사도 베드로는 성령 받고 예수를 믿게 된 사람들에게 세례를 베풀었습니다.

고넬료와 그곳에 모였던 이방인들은 베드로를 만났고 그리고 하나님을 만났습니다. 결국 그곳에 이방인 교회가 세워진 것이었습니다. 지금도 이와 같은 만남과 나눔과 교회 설립의 역사가 공산주의 지역이나 모슬렘 지역과 같은 반 기독교 문화권 안에서도 일어나고 있습니다. 중국 안에서는 무서운 속도로 만남과 나눔의 역사와 교회 설립의 역사가 일어나고 있습니다.

착한 사람 바나바는 예루살렘 교회의 보내심을 받아 복음의 씨앗이 막 뿌려지기 시작한 이방의 땅 안디옥으로 달려가서 그곳에서 이방인들을 만나 저들을 그리스도에게로 인도했습니다. "저가 이르러 하나님의 은혜를 보고 기뻐하여 모든 사람에게 굳은 마음으로 주께 붙어 있으라 권하니 바나바는 착한 사람이요 성령과 믿음이 충만한 사라 이에 큰 무리가 주께 더하더라"(행 11:23,24). 안디옥 교회는 조만간 예루살렘 교회 못지 않은 모범적인 교회로 발전했습니다. 그런데 안디옥 교회의 두드러진 특징 중의 하나는 여러 종류의 사람들이 함께 모여서 교제하고 함께 모여서 기도하고 함께 모여서 전도하고 함께 모여서 선교한 것이었습니다. 안디옥 교회는 유대인과 헬라인과 흑인과 백인들이 함께 모여서 금식하며 기도하는 가운데 발전한 교회였습니다. "안디옥 교회에 선지자들과 교사들이 있으니 바나바와 니게르라 하는 시므온과 구레네 사람 루기오와 헤롯의 젖동생 마나엔과 및 사울이라"(행13:1). 안디옥교회는 교회가 만남과 나눔의 장소임을 가장 분명하게 보여준 교회였습니다.

교회는 예루살렘 교회이든지 이방 교회이든지 여러 종류의 사람들이 함께 만나는 곳입니다. 하나님을 만나는 곳이고 사람들을 만나는 곳입니다. 교회에는 인종과 계급의 차별이 있을 수 없습니다. 충만한교회에는 누구나 올 수가 있습니다. 경상도 사람도 전라도 사람도 남한 출신도 북한 출신도 가난한 사람도 부자도 기존 신자도 새 신자도 누구나 기쁘게 올 수가 있습니다.

13장 교회는 대중 목욕당과 같은 곳

(히 12:14-17)“모든 사람과 더불어 화평함과 거룩함을 따르라 이것이 없이는 아무도 주를 보지 못하리라. 너희는 하나님의 은혜에 이르지 못하는 자가 없도록 하고 또 쓴 뿌리가 나서 괴롭게 하여 많은 사람이 이로 말미암아 더럽게 되지 않게 하며, 음행하는 자와 혹 한 그릇 음식을 위하여 장자의 명분을 판 에서와 같이 망령된 자가 없도록 살피라. 너희가 아는 바와 같이 그가 그 후에 축복을 이어받으려고 눈물을 흘리며 구하되 버린 바가 되어 회개할 기회를 얻지 못하였느니라.”

하나님은 지상의 모든 교회들이 대중목욕탕과 같기를 원하십니다. 교회가 교회다워지려면 대중목욕탕과 같아야 하기 때문입니다. 분명하게 교회는 대중목욕탕과 같은 곳입니다. 목욕탕에 무엇하러 갑니까? 세상에서 묻은 때를 벗기려고 가는 것입니다. 때를 벗기려고 샤워를 하고, 온탕에도 들어갔다가, 냉탕에도 들어갔다가 사우나 실도 들어갔다가 하면서 때를 불립니다. 그래야 쉽게 때가 밀어지기 때문입니다. 그런데 빨리 때를 벗기겠다고 불지 않은 몸을 때수건으로 밀면 피부에 상처가 생길뿐더러 때도 벗겨지지 않습니다.

교회도 마찬가지로 대중목욕탕과 같은 곳입니다. 세상에서 찌든 영육의 때를 벗기고 하늘의 새사람으로 바꾸는 곳입니다.

주일날 교회에 오면 세상에서 묻은 때를 불리기 위하여 영과 진리로 예배를 드리면서 묵상하며 기도도 하고, 찬송도 부르고, 목사님의 설교도 듣고, 감사의 표시로 봉헌도하고, 성령으로 기도하면서 목사님의 안수를 받으면서 생명의 말씀과 성령으로 세상의 때를 물려서 밀어내는 것입니다. 그런데 생명의 말씀과 성령께서 장악하는 시간이 없이 자신의 욕심으로 세상에서 찌든 때를 밀어내려면 목도 아프고 몸도 말을 듣지 않는 것입니다. 세상에서 묻은 때도 벗겨지지 않는 것입니다. 많은 성도들이 교회와서 문제 해결에 급급합니다. 생명의 말씀과 성령의 역사로 자신 안에 계신 하나님과 관계를 먼저 열어야, 자신 안에 성령의 권능으로 문제가 해결됩니다. 목욕탕에서 때를 불리는 것과 같이 교회에서 때를 불리는 것도 절차와 원리가 있는 것입니다.

필자가 강남에 볼 일을 보러갔다가 오면서 개인택시를 탔습니다. 필자는 택시기사의 영혼에 관심이 있었습니다. 용기를 내서 개인택시 기사님에게 물어보았습니다. “혹시 기사님 예수님을 믿으세요?” “예! 믿습니다.” “우리 집사람은 권사입니다.” “그러세요. 어느 교회에 다니세요?” “교회요? 요즈음은 먹고 사는 것이 바빠서 가지 못했습니다. 예전에는 몇 번 가봤는데, 가보니 영 마음이 열리지 않았습니다. 매스컴이나 인터넷 뉴스를 보면 교회에 사기꾼이 더 많고, 아주 못 돼먹은 사람들이 하도 많아서, 나라를 망친 최○○이도 교회에 다녔다는 말을 듣고 정나미가 뚝떨어져서, 그 후론 두 번 다시 안갑니다. 알고 보면… 기독교인들이 더 이기적이고 못돼 처먹었어요. 아예 상종을 안

합니다." "아? 그러셨군요. 저도 기사님 입장이었다면 충분히 그랬으리라 믿습니다. 이해가 갑니다. 하지만, 기사님 이렇게 한 번 생각해 보세요. '교회는 대중 목욕탕과 똑같습니다.' '교회는 세상 죄를 씻어내기 위하여 가는 곳이라고 생각해야 합니다.'

기사님이 처음 목욕탕에 들어가시면…. 이제 막 옷을 벗는 사람, 탕에 들어가기 전에 샤워하는 사람, 탕에 들어가 때를 불리는 사람, 사우나에 들어가는 사람, 때를 밀기 시작하는 사람, 때를 어느 정도 밀고, 속 때를 더 밀고 있는 사람, 머리 감는 사람, 이빨 닦는 사람, 마무리 샤워하는 사람, 나와서 로션도 바르고, 드라이도 하고, 옷 입는 사람, 깨끗하고 정결한 사람, 이발하고 목욕한 후 행복한 미소를 지닌 사람 등…. 정말 다양하잖아요. 이러한 목욕탕처럼 교회도 이와 같은 곳이랍니다.

교회에는 온갖 종류의 죄인들이 들어와서 목욕함으로 정결하게 되는 곳이기 때문입니다. 교회에는 영혼의 질병을 치유 받으려고 온 사람, 아버지와 남편에게 상처를 받아 분노가 쌓여있어서 하나님께 분노를 발하며 기도하는 사람, 우울증을 치유 받으려고 나온 사람, 성격이 못되어서 성령님의 은혜로 치유 받으려고 나온 사람, 고질병으로 고생하다가 치유 받으려고 나온 사람, 귀신에게 고통을 당하다가 치유를 받고자 나온 사람, 불면증으로 고생하다가 치유 받고자 나와 멍하게 앉아있는 사람, 마음의 상처로 고생하다가 예수 믿고 치유 받으려고 나온 사람, 말씀을 많이 알고 열심히 믿음생활 한다고 자찬하는 사람, 생명의 말씀과 성령으로 잠재의식이 치유되어 거룩한 성도로 변화된 사람, 담임

목회자와 성도들에게 귀인과 같이 섬김을 받으려고 나온 사람, 신앙이 어린 성도들을 섬기려고 나온 사람, 신앙이 성숙되어 스스로 자립하면서 성령의 인도를 받는 사람 등등이 모여 있는 곳이 교회입니다. 최○○도 성령으로 치유를 받았으면 그렇게 행동하지 않았을 것입니다. 가끔 한번씩 교회 간다고 변화가 안됩니다.

그렇기 때문에, 기사님이 교회에서 이제 막 때를 벗기려는 사람들을 만나셨던 것입니다. 그들도 나름대로 때를 벗기려고 교회에 나와서 생명의 말씀과 성령으로 때를 불리는 과정에 있어서 그런가보다 라고 이해를 해주시면 어떨까요? 목욕탕에 들어가도 금방 때를 벗기지 못하잖아요. 온탕과 냉탕과 사우나를 오가면서 때를 불려야 벗겨지는 것이지 않습니까? 교회에는 기사님이 생각하는 것과 같이 천사들만 모여 있는 곳이 아니랍니다. 생명의 말씀과 성령으로 때를 불려야 때를 벗길 수가 있는 것입니다. 시간이 지나면서 생명의 말씀과 성령으로 변화가 되어가는 것입니다.

기사님! 예수를 주인으로 영접하고 교회에 나와서 사람들의 행동과 말 때문에 상처를 받아서 하나님을 만나지 못하고, 하나님과 상관없이 사는 것은 너무 억울한 일이 아닙니까? 우리는 누구나 예외 없이 벗겨내야 할 때가 너무 많지 않습니까? 교회는 성령님의 인도와 역사로 우리에게 겹겹이 쌓여있는 온갖 때들을 양파껍질 벗기듯이 벗겨내어 우리 마음 속 깊은 곳에 있는 하나님과 예수님, 그리고 하나님 나라를 깨달을 수 있도록 도와주는 목욕탕과 같은 곳이랍니다. 그러니 마음을 열고 교회는 꼭 가시길 바랍니다. 기사님의 가족들이 아주 좋아하실 것입니다.

필자가 이렇게 설명을 마치자, 놀랍게도 험악한 인상의 기사님 표정이 어린아이처럼 해맑게 변하면서 하시는 말씀이 "내가 택시 운전하면서 정말 많은 사람들을 만났는데, 당신처럼 알기 쉽게 교회가 어떤 곳인지 설명해주는 사람은 처음입니다. 시간 내서 교회에 꼭 가보도록 하겠습니다. 그리고 고맙습니다. 덕분에 이해가 되었고, 기분이 좋아졌습니다. 감사합니다." 라고 고백하는 것을 보았습니다.

그렇습니다. 교회는 대중목욕탕과 같은 곳입니다. 허다한 무리의 죄인들이 교인이 되고, 교인이 예수님을 믿음으로 하나님의 자녀인 성도가 되고, 성도가 예수님의 정신과 삶을 본받아 살아가는 제자가 되고, 제자가 예수님께 보고 듣고 배운 것을 지키고 증언하는 믿음의 산증인으로 거듭나는 곳입니다. 이 목욕탕에서 예수님의 보혈로 죄 씻음을 받고 물과 성령으로 거듭나는 생명의 요람이 곧 교회랍니다. 할렐루야! 인류를 구원해주신 예수님의 은혜와 하나님의 크신 사랑하심과 보혜사 성령님의 사귐과 인도하심이 늘 함께 하시길 바랍니다.

충만한 교회는 대중목욕탕입니다. 주일날 지저분해진 몸으로 목욕탕에 들어섭니다. 깔끔해진 나를 기대하며 들어섭니다. 일주일간 쌓인 땀과 때와 각질을 모두들 열심히 벗겨내고 있습니다. 설교 말씀을 들으면서 성령으로 기도하면서 묵은 때를 불립니다. 그런데 불리는 시간이 각각 다릅니다. 어떤 성도는 묵은 때가 있어서 좀 더 시간이 걸리고… 어떤 분은 조금 빨리 때가 불어서 성령으로 때를 밀어냅니다. 담임목사인 필자는 돌아다니면서 안수하여 불린 때가 잘 밀어지도록 합니다.

여기서도…. 저기서도…. 모두 하나 같이 때를 불리고 씻고 있습니다. 때가 잘 벗겨지도록 충분히 생명의 말씀과 성령으로 기도하면서 피부를 불리고, 때 비누를 바르기도 하면서 열심히 벗기고 있습니다. 남은 때가 없나 꼼꼼히 살펴 봐가며…. 굵은 때가 쓱쓱 벗겨지면 부끄럽기도 하지만, 깨끗해지는 쾌감에 그 불쾌감은 오래지 않습니다. 어떤 분은 울면서 잠재의식의 때를 벗깁니다. 어떤 분은 기침을 하면서 잠재의식에 뭉친 때를 밀어 냅니다. 어떤 분은 가슴을 쓰다듬으면서 밀린 때를 밀어냅니다.

서로를 의식하지도 비난하지도 않습니다. 너도 나도 벗고 있고 때를 벗기고 있기 때문입니다. 손이 닿지 않는 등의 때를 담임목사님에게 맡기기도 하며…. 금방 들어온 사람…. 때를 반쯤 씻은 사람…. 다 씻고 나가는 사람…. 서로 각자의 청결에 관심을 둘 뿐입니다. 오로지 자신 안에 성전삼고 임재하신 하나님과 자기와의 관계를 열면서 때를 밉니다.

죄를 씻으러 간 충만한 교회, 영의 때가 묻은 채 교회에 들어갑니다. 거룩해질 자신을 기대하며 들어섭니다. 세상에 속하여 살다보니 불쑥불쑥 나와 버린 죄들…. 너나 할 것 없이 모두들…. 열심히 자신을 돌아보며 회개하며 돌이키고 있습니다. 여기서도…. 저기서도…. 생명의 말씀 앞에 자신의 마음과 행실을 꼼꼼히 살펴 봐가며 열심히 회개하고 있습니다.

회개한 마음을 그냥 가지고 가지 않고, 죄악 뒤에 숨어있던 상처와 쓴 뿌리와 영적존재를 성령으로 청산하고 교회를 나섭니다. 그러면서 체험하기를 아~ 영혼의 때는 사람의 방법이나 기교로 밀어낼 수가 없다는 것을 깨닫습니다. 반드시 생명의 말씀과 성령의 역사가 피부의 때를 불리는 것과 같이 불려야 때가 벗겨지고 밀어진다고 믿게 됩니다. 기도는 자신 안에 성전에서 성령으로 분출되는 기도를 해야 자신의 영혼의 때를 불릴 수가 있고 밀어낼 수가 있다고 알고 체험하게 됩니다.

교회공동체에서 만난 고마운 분들… 따뜻하게 반겨주는 사랑의 교제에 부드러워지는 마음… 믿음의 선배님들… 이끌어주시고, 도와주셔서… 자신도 숨기지 않고 꼼꼼히 살펴 봐가며… 죄악과 스트레스와 상처와 세상을 벗기도 있습니다.

죄 앞에 무너진 비참한 내 자아를 발견하고 대면할 때면 부끄럽기도 하지만, 좀 더 예수님의 거룩한 성품을 닮아가는 기쁨에 그 불쾌감은 오래지 않습니다. 서로를 의식하지도 비난하지도 않습니다. 부끄러울 것도 없습니다. 우리 모두 죄인이고, 너도 나도 회개하고 있기 때문입니다. 영혼의 때를 밀고 있기 때문입니다. 혼자 할 수 없을 때는 도움의 손을 내밀기도 하며…

금방 들어온 사람… 반쯤 회개한 사람… 반쯤 치유된 사람… 반쯤 성령으로 장악된 사람… 울면서 잠재의식을 정화하는 사람…거룩한 성품의 사람…영적인 자립을 하는 사람…성령님과 동행하는 사람… 걸어 다니는 성전의식을 자기고 살아가는 사람… 모두를 불문하고 서로 각자의 성결에 관심을 둘 뿐입니다.

시화에 있을 때 권 집사님께서 직접 쓰신 글을 저에게 보내주셨습니다. '때를 씻으러 간 대중목욕탕'을 읽으면서 '참 재미있다. 그런데 교회가 정말 이렇게 죄 씻음 받은 기쁨, 마음껏 죄를 고백하고 서로의 허물을 보고도 눈치주지 않고 감사함으로 죄 씻음 받는 기쁨을 누려야 할 텐데'라고 생각했습니다. 그런데 이어서 나오는 '죄를 씻으러 간 충만한 교회'란 제목을 보면서 '혹시 우리 충만한 교회가 목욕탕처럼 서로를 의식하지도 비난하지도 않고 서로 허물없이 죄를 씻는 그런 곳이 아니고, 서로 눈치 보고, 서로 허물을 찾고, 서로 상대방을 탓하고, 그래서 부담스러운 곳이면 어떡하지?'라는 생각과 함께 살짝 걱정이 되었습니다. 그런데 다행히도 죄를 씻으러 간 충만한 교회에서 죄를 마음껏 씻고 서로에게 부끄러워하지 않는 그런 교회라고 고백해주신 것 같아 마음이 놓였습니다. 정말 우리 충만한 교회가 대중목욕탕처럼 서로 눈치 보지 않고 허물없이 서로를 들여다보고 위해주고 상쾌한 마음으로 나올 수 있는 그런 교회였으면 좋겠습니다.

교회를 한마디로 비유하라면 대중목욕탕이라고 말하고 싶습니다. 대중목욕탕은 우리의 더러움을 씻는 곳이요, 피로를 푸는 곳입니다. 내면을 강하게 하는 곳입니다. 필자는 주일은 한주동안 스트레스를 해소하고 세상에서 묻은 더러움을 씻어내는 날이 되어야 한다고 생각하고 있습니다. 그래서 충만한 교회는 오전 예배 시에 40분 이상 성령으로 기도를 합니다. 오후에는 50분간 성령으로 기도를 합니다. 이렇게 기도하면서 한주동안 세상을 살아가면서 생긴 이물질과 스트레스, 상처와 영육의 악한 존재들을 성령의 역사로 정화하는 것입니다. 그리고 한주동안 세상에서 살아갈 수 있는 하늘의 권능을 마음 안에 채우는 것입니다.

필자가 군대에서 지휘관 할 때 병사들에게 물어보니 외출 시에 가장 하고 싶은 일 세 가지가 자장면 먹는 것, 이발하는 것, 그리고 목욕하는 것이라고 합니다. 목욕탕에서 우리는 편안함과 자유 함을 누리고 또한 깨끗함까지 얻습니다. 그런데 이 모든 것을 얻기 위해서는 먼저 옷을 벗어야 합니다. 옷을 벗어야 몸을 물에 담글 수 있고 때를 벗길 수도 있는 것입니다.

옷을 벗으면 흉터나 점, 문신 또는 왜소한 부위 등 우리 몸의 모든 부분이 적나라하게 드러납니다. 하지만 목욕탕에서 옷을 벗고 있다는 사실 때문에 부끄러움을 느끼는 사람은 아무도 없을 것입니다. 목욕탕에서는 옷을 벗어야 편안합니다. 만일 욕탕 안에서 옷을 입고 있다면 그보다 불편한 일은 없을 것입니다. 물이 옷에 젖을까봐 행동은 얼마나 불편할 것이며, 물이 옷에 닿았을 때의 느낌은 또 얼마나 나쁘겠습니까? 교회도 이와 같습니다. 교회는 성령의 생수로 목욕하는 곳입니다. 우리 영혼의 때를 벗기기 위해서는 위선과 가식과 허세의 옷을 벗어야 합니다.

그런데 교회에 와서도 옷을 벗지 못하는 사람들이 많이 있습니다. 오히려 옷 벗은 다른 사람을 놀리는 사람들, 자신은 벗지 않고 다른 사람의 벗은 몸을 흉잡습니다. 그렇게 그들은 자신도 불편하고 다른 사람도 옷을 못 벗게 방해하므로 모든 사람에게 불편을 끼치는 것입니다.

예수님은 병자와 죄인을 부르러 오셨다고 합니다. 교회에 모인 사람은 모두 아픈 곳이 있거나 수치스런 죄를 가진 사람들일 것입니다. 그런데도 자신의 죄를 고백하거나 상처를 드러내는 사람들을 만나기란 여간 어려운 일이 아닙니다.

교회에서 자신의 성공을 자랑하려 하고, 자신을 드러내고 싶어 하는 사람은 목욕탕에서 옷을 입은 사람과 같습니다. 목욕탕에서 옷 입고 있는 것이 불편하듯, 그런 사람들은 신앙생활이 불편하고 거추장스럽기만 할 것입니다.

적어도 교회에서는 가식과 허세의 옷을 벗으십시오. 그러면 성령 안에서 우리는 회복과 치유, 그리고 수님께서 주시는 한없는 자유를 경험하게 될 것입니다. 정말로 우리의 삶에 아무런 문제가 없다면, 우리는 예수가 필요 없는 사람입니다.

결론적으로 교회는 대중목욕탕과 같은 곳입니다. 목욕탕에 들어가면 바로 때를 밀수가 없습니다. 때를 불려야 벗길 수가 있습니다. 마찬가지로 교회도 바로 들어오자마자 회개를 하고 상처를 치유하고 스트레스를 정화할 수가 없습니다. 많은 크리스천들이 자신의 문제나 상처나 질병을 바로 해결을 받으려고 하는데 그렇게 되지 않습니다. 교회에 들어오면 세상에서 찌들은 때를 불리기 위하여 묵상기도를 하면서 한주를 돌아보아야 합니다. 찬양을 합니다. 마음을 열고 드립니다. 담임목사님 설교말씀을 늗습니다. 성령으로 기도를 합니다. 이렇게 하면서 자신을 성령께서 지배 장악을 하셔야 비로소 세상 때를 벗길수가 있습니다. 세상 때를 벗기면서 상처와 스트레스와 질병과 영적인 문제가 치유되기 시작하는 것입니다. 질병과 문제를 해결 받으려면 먼저 자신 안에 하나님의 성전이 견고하게 지어져야 합니다. 성전에서 나오는 카리스마로 자신의 문제가 해결이 되는 것입니다.

14장 교회는 생명을 살리고 죽이는 곳

(행 2:37-42)"(38)베드로가 이르되 너희가 회개하여 각각 예수 그리스도의 이름으로 세례를 받고 죄 사함을 받으라 그리하면 성령의 선물을 받으리니."

세상에는 생명을 살리는 곳과 죽이는 곳이 있습니다. 교회는 생명을 살리는 곳입니다. 예수님이 이 세상에 오신 것은 생명을 살리고 풍성하게 하기 위해 오셨습니다. 사람이 한 번 죽는 것은 정한 것이지만 그 후에 영생을 얻도록 하는 것은 교회의 사명입니다. 생명을 살는 것보다 더 위대한 일은 없습니다. 이 일을 위하여 교회는 하나님께서 친히 세우신 곳입니다. 예수를 믿고 하나님의 자녀가 된 크리스천을 생명의 말씀과 성령으로 치유하여 하나님의 성전 된 사람으로 바꾸는 곳입니다. 예수님을 따르는 제자들을 만들어 내는 곳이지, 교회 다니는 사람들이 모이는 곳이 아닙니다. 아버지와 아들과 성령의 이름으로 세례를 주어 거듭나게 하는 곳이지, 육체의 욕구를 채워 주는 곳이 아닙니다. 성령으로 세례 하여 하나님께서 분부한 모든 것을 가르치고 지키게 하는 곳이지, 자기 멋대로 살도록 방임하는 곳이 아닙니다. 교회는 생명의 말씀과 성령으로 그리스도의 사람을 만들어내는 곳입니다. 교회는 봉사를 하지만, 봉사하는 곳이 아닙니다. 성령으로 봉사하는, 헌신하는 사람들을 만들어 내는 곳입니다.

교회는 생명의 말씀과 성령으로 땅의 사람을 하나님의 자녀로 바꾸는 곳입니다. 하나님의 축복을 받아 살아계신 하나님을 증명하는 크리스천으로 바꾸는 곳입니다. 교회는 세상 사람들이 조롱하는 것과 같이 "모여라! 돈 내라! 예배당 건축하자!" 하는 곳이 아닙니다. 숫자적으로 늘려서 담임목사를 우상화하는 곳도 아닙니다. 교회의 건축과 성장은 성령님께서 하신 것입니다. 단순히 예수 믿는 사람들이 모이는 곳이 아니라, 예수님을 대신할 수 있는 그런 사람들이 모이는 곳, 그런 사람을 길러내는 곳이 되어야 하는 것입니다. 이렇게 교회가 생명을 살리기 위해 어떻게 해야 합니까?

첫째, 성령으로 충만케 되어야 한다. 120명이 마가 다락방에서 하나님께서 약속하여 주신 성령의 충만함을 받기 위해 기도하였을 때 오순절 날에 그들 각 사람에게 성령이 임하여 충만함을 받았습니다. 성령으로 충만한 제자들이 성령 받기 전에는 예수님을 버리고 도망쳤고, 두려움이 많고, 배우지 못한 자들이었습니다. 그런데 그들이 그렇게 담대하게 복음을 전할 수 있었던 이유가 무엇입니까? 약속하신 성령을 받았기 때문입니다. 하나님께서 성령을 주신 이유는 예수님이 증인이 되기 위한 것입니다. 전도는 모든 그리스도인들이 해야 합니다. 하지만 전도의 능력을 받기 위해서는 성령을 받아야 합니다. 교회가 성령의 불로 충만하고, 성도들이 권능을 받을 때 교회는 전도중심의 교회가 됩니다. 성령을 받음으로 가장 변화된 사람들은 제자들입니다. 그들의 담대함을 보고 놀라나 사람들은 종교 지도자들이었습니다. 성령 받음으로 삶의 변화와 담대함으로 복음의 증인됩시다. 강단에서 선포되는 말씀을 들을 때 성령으로 충만 되어야 진리가 증거 되는 것입니다.

둘째, 생명을 살리는 복음만 전해야 한다. 우리가 복음을 전할 때 세상 사람들이 듣기 좋아하는 달콤한 솜사탕 같은 이야기를 하려는 유혹을 받을 때가 있습니다. 복음은 예수 그리스도입니다. 복음은 예수님의 십자가와 부활입니다. 복음은 하나님의 능력입니다. 베드로는 유대인들을 향하여 "너희가 십자가에 못 박은 이 예수를 하나님이 주와 그리스도가 되게 하셨느니라"(행 2:36)고 선포했습니다. 유대인들은 베드로의 선포하는 말씀을 듣고 어떤 반응을 보였습니까?

첫째로 마음에 찔림을 받았습니다. 주와 그리스도가 되신 예수님을 십자가에 못 박은 것에 대한 찔림과 고통스러운 마음을 가졌습니다.

둘째로 "우리가 어찌할꼬"라고 탄식했습니다. 그리고 그들은 회개하고 예수 그리스도의 이름으로 죄사함을 받게 되었습니다. 회개는 구원의 조건입니다. 회개 없이는 구원도 없습니다. 회개는 하나님께로 돌아가는 것입니다. 오직 예수님만이 생명을 주며, 오직 회개를 통해서만이 구원을 얻게 됩니다. 그러므로 생명을 살리는 참 복음을 전해야 합니다. 강단에서 말씀을 전하는 분들은 성령의 말하게 하심을 따라 진리가 선포해야 합니다.

셋째, 진리의 말씀이 증거 될 때 하나님의 나라의 부흥은 일어납니다. 베드로와 열 한 사도가 성령의 충만함을 받고 복음을 전할 때 그들은 듣고 마음에 찔림을 받고 회개하였습니다. 그날에 구원을 받은 자들이 삼천이나 되었습니다. 그리고 남자만 오천이나 되는 사람들이 예수님을 믿게 되었습니다. 생명을 살리는 복음이 선포되는 그 곳에 구원의 역사가 일어납니다. 대 부흥의 역사가 나타납니다. 오늘날 교회에서 생명을 살리는 복음이 약회되고 있습니다. 프로그램 중심의 교회, 교회 유지를 위한 교회, 하나님을 기쁘시게 하기 보다는 사람을 기쁘게 하려는 교회로 변질되어 가고 있는 안타까운 현실을 보게 됩니다. 하나님께서 우리를 택하여 주신 것은 아직도 믿지 않는 우리의 가족, 친지, 이웃, 민족, 열방을 구원하라고 불러주신 것입니다. 우리 나눔의 교회가 해야 할 일은 생명을 살리는 것입니다. 생명을 살리는 교회만이 건강하고, 능력이 나타납니다. 교회부흥은 전도뿐입니다. 전도는 생명의 말씀을 듣고 영이 깨어난 성도들이 성령으로 하는 것입니다.

넷째, 교회의 본질이 생명을 살리는 것이다. 교회의 본질이 무엇입니까? 교회가 왜 있습니까? 가장 본질적인 이유는 단 하나 생명을 살리는 것입니다. 생명을 살리는 것이 교회입니다. 생명의 말씀으로 영혼을 살리는 것입니다. 이것이 본질입니다. 죽어가던 생명이 다시 소생하고, 삶의 희망과 비전을 찾는 곳이 바로 교회입니다. 세상에서 멸시받고 천대받던 사람들이 교회에서 새 희망을 보고, 새로운 힘을 얻어서 세상을 바꾸는 곳이 바로 교회였습니다. 그러나 세월이 흐르면서 교회가 점점 약해지고 생명력을 잃어가면서 쇠퇴하기 시작했고, 점점 교인이 떠나기 시작했습니다. 그럼 왜 교회가 생명력을 잃어갑니까?

첫째로 인본주의가 지배할 때 교회는 생명력을 잃어갑니다. 인본주의는 인간이 하나님의 자리에 서는 것입니다. 인간이 주인되고 인간의 뜻대로 행하려고 할 때 교회는 생명력을 잃게 됩니다. 직분은 계급이 아닙니다. 봉사직이요, 섬기면서 헌신하라고 주신 사명직입니다. 오히려 성도들을 섬기고, 그들에게 본을 보이라고 주신 직분입니다. 그것을 오해하여 자신을 높이고, 성도들 위에 군림한다면 그는 바리새인과 같은 자들입니다. 교회는 인본주의로 하면 망합니다. 만일 그렇게 생각하신다면, 착각하는 것입니다. 더 낮아지시고 더 교인들을 섬기시기를 축원합니다.

두 번째로 교회에 사랑이 없으면 생명력이 없습니다. 하나님은 사랑이십니다. 그 말씀은 하나님은 사랑이 있는 곳에서 역사하신다는 것입니다. 교회에 사랑이 없다면 그것은 교회가 아닙니다. 다툼과 분쟁이 끊이지 않을 것이기 때문입니다. 세상에서 힘들고 어려운 시간을 보내지만, 그래도 교회에 와서 세상에서 느끼지 못한 사랑을 느껴야하지 않겠습니까? 교회에 사랑이 없다면 이미 죽은 교회일 것입니다. 저는 앞에서 생명력을 잃어가는 두 가지 즉 인본주의와 사랑이 없는 경우를 보았습니다. 그렇다면 이제 반대로 우리 교회가 어떻게 해야 인본주의가 없어지고, 사랑이 생기는 생명력이 있는 교회가 될 수 있을까를 생각해 보겠습니다.

첫째로 성령으로 충만한 교회가 되어야 합니다. 초대교회가 생명력을 얻을 수 있었던 가장 큰 힘은 바로 성령 충만 이었습니다. 그들이 함께 기도할 때 성령이 임하셨고, 그 성령이 교회를 교회되도록 하셨습니다. 우리 인간의 노력으로 교회에 생명력이 있게 할 수 없습니다. 우리는 성령의 은혜를 기대하고 기도해야 합니다. 우리가 정결한 마음으로 기도하면 우리 교회에 성령의 은혜가 흐르게 될 줄로 믿습니다. 그러면 우리 안에 사랑이 흐르게 되고, 죄를 녹이는 역사가 있게 되고, 서로 섬기는 진정 주님이 기뻐하시는 교회가 될 것입니다.

둘째로 생명력 있는 교회는 주님을 만나게 하는 교회입니다. 하나님이 우리를 사랑하셨고, 그 결과 예수님을 보내주셔서 우리 모두에게 영원한 생명을 얻게 해 주셨습니다. 이것이 예수님이 오신 목적입니다. 이것이 생명을 살리는 교회의 본질입니다. 따라서 우리는 이 교회에 오는 사람들이 예수님을 만나게 할 수 있어야 합니다. 진리를 전하므로 생명을 살리는 교회들이 되어야 합니다. 그 일을 위해서 인간의 생각이 아닌 주님의 생각과 성령의 은혜로 충만하게 되어야 할 줄로 믿습니다. 또한 우리 모두 주님 안에서 성령 충만해야 합니다. 그래서 우리 교회는 사랑이 넘치는 교회가 되고 전도하는 교회가 될 때 생명을 살리는 교회가 될 줄로 믿습니다.

생명이 중요합니다. 이 세상에 사는 것도 중요하고 건강한 것도 중요하고 인생의 계획도 중요합니다. 그러나 더욱 중요한 것은 생명입니다. 천하보다 귀한 것이 생명입니다. 천하를 얻었다고 해도 생명을 잃어버리면 아무 소용이 없습니다. 예수님께서는 마태복음 16:26절에서 "사람이 만일 온 천하를 얻고도 제 목숨을 잃으면 무엇이 유익하리요 사람이 무엇을 주고 제 목숨을 바꾸겠느냐"고 하셨습니다. 중요한 것은 생명입니다.

아라비아의 한 부자가 세상을 위해서는 한 푼도 쓰지 않다가 죽음을 앞두고 유언을 남겼습니다. 자신이 죽으면 자신을 땅에 묻되 두 손을 땅 밖으로 나오게 묻고, 자신의 재산은 다 사회에 환원하라는 것이었습니다. 그러면서 특별히 자신의 손을 땅 밖으로 내라는 것에 대해 이렇게 썼습니다. "세상 사람들이 내 손을 보고 인생이 빈손으로 왔다가 빈손으로 가는 것임을 알게 하기 위해서다. 그리고 정말 중요한 것은 물질이 아니라 생명임을 알게 하기 위해서다." 중요한 것은 생명입니다. 그리고 이 생명 가운데서도 영생의 문제가 중요합니다. 단지 사는 문제가 아닙니다. 단지 목숨이 붙어있는 것이 중요한 것이 아닙니다. 얼마나 가치 있는 생명이냐 하는 것이 중요합니다. 세상에서 가난하게 산다거나 병이 든다거나 일찍 죽는다거나 하는 것은 그다지 중요한 것이 아닙니다. 세상에서 아무리 부귀영화를 누리고 장수한들 지옥에 떨어지는 것이라면 부귀장수가 무슨 소용이 있습니까?

성경에 부자와 거지 나사로 이야기가 나옵니다. 부자는 좋은 집에서 자색 옷에 맛있는 음식으로 배를 채우면서 호의호식했습니다. 그러나 거지 나사로는 부자의 상에서 떨어지는 찌꺼기를 먹으며 살았습니다. 그러나 그들은 다 죽었습니다. 죽은 후 그들에게는 정반대의 삶이 주어졌습니다. 부자는 지옥의 불구덩이에서 물 한 방울을 갈급해 하며 고통 속에 신음해야 했습니다. 나사로는 아브라함과 함께 천국의 삶을 누리고 있었습니다.

그저 얼마나 먹고 마시느냐, 얼마나 소유하고 누리느냐, 얼마나 건강하냐의 문제에 머물러 있으면 안 됩니다. 이제 생명의 문제로 더 나아가서 영생의 문제를 풀어야 합니다. 바로 이 영생을 얻어야 합니다. 이 문제를 해결할 때 이 땅의 허무와 헛됨을 우리는 극복할 수 있습니다. 이 문제를 해결할 때 세상이 마냥 허무와 헛된 것으로 끝나지 않고 솔로몬이 고백하듯이 하나님 안에서 보람 있고 의미 있는 세상으로 바뀔 수 있습니다. 그리고 우리는 영원한 삶의 소망 가운데서 살 수 있습니다.

다섯째, 영생의 문제를 해결해야 한다. 생명의 문제를 해결하시기 바랍니다. 하나님께서 이 문제를 해결하시기 위하여 이 땅에 오셨습니다. 예수 그리스도를 통하여 아들로 이 땅에 오셔서 우리의 인생이 결코 헛된 삶으로 끝나지 않게 하셨습니다. 그 분이 우리를 위하여 십자가를 지심으로 우리는 살게 되었습니다.

남대문 시장에서 장사를 하시는 박 장로님이라고 계십니다. 이 분은 예수님을 믿기 전에는 참으로 형편없는 삶을 살았습니다. 일주일에 4일을 술집이나 다방에서 잠을 자곤 했습니다. 술과 담배로 찌들은 삶을 살고 있었습니다. 그러던 중 누구에 의해 예수를 믿게 되었고 교회를 다니게 되었습니다. 예수를 믿고 교회를 다니면서도 자기 할 일은 다했고 구원의 확신이 없었습니다. 항상 불안과 두려움 속에서 살았습니다.

그래서 불안과 두려움을 면하고자 한 달에 두 번씩 굿을 하는데 절에 가서도 하고 집에서도 하였습니다. 그 집의 액운을 물리치기 위해 부적도 사서 붙치곤 했습니다. 그러면서도 어쨌든 교회는 빠지지 않고 다녔습니다. 그러던 어느 날 갑자기 성령께서 강하게 역사하여 성령 체험을 하고서는 술과 담배를 완전히 끊어버렸고 교회에서 드려지는 새벽기도로부터 모든 예배에 열심히 출석하게 되었습니다. 그리고 지금은 장로로 큰 봉사를 하고 있습니다. 이 장로님이 말씀하시는 가운데 예수 믿고 교회에 다니며 헌금을 하는데 한 달에 절간에 가서 두 번씩 굿을 하는 비용에 비하면 십일조와 모든 헌금을 다 합해도 굿하는 돈보다 싸더라는 것입니다. 또 내가 굿을 하면 이웃 사람들이 좋아하지 않았지만 내가 교회에 다니는 것을 왜 그렇게 좋아했는지 그 때는 몰랐다는 것입니다. 이제는 이렇게 기쁘고 즐거울 수가 없고 생명을 얻은 이 기쁨을 어떻게 다 감사할 수 있겠느냐고 하십니다. 행복하고 즐겁고 기쁜 가정으로 살아가고 있습니다.

주님께서 사마리아 지방 수가라는 동네에 가셨을 때 유서 깊은 야곱의 우물곁에 이르러 때마침 물을 길러 나온 사마리아 여인에게 물을 청하게 되었습니다. 그러자 여인은 "당신은 유대인으로서 어찌하여 사마리아 여자에게 물을 달라 하나이까?"라고 반문하였습니다. 당시는 민족적 감정 때문에 유대인과 사마리아인은 상면조차도 않던 때입니다. 이 때 주님은 그 여인의 영혼의 갈급을 깨우쳐 주셨습니다. "네가 만일 하나님의 선물과 또 네게 물 좀 달라하는 이가 누구인 줄 알았더라면 네가 그에게 구하였을 것이요 그가 생수를 네게 주었으리라."

그러나 이 여인은 아직도 생수의 의미를 알 수는 없었습니다. 이때에 주님은 이 갈급한 영혼에게 생수의 근원을 보여주셨습니다. "이 물을 마시는 자마다 다시 목마르려니와 내가 주는 물을 마시는 자는 영원히 목마르지 아니하리니 내가 주는 물은 그 속에서 영생하도록 솟아나는 샘물이 되리라." 주님은 생수를 주실 수 있는 분이시요, 아니 그 자신이 생수의 원천이 되십니다.

요한복음 7:37-38절에서 주님은 이렇게 선포하십니다. “누구든지 목마르거든 내게로 와서 마시라 나를 믿는 자는 성경에 이름과 같이 그 배에서 생수의 강이 흘러나오리라.” 또한 요한복음 10:10절에서는 이렇게 말씀하십니다. “내가 온 것은 양으로 생명을 얻게 하고 더 풍성히 얻게 하려는 것이라.”

여섯째, 살리는 말씀이 증거 되어야 한다. 목사는 말씀의 검으로 죽이고, 살리는 일을 맡은 자입니다. 목사는 성령의 인도에 따라서 성도들을 살리는 생명의 말씀을 증거 해야 합니다. 진리만 전해야 합니다. 정말로 애를 써야 합니다. 그래서 성도는 담임 목사를 잘 만나야 합니다. 생명의 말씀과 성령은 죽을 자와 살아날 자를 밝히 들어나게 합니다. 진리를 개달았으면 회개해야 합니다. 그래야 영혼이 살아납니다. 죽이고 살리는 원리와 방편을 가르치고, 죽이고, 살리는 무기와 능력을 주는 곳이 교회입니다. 옛사람을 죽이는 것은 새 사람을 살리기 위해서 입니다.

예수님은 막3:4절에서는 “안식일에 선을 행하는 것과 악을 행하는 것, 생명을 구하는 것과 죽이는 것, 어느 섯이 옳으냐”고 물으셨습니다. 예수님께서 이렇게 물으시는 것은 종교지도자들이 안식일에 선을 행하고 생명을 구하는 것 보다, 악을 행하며 사람을 죽이는 일을 하는 것을 보셨습니다. 교회는 어떤 경우에도 사람을 살려야 합니다. 이것이 교회를 세우신 예수님의 뜻입니다. 교회는 크리스천을 살리는 복음이 증거 되어야 합니다. 성령의 말하게 하심을 따라 생명의 말씀이 증거 되어야 합니다.

15장 교회는 세상 때 벗기고 새 단장하는 곳

(롬 8:12-14)“그러므로 형제들아 우리가 빚진 자로되 육신에게 져서 육신대로 살 것이 아니니라. 너희가 육신대로 살면 반드시 죽을 것이로되 영으로써 몸의 행실을 죽이면 살리니, 무릇 하나님의 영으로 인도함을 받는 사람은 곧 하나님의 아들이라”

육적인 이스라엘의 40년 광야생활을 광야교회라 했는데(행 7:38)이는 신약교회의 모형교회였습니다. 광야교회의 존재목적은 430년간 오염 타락된 애굽의 속성 죄악성을 벗겨내고, 가나안(천국)의 속성인 하나님의 거룩하고 온전한 속성으로 새 단장하기 위한 것입니다. 성도의 마음 안 성전에서 분출되는 성령의 역사로 땅에서 오염된 요소들을 제거하고 하나님의 속성으로 채우는 것입니다. 그래서 교회는 반드시 성령의 살아있는 역사가 일어나야 합니다. 성령의 역사가 땅에 속한 것들을 몰아내기 때문입니다. 하나님은 이 일을 위해서, 사건, 환경을 당하게 하시어 육의 이스라엘로 하여금 40년간 항상 대립 마찰 충돌의 현실이 계속되게 하셨습니다. 자신들의 힘으로 할 수 있는 것이 없다는 것을 체험하게 하신 것입니다. 그래서 하나님의 말씀에 온전하게 순종하는 이스라엘로 바꾸시는 것입니다.

오늘날 성도들의 세상 안에서의 교회생활은 곧 광야생활인 것입니다. 하나님과 천국과 대립되는 죄와 악성과 세상에 속한 모든 어둠에 속한 것을 생명의 말씀과 성령으로 벗겨내고, 다시 생명의 말씀과 성령으로 예수 그리스도의 속성으로 채우고 변화시켜서 영원히 동거 할 하나님과 천국과 진리에 합당한 자를 만드는 곳이 교회입니다.

첫째, 세상 때가 묻어 있는 육의 사람의 특성. 육의 사람의 성품은 먼저 음행이 그 성품의 처음 나타나는 것입니다. 음행이란 무질서한 성적인 행위로서 성생활을 부부에 한정하시 않고 방종 하는 것을 음행이라고 말합니다. 육의 사람의 나타남은 벌써 음행으로 시작되고 더러운 것입니다. 생각과 말과 행동이 부도덕하고 음탕합니다. 이러므로 육의 사람들은 끊임없이 육과 마귀의 유혹을 받아서 생각과 말과 행동이 부도덕하고 음탕함 속에 있습니다. 그리고 호색합니다. 무절제하게 성적 욕망에 빠져서 그것을 추구하다가 몸도 마음도 가산도 탕진하는 그러한 삶을 삽니다. 육의 사람은 우상숭배를 합니다. 하나님 이외에 자연이나 인간이 만든 것을 신으로 섬깁니다.

그러므로 무엇이든지 복 받는다면 해 앞에도 달 앞에도 물 앞에도 나무나 돌 앞에도 굽실거리는 이것이 육의 사람인 것입니다. 육의 사람은 술수를 행합니다. 육신적으로 주술을 통해 운명과 환경을 변화시키는 행위인 것입니다. 입으로 주술을 외우면 운명이 변화되ㄱ 복이 온다ㄱ 생각하ㄱ 있습니다.

육의 사람은 원수를 맺습니다. 화해를 거부하고 대적합니다. 오늘날 세상에 이렇게 미움과 원한이 꽉 들어차고 조금만 하면 원수가 되는 것입니다. 육의 사람이 살아 있기 때문인 것입니다.

육의 사람은 분쟁을 잘 합니다. 이해가 상반하여 다툽니다. 이해와 타협과 양보가 없습니다. 우리 한국에 노사 분쟁 같은 것은 육의 사람들이 모여서 그렇게 싸웁니다. 조금이라도 서로 이해하고 타협하고 양보가 있으면 문제가 해결될 것인데 이해가 상반하면 좌우간 남은 죽고 나는 살아야 된다는 그러한 욕심 가운데서 서로 분쟁을 합니다. 육의 사람입니다.

그리고 육의 사람은 시기합니다. 남이 잘 되는 것을 마음에 쓰디쓴 마음을 품고 좋아하지 않습니다. 육의 사람은 분을 냅니다. 미움이 폭발하여 공격적이 되는 것입니다. 요사이는 걸핏하면 공격적이 되어서 분을 내어서 사람을 패 죽입니다. 육의 사람의 행위인 것입니다.

그리고 육의 사람은 당을 짓습니다. 파당을 지어서 화합을 깨뜨립니다. 조금만 하면 파당을 지어서 서로 대결하고 싸웁니다.

육의 사람은 분리합니다. 본 처에서 떨어져 나가 협력을 거부합니다. 자기 마음에 맞지 아니하면 대다수가 좋아하면 그것에 따라 가야 할 것인데 민주주의 원칙입니다. 그러나 육의 사람은 분리합니다. 자기 뜻대로 안되면 사분오열이 되어서 물어 찢습니다. 육의 사람은 이단을 따라 갑니다. 말씀의 근원적인 진리를 벗어나서 암적 조직체가 되는 것이 이단인데 이 이단이란 하나님의 성경의 정상적인 가르침을 떠나서 자기의 욕심을 좇아 새로운 단체를 결성하고 따라 나가나 종국에는 멸망당하고 말 것입니다. 육의 사람은 투기합니다. 자기보다 더 사랑을 받거나 인정을 받거나 성공하는 것을 마음속에 극히 시기합니다.

육의 사람은 술 취함 속에 삽니다. 술 취함이란 이성이 마비되어 정상적인 말과 행위를 잃어버립니다. 세상에 취해서 사는 사람입니다. 성경에는 술 취하지 말라 이는 방탕한 것이라고 말씀하셨습니다. 술이 취하면 방탕하게 되고 생활을 파탄에 이르게 합니다. 그리고 육의 사람은 방탕합니다. 방탕이란 무질서, 무절제한 생활로 인격을 상실해 버린 것을 말합니다. 성경은 말씀하시기를 이와 같은 일을 하는 자들은 하나님의 나라를 유업으로 받지 못할 것이라고 말했습니다.

육의 사람은 욕심에 끌려서 살아갑니다. 물질을 하나님보다 더 사랑합니다. 물질을 위해서는 하나님도 찾지 않습니다. 겨우 주일에 한번 얼굴을 내미는 정도입니다. 그것도 사업에 문제가 있거나 생활에 문제가 있으면 가차 없이 주일을 범합니다. 그러다가 자신의 건강이나 사업이나 가정에 문제가 생기면 하나님을 원망합니다. 자신의 행위는 살피지 아니하고 하나님을 원망하는 것입니다. 예수님을 믿어도 소용이 없더라하며 불평과 불만을 합니다. 자신의 마음 안에 하나님께서 주인으로 계시지 않기 때문에 모든 문제가 생기를 것이라는 것을 알아차리지 못합니다.

그러므로 육에 잡혀서 사는 사람들은 절대로 하늘나라를 유업으로 받지 못하고 또 하늘나라를 이해 못합니다. 왜냐하면 육이란 마귀의 노예입니다. 그러므로 육과 마귀는 손을 잡고 우리 인생들을 도적질하고 죽이고 멸망시킵니다.

육은 일어나서 마귀와 손을 잡고 영적인 사람을 철저히 짓밟아 버리고 노예화하고 그리고 죽이려고 하는 것입니다. 이렇기 때문에 우리는 이 육으로 둘러 싸여 있는 이상 우리의 원수가 구만리 장천 멀리 있는 것이 아니라 24시간 우리를 둘러싸고 있습니다. 육은 마귀와 손을 잡고 끊임없이 우리에게 도전해 오는 것입니다. 그러나 예수 그리스도가 십자가에 못 박힐 때 육신을 갖고 십자가에 못 박아 육을 죽이고 장사해 버리고 신령한 사람으로 부활한 것처럼 우리가 예수를 구주로 믿을 때 우리의 육은 십자가에 죽은 것입니다.

그러므로 우리는 끊임없이 예수 그리스도로 말미암아 이 육을 십자가에 계속 못 박아야 됩니다. 이것은 하루 이틀 만에 완성되는 것이 아닙니다. 계속해서 육은 십자가에 못 박고 예수 그리스도로 말미암아 부활의 생명인 신령한 속사람이 일어나야 되는 것입니다.

둘째, 세상 때를 벗긴 영의 사람의 특성. 영의 사람 성령의 사람은 사랑의 사람입니다. 사랑이란 남을 귀중히 여기고 섬기는 것을 말합니다. 나를 섬겨달라고 내 중심으로 사는 이기주의는 성령의 사람이 아닌 것입니다. 성령의 사람은 사랑의 사람입니다. 그래서 남편은 아내를 아내는 남편을 부모는 자식을 자식은 부모를 또 이웃을 섬기는 삶, 귀중히 여기는 삶 이것이 사랑의 삶인 것입니다. 성령의 사람은 또한 희락의 사람입니다. 그 마음속에 소원이 있어요. 성령이 계시므로 그 뱃속에서 늘 즐거움이 있습니다. 기도를 통해서 슬픔과 고통은 십자가에 맡겨 버리고 늘 마음에 즐거움이 있습니다.

제가 강단에 서서 보면 찬송을 부를 때 많은 사람들의 얼굴이 환해서 기쁨을 가지고 찬송을 부르는가 하면 어떠한 사람은 입이 길게 나와서 기쁨이 하나도 없는 사람이 있습니다. 얼굴에 오만가지 근심과 두려움이 가득합니다. 그는 성령의 사람이 아닐 수도 있습니다. 성령의 사람은 희락이 있습니다. 성령의 사람은 화평의 사람입니다. 마음속에 평안이 있어서 세상에 많은 요란함이 있더라도 하나님께 늘 맡기고 의지하기 때문에 그 영혼의 깊숙한 속에 평화가 있는 것입니다. 성령의 사람은 오래 참습니다. 성급하게 언어, 행동하지 않습니다. 육의 사람은 성급하게 언어 행동을 하고 파괴적이지만 성령의 사람은 오래 참습니다.

그 다음 성령의 사람은 오래 자비심을 갖습니다. 불쌍히 여깁니다. 이웃에 헐벗고 굶주리고 고통당하는 것을 함께 마음으로 짐을 지고 육신으로 함께 짐을 지고 고통을 당하며 최선을 다해서 협조하고 도와주려는 자비심을 가지고 있습니다. 남이야 죽든 말든 내가 살면 되지 뭐 남에게 관심을 가질 것 뭐냐? 이것은 육의 사람의 행동인 것입니다. 성령의 사람은 양선한 사람입니다. 착한 마음을 가지고 있지요. 육의 사람은 간사하거나 악합니다. 아주 악한 행동을 합니다. 그러나 성령의 사람은 아주 양선합니다. 착한 마음을 가지고 있습니다.

그 다음에 성령의 사람은 충성스럽습니다. 배신을 하지 않고 마음을 다해 받들어 섬깁니다. 육의 사람은 배신합니다. 자기에게 많은 사랑을 베풀고 은혜를 베푼 사람도 자기 이해에 부딪치면 눈물도 없이 배신하고 돌아서는 것이 육의 사람입니다. 그러나 성령의 사람은 그렇지 않습니다.

성령의 사람은 사랑을 받고 은혜를 입었으면 자기에게 여간 불리하고 어려운 일이 다가온다 할지라도 그는 충성스러워서 배신하지 않고 마음을 다해서 받들어 섬기는 이것이 바로 충성스러운 마음입니다. 성령의 사람의 마음인 것입니다. 성령의 사람은 온유합니다. 따뜻하고 유순하며 잘 길들여진 성품을 가지고 있습니다. 사납고 무서운 육의 사람과 다릅니다.

따뜻하고 유순하며 잘 길들여진 성품을 가진 사람이기 때문에 성령의 사람과 같이 있으면 마음이 편안해요. 성령의 사람과 같이 있으면 마음이 즐거워요. 그러나 육의 사람과 같이 있으면 마음이 불안해요. 편안하지 못합니다. 고통스럽습니다.

성령의 사람은 절제합니다. 도나 분수를 잘 지켜 행하는 것입니다. 오늘날 우리 한국에 가장 큰 문제는 우리가 도나 분수를 잃어버린 삶을 살아가고 허영의 지배를 받고 있다는 것입니다. 자신의 처지를 알아차리지 못하고 허영을 일삼는 사람들이 있습니다. 우리 민족이 지금 절제하는 성품, 영의 사람은 없고 도나 분수를 잘 행하지 않습니다. 자본가들은, 있는 사람들은 일확천금이나 하려고 하고 노동자들은 일은 안 하면서 돈은 욕심껏 분수를 넘어서 손의 쥐려고 하고 결국은 분쟁밖에 없습니다.

절대로 이 세상에 우연이란 없고 요행이란 없습니다. 우리가 이 길로 가면 그들이 다 우리보고 평한 대로 5년 이내에 제일 꼬리가 될 것입니다. 그리고 나중에는 구걸하는 처지가 될 것입니다. 빨리빨리 정신을 차려서 우리는 절제의 삶을 살 수 있어야 됩니다.

우리는 생활도 절제하고 그리고 우리의 임금도 절제하며 우리 삶의 모든 행위도 절제가 있어야 합니다. 그러면 앞으로 울지 않고 잘 살 수 있을 것입니다. 이러므로 우리 민족이 살 수 있는 길은 이 육의 사람을 정복하고 성령의 사람들이 살아 일어나는 길밖에 없습니다. 우리가 다 예수 믿고 우리의 육을 정복하고 우리의 속 사람신령한 사람이 일어나서 그래서 사랑과 희락과 화평과 오래 참음과 사비와 양선과 충성과 온유와 절제 이와 같은 성품을 함양해서 살아갈 때 이러한 성품이 우리에게 영생으로 이끌 뿐 아니라 이 땅에 사는 동안에 머리되고 꼬리 되지 않고 위에 있고 아래 내려가지 않고 남에게 꾸어줄 지라고 꾸지 않는 삶을 살 수 있도록 만들어 주시는 것입니다.

셋째, 신령한 영의 사람이 되기 위해서는 어떻게 해야 될까요? 주께서 십자가를 통해서 육의 사람을 멸하고 마귀를 정복했기 때문에 예수를 믿고 신령한 사람이 주인으로 살아 일어나고 신령한 사람은 하나님의 성령의 힘을 입어서 사는 것입니다. 이 신령한 사람은 그 가슴속에 하나님의 길과 하나님의 법을 바로 새겨서 굳세게 잡고 있어야 되는 것입니다. 하나님의 길이라는 것은 바로 예수님의 길이 아닙니까. 예수님께서 십자가에서 용서받는 길 성령 충만 받는 길, 병 고침 받는 길, 잠재의식의 상처를 치유 받는 길, 그리고 축복 받는 길, 영생 얻는 길로써 우리에게 들어오는 것입니다.

예수님이 바로 우리의 길인 것입니다. 그러나 이 길을 바로 가자면 이 길을 지켜 주는 하나님의 계명과 성령의 법이 필요한 것입니다. 우리나라가 잘 살려면 군대가 있어서 대적을 막아 줘야 하는 것처럼, 우리가 예수 믿고 성령님의 인도로 축복의 길에 들어섰으면 이 길에서 떠나지 않도록 지켜줄 군대가 필요한 것입니다.

그 군대가 바로 하나님의 계명이요, 성령의 법인 것입니다. 오늘날 많은 사람들이 예수를 믿고 구원받는 길에만 들어서서 자기를 지킬 수 없으므로 육체가 들어오고 마귀가 들어와서 그만 은혜의 길에 있는 우리들을 좇아내 버리고 길 잃어버린 자가 되고 도로 멸망 받게 하는 때가 많습니다. 그러나 우리 속에 예수 믿고 우리가 길을 가졌으면 이 길을 지켜줄 수 있는 군대인 하나님의 계명과 성령의 법이 우리 마음을 지켜야 되는 것입니다.

우리가 계명을 지키므로 구원을 받는 것은 아닙니다만 계명이 우리를 지켜 주는 것입니다. 그러므로 하나님의 십계명과 성령의 법이 우리의 마음을 점령해서 원수로부터 우리를 지켜 주는 것입니다. 계명의 법과 성령의 법 이것이 바로 죄와 사망의 법에서 우리를 해방시켜 주는 것입니다.

그렇기 때문에 오늘날 우리는 예수만 믿을 뿐 아니라 우리 마음속에 십계명도 외우고 성령님을 인정하고 환영하고 모셔 들이고 성령께 의지해서 계명과 성령이 우리를 둘러 진치고 우리를 지켜 주어서 우리가 그리스도의 길에서 떠나가지 않도록 그렇게 만들어야만 하는 것입니다.

그리고 우리가 혹시 죄를 범하면 곧장 회개해야 합니다. 요한일서 2장 9절에 “만일 우리가 우리 죄를 고백하면 저는 미쁘시고 의로 우사 우리 죄를 사하시며 모든 불의에서 우리를 깨끗케 하실 것이라"고 말씀하고 있는 것입니다. 한 시라고 신속히 회개해서 육체와 마귀가 틈타지 못하도록 해야 되는 것입니다.

그리고 우리는 성령 충만한 삶을 살아야 되는 것입니다. 성령으로 살면 성령으로 행하라고 했는데 성령으로 사는 생활이란 말씀이 충만한 삶이요, 기도가 충만한 삶인 것입니다. 온몸으로 기도하면서 자신을 성찰하며 고쳐가는 삶입니다. 우리는 영원한 천국에 올라갈 때까지 부활의 몸을 입을 때까지 육체 안에서 신음하며 끝없이 투쟁을 계속 해야만 합니다. 조금이라도 자만하거나 방심하면 옛 주인 육의 사람이 마귀와 손을 잡고 우리를 종으로 삼으려고 우는 사자와 같이 덤벼드는 것입니다.

우리는 항상 이 육체를 쳐서 십자가를 통하여 복종시키고 성령을 의지하므로 신령한 삶을 계속 해야만 되는 것입니다. 그렇게 할 때 우리는 참으로 빛과 소금이 되고 우리 주 예수님을 기쁘시게 할 수 있는 마음의 준비가 될 수 있습니다.

우리는 이 땅에서 육으로 태어났지만 그대로 있으면 멸망하고 맙니다. 예수를 믿어 영으로 다시 태어나야 되는 것입니나. 그래서 하나님의 자녀가 됩니다. 이것은 육신으로나 사람의 뜻으로 태어나는 것 아닙니다. 하나님으로 태어난 속사람, 영의 사람, 신령한 사람으로 우리는 태어나고 그리고 이 신령한 사람은 예수를 중심으로 삽니다. 예술의 길에 서서 살아 나갑니다. 예수의 길속에 바로 용서가 있고 성령 충만이 있고 필요도 있고 축복도 있고 천국도 있습니다.

16장 교회는 사람의 전인격을 바꾸는 곳

(행22:13~16)"(15) 네가 그를 위하여 모든 사람 앞에 서 네가 보고 들은 것에 증인이 되리라. 이제는 왜 주저하느냐 일어나 주의 이름을 불러 세례를 받고 너의 죄를 씻으라 하더라."

하나님은 우리를 부르시고 성령으로 인도하시면서 온전하게 순종하는 사람으로 바꾸십니다. 우리에게 있던 것은 죽은 것, 죽을 것, 썩을 것, 임시 것, 유한한, 육에 것, 세상 것, 물질의 것뿐입니다. 우리가 현재 살아 있는 것뿐이요. 옛사람은 예수를 믿을 때 죽었습니다. 지금 있는 생명마저 죽고 썩으면 죽습니다. 고로 살아있다는 이름은 있으나 실상은 죽은 자라 하셨습니다. 예수로 사는 자들입니다. 예수님의 인생을 살아간다는 뜻입니다. 모든 것을 예수님의 이름으로 해야 하는 것입니다. 자기가 남아있으면 고생과 고통뿐 아무것도 이룰 수가 없습니다. 교회는 이상 기존의 자기 것을 내어 놓고 영생의 것, 썩지 않는 것, 영원한 것, 무한한 것, 영에 것 천국의 것, 신령한 것으로 바꾸는 곳입니다.

바꾸어지는 방편은 나와 내게 속한 모든 것의 소유권과 사용권을 주님께 이전하고, 주님께 피동 되고, 쓰여 지고, 또 이 일 때문에 핍박을 받거나 양보하거나 빼앗겨서 없어질 때 바꾸어 집니다. 이런 것들은 바꾸지 않으면 녹슬고 좀 먹고 늙어 자연적으로 없어질 때 폐품에 속한 것들 인데 우리 성도들에게는 이 폐

품에 속한 것을 영원한 것으로 바꿀 수 있는 특권을 주셨습니다. 바꾸는 기간은 세상에 있는 동안입니다. 생명을 가지고 있을 때 생명의 말씀과 성령으로 바뀌어야 합니다.

그래서 교회는 반드시 성령의 살아있는 역사가 실존해야 합니다. 바뀐다는 내용은 이론적으로는 너무 간단하고, 쉽습니다. 전혀 어려울 게 없습니다. 그런데 내가 체험적으로 알기에는, 바울처럼 하루 만에 되는 사람도 있지만, 경우에 따라서는 10~30~50년이 걸리기도 합니다.

첫째, 사울이 바울로 변화되기 위하여 하나님의 빛이 필요하다. "가는데 다메섹에 가까웠을 때에 오정쯤 되어 홀연히 하늘로서 큰 빛이 나를 둘러 비취매 내가 땅에 엎드러져 들으니"(행 22:6~7). 사울이 다메섹으로 가는 길에 큰 빛을 만나게 되었습니다. 그런데 그때가 오정쯤이라고 성경은 소개하고 있습니다. 낮 12시는 태양의 빛이 가장 빛날 때입니다. 그러나 그 태양빛으로는 사람의 시력을 잃는 일이 일어나지 않고 쓰러지는 일도 일어나지 않습니다. 그런데 사울이 큰 빛으로 쓰러지고 시력을 잃은 것을 보면 태양빛이 아닌 다른 큰 빛이었던 것을, 우리는 발견하게 됩니다. 그것은 바로 하나님이 하나님의 자녀들에게 특별하게 주시는 신비로운 빛입니다.

창세기 1장을 보면 하나님이 세상을 창조하신 기록이 나옵니다. 3절에, 빛이 있으라 하시매 빛이 있었고 그 빛을 낮이라 칭하시고 어두움을 밤이라 칭하셨다고 기록되어있습니다. 그런데 창세기 1장 14절 이하를 보면 또, 하나님이 해와 달과 별을 만드신 기록이 나옵니다. "하나님이 두 큰 광명을 만드사 큰 광명으로 낮을 주관하게 하시고 작은 광명으로 밤을 주관하게 하시며 또 별들을 만드시고"(창1:16). 이것을 보면 하나님이 먼저 특별한 빛을 만드신 후에 해와 달과 별과 같은 자연의 빛을 만드신 것을 볼 수 있습니다. 사울이 다메섹 도상에서 만난 빛은 바로 '자연의 태양빛'이 아니라 하나님이 만드신 '특별한 빛'인 것을 발견하게 됩니다. 그리고 그 특별한 빛을 받을 때에 우리는 사울이 바울 되는 것과 같은, 참 변화를 체험할 수 있다는 것입니다. 사울이 받았던 이 하나님의 특별한 빛을 우리도 받기를 간절히 사모해야 합니다. 그러면, 어느 날 나도 모르게 내게도 그 빛이 임할 것입니다. 일생에 몇 차례, 계속해서 임할 것입니다. 그러면 이 특별한 빛을 하나님은 어떤 사람들에게 주실까요?

첫째로 그저 은혜로 주십니다. 사울은 지금 예수 그리스도를 대적하는 사람이었습니다. 그런데 그는 정통 히브리 사람이었고, 이스라엘의 최고의 학문을 배운 사람입니다. 당시는 그리스 철학과 문화가 전 세계를 지배하고 있었는데 그 문화의 핵심인 헬라어가 바울은 능통한 사람이었습니다. 그리고 그에게는 나면서부터 받은 로마 시민권도 있었습니다. 하나님의 사업에 쓰기에 정말 좋은 재목이었습니다.

그러나 바울 같은 자격을 갖춘 사람은, 바울 말고도 당시에 수두룩하게 많이 있었습니다. 바울이 그 은총의 빛을 받은 것은, 오직 은혜로, 그 특별한 빛을 비침 받았습니다. 그래서 바울은 이렇게 고백했습니다. "그러나 나를 모태로부터 따로 세우시고, 은혜로 불러 주신 분께서, 그 아들을 이방 사람에게 전하게 하시려고, 그 아들을 나에게 기꺼이 나타내 보이셨습니다."(갈 1:15~16).

둘째로 하나님은 특별한 소수의 사람만 택하시거나, 부르실까요? 그게 로또 수준의 확률이라면, 나는 은혜로 선택받기가 거의 불가능하지 않을까요? "그러므로 형제들아 더욱 힘써 너희 부르심과 택하심을 굳게 하라 니희가 이깃을 헹힌즉 언제든지 실족하지 아니하리라"(벧후1:10). "하나님의 사랑하심을 받는 형제들아 너희를 택하심을 아노라"(살전1:4).

이런 구절들을 놓고 볼 때, 하나님은 모든 신자들을, 다 은혜로, 불러주신다는 것입니다. 우리 몸의 지체의 각 부분 중에, 더 중요하고, 덜 중요한 부분이 있을까요? 없습니다. 몸의 지체는 모두 다 각기 중요한 역할을 감당하고 있습니다. 작은 발가락 하나만 다쳐도, 제대로 정상적으로 걸을 수 없습니다. 사도바울은 사도바울이라서 중요했지만, 나는 사도바울이 아니라도, 그리스도의 몸의 각 지체로서 얼마든지 중요합니다.

그런데 사도바울은, 자기의 부르심을 깨날았고, 나는 특별히 안 부르신 것 같고…. 그렇다고 보는 것보다는 하나님이 안 불러 주시는 것보다, 사람들이 그 부름을 깨닫지 못하는 경우가 백배로 더 많다고 봅니다. 아무리 불러도, 사람들이 깨닫지 못합니다. 아무리 빛을 비추어도, 사람들이 그저 우연이거나, 그냥 자기 눈이 잘못된 것으로 여깁니다. 그럴 수도 있습니다. 그러나 사울은, 그 빛에 예민하게 반응했습니다. 사울이 바울로 변화되기 위해서, 하나님의 빛의 비춤이 필요한데, 그 빛의 비춤은, 은혜로 주신다는 것입니다. 나도 받을 수 있다는 것입니다. 그리스도의 몸의 모든 지체는, 각각 나름대로 다 중요하다는 것입니다.

셋째로 주의 일에 열심히 봉사하며, 사모할 때, 그 빛과 음성을 주십니다. 사도바울은, 다메섹 도상 말고도, 그 이후에도, 계속 신비한 체험이 몇 차례 더 있었습니다. 우리도, 바울처럼, 하나님이 기뻐하시는 좋은 일꾼들이 되시기 바랍니다. 그러면 하나님이 특별한 빛을 비추어 특별한 영적 체험을 하게 하시고 나를 변화시켜 하나님 나라의 확장을 위하여 쓰실 것입니다. 하나님은 이사야 선지자를 통하여 우리들에게 이렇게 명령하고 계십니다. "일어나라 빛을 발하라 이는 네 빛이 이르렀고 여호와의 영광이 네 위에 임하였느니라"(사60:1). 하나님의 빛이 내게 임하면, 우리가 빛을 발하는 존재가 되고 하나님의 영광이 임하는 사람은 바로 일어나 빛을 발할 일꾼이 된다는 것입니다.

둘째, 주님의 음성이 필요하다. "소리 있어 가로되 사울아 사울아 네가 왜 나를 핍박하느냐 하시거늘 내가 대답하여 주여 뉘시니이까 하니 가라사대 나는 네가 핍박하는 나사렛 예수라 하시더라."(행22:7~8). 빛으로 인해 쓰러진 사울에게 이어서 예수 그리스도의 음성이 들려왔습니다. 그 음성의 내용은 세 가지였습니다.

첫째로 책망의 음성이 들려왔습니다. 그것은 네가 왜 나를 핍박하느냐 하는 것이었습니다. 우리는 책망의 음성을 두려워합니다. 그러나 사실 책망의 음성은 축복입니다. 왜냐하면 나를 사랑하시고 나를 바로 잡으실 주님의 마음이 있기 때문입니다. 우리가 어떤 사람을 책망할 때는 그가 바뀌고 변화되어 더 좋은 길에 서기를 바랄 때입니다. 그러나 그럴 가능성이 전혀 보이지 않을 때는 책망할 것도 포기합니다. 그냥 방치하고 그냥 놔둡니다. 이제는 그에 대한 기대나 사랑이 없기 때문입니다.

그러니 책망이 없다고 자신이 잘하고 있다고 착각해서는 안 됩니다. 그러므로 우리는 주님의 책망의 음성을 듣기를 사모하고 기다려합니다. "주여 제게 책망하여 주옵소서!" 간구하시고 기도하셔서 주님의 책망의 음성을, 사울처럼 들으실 수 있기를 축복합니다. 그러나 '책망'에 무게를 두셔야지, '음성'에 무게를 두지 마십시오. 혹시 '음성'을 못 들어도 전혀 상관없습니다. 책망 받고 고치는 것이 중요하니까요. '음성'을 못 듣는 사람은, 내가 하나님께 받은 다른 은사가 있기 때문에 괜찮습니다. 모든 사람이 똑 같은 은사를 갖는 것은 아닙니다.

둘째로 확증의 음성을 들려주셨습니다. "나는 네가 핍박하는 나사렛 예수라"(행22:8). 이 엄청난 빛과 두려운 이적의 원인이 바로 자신을 부르시기 위하여 전능하신 하나님, 그리고 그 아들 예수님이 행하셨다는 확증을 들려주신 것입니다. 이것이 바로 바울이 어떤 위기와 환난과 핍박 속에서도 그것을 이기고 극복히는 최고의 원동력이 되었습니다. 신앙생활을 하다가, 가끔 하게 되는 "신비적 체험"이 좋은 이유는, 자신의 신앙에 큰 확증이 되기 때문입니다. 특별히 환란과 고난의 날이 연속될 때도, "신비적 체험"이 있는 사람은 전혀 흔들리지 않습니다. 하나님이 자기를 불러서, 분명한 사명을 맡겨주셨다는, 확증이 있기 때문입니다.

셋째로 해야 할 사명을 알려주셨습니다. "내가 가로되 주여 무엇을 하리이까? 주께서 가라사대 일어나 다메섹으로 들어가라 정한바 너의 모든 행할 것을 거기서 누가 이르리라 하시거늘"(행22:10). 내가 왜 이런 이적을 네게 행하였는지를 다메섹에 들어가면 예수님이 사람을 보내어 알려주겠다고 하십니다. 그리고 정말 아나니아 라는 사람이 와서, 그의 보이지 않는 눈을 뜨게 해 주었고, 그가 할 사명을 정확하게 알려주었습니다. 이 음성이 사울이 바울 되는 원동력이었습니다. 이런 음성을 귀하도 꼭 들을 수 있기를 주님의 이름으로 소원합니다.

그러면 어떻게 이런 주님의 음성을 들을 수 있을까요? 성령으로 깊은 기도를 많이 하시기 바랍니다. 통성기도도 많이 하시고 조용한 묵상 기도도 많이 하십시오! 마음 안에서 성전에서 성령으로 분출되는 방언으로 기도하십시오. 그러면 그 묵상 기도 시간에 하나님이 음성을 들려주십니다. 그리고 성경을 많이 읽으십시오! 그리고 그 말씀을 묵상하십시오! 그러면 하나님이 우리의 귀로 들려주시는 음성이 아니라 내 마음으로 들려주시는 음성을 주십시다. 말씀을 통해서든지, 기도를 통해서든지, 하나님의 음성을 듣는 사람은 흔들리지 않습니다. 요동하지 않습니다. 지금 요동하고 있습니까? 마음에 안정이 되지 않으십니까? 일을 중단하시고, 기도와 말씀의 깊은 곳으로 빠져들어 가시기 바랍니다. 기도와 말씀을 통해, '하나님의 음성'을 들어야 요동하지 않습니다. 그 외에는, 요동할 수밖에 없습니다.

셋째, 도움의 사람이 필요하다. 하나님은 함께 하시면서 사람 앞에 은혜를 입게 하십니다. 하나님의 빛과 주님의 음성을 들은 사울은 다메섹으로 들어가 '직가'라는 거리의 한 집에서 3일간 식음을 전폐하고 기다렸습니다. 그러자 아나니아 라는 사람이 그를 찾아왔습니다. 본문은 그를 경건한 사람이라고 소개합니다. 그가 기노와 발씀읽기와 묵상의 삶을 사는 경건의 사람이었다는 것입니다. 이어서 그는 모든 유대인들에게 칭찬 듣는 사람이라고 소개합니다. 이런 사람이 사울을 찾아와 그를 위하여 기도하니 눈이 떠졌습니다. 그리고 그가 해야 할 일을 정확하게 가르쳐주었습니다.

"내게 와 곁에 서서 말하되 형제 사울아 다시 보라 하거늘 내가 즉시 그를 쳐다보았노라. 그가 또 가로되 우리 조상들의 하나님이 너를 택하여 너로 하여금 자기 뜻을 알게 하시고 저 의인 Jesus Christ을 보게 하시고, 그 입에서 나오는 음성을 듣게 하셨으니 네가 그를 위하여 모든 사람 앞에서 너의 보고 들은 것에 증인이 되리라."(행22:13-15). 아나니아는 기독교 2천년 역사의 최고의 인물인 바울을 만들어낸 최고의 도움의 사람이었습니다. 이런 사람이 내 주변에 필요합니다. 이런 사람 곁에 내가 있으면, 바로 내가 사울이 바울 되는 변화의 사람이 될 수 있습니다.

그러므로 우리는 내 주변에 아나니아 같은 사람이 있으면 그를 가장 가까이 하여야합니다. 그리고 나도 아나니아 같은 사람이 필요하듯이 다른 사람도 그런 사람이 필요한 것을 아시고 귀하가 그들에게 아나니아 같은 사람이 되시기를 바랍니다. 우리는 그동안, 세상적인 일이 가장 중요한줄 알고 그런 사람들을 가까이 하려고 애썼습니다. 물질이나 건강이나 미모나 지식을 추구했고 그런 사람들에게 가까이 가려고 애썼습니다. 깨닫고 보면 내면이 생명의 말씀과 성령으로 꽉 채워지니 미인이 되고 지혜로워집니다.

그러나 세월이 가면 그게 다 그거입니다. 50이 넘으면 잘생긴 사람이나 못생긴 사람이나 같아진다고 합니다. 미모의 평준화입니다. 60이 넘으면 많이 배운 사람이나 적게 배운 사람이나 같아진다고 합니다. 건망증이 심해지고 깜박깜박 하는 것이 비슷해진다는 뜻입니다. 지식의 평준화입니다. 70을 넘기면 부자나 그렇지 않은 사람이나 같아진다고 합니다. 돈이 있어도 쓰기 힘든 나이가 된다는 것입니다. 물질의 평준화입니다. 80이 넘으면 건강한 사람이나 병약한 사람이나 같아진다고 합니다. 건강의 평준화입니다. 90을 넘으면 산 사람이나 죽은 사람이나 같아진다고 합니다. 살아도 죽은 사람과 별 차이가 없다는 얘기입니다. 생사의 평준화입니다. 그런데 우리는 이렇게 같아질 것을 모르고 지식과 미모와 물질을 추구하여 그런 사람들과 가까이 하는 게 제일 중요한줄 알고 살았다는 것입니다.

그런데 절대 평준화가 안 되는 것이 있습니다. 그것은 바로 경건과 영적인 삶입니다. 그것은 다른 것은 이 세상에서 끝이지만 경건과 영적인 삶은 이 세상을 마치면 하나님 나라에 가서 계속 쓸 것이기 때문에 절대로 평준화가 안 된다는 것입니다. 그러므로 우리는 잘생긴 사람, 돈 많은 사람, 얼짱과 몸짱인 건강한 사람을 찾지 말고 아나니아 같이 경건한 사람, 그리고 내가 무엇을 하여야할지를 정확하게 알려주고 이끌어 줄 사람을 찾아 성령님의 인도를 받으며 그와 함께 행동해야 사울이 바울 되는 변화의 축복을 누릴 수 있는 줄로 믿습니다.

넷째, 성령의 인도에 순종하면 변화가 된다. 예수님의 음성에 순종하는 사람이 되는 모든 것이 성령으로 되는 것입니다. 하나님 앞에서 자아의 깨어심을 체험한 자는 그리스도의 영을 받아 모든 것을 예수 그리스도를 중심으로 보고 생각하며 행동하게 됩니다. 갈라디아서2장 20절에 "내가 그리스도와 함께 십자가에 못 박혔나니 그런즉 이제는 내가 산 것이 아니요 오직 내 안에 그리스도께서 사신 것이라 이제 내가 육체 가운데 사는 것은 나를 사랑하사 나를 위하여 자기 몸을 버리신 하나님의 아들을 믿는 믿음 안에서 사는 것이라"고 바울은 고백합니다.

예전처럼 교만하지 않으며 자긍하지 않으며 다만 겸손과 온유와 평화가 그에게 있을 뿐입니다. 하나님께서는 이러한 자를 부르시고 당신의 종으로 사용하십니다. 멸망의 길에 있던 사울을 거꾸러뜨리시고 새롭게 태어나게 하신 하나님께서는 또한 그를 부르사 당신의 큰 일꾼으로 삼으셨습니다. 세계 만민을 구원하시기 위해 이방인의 사도로 사울을 부르셨습니다. 하나님의 부르심에 순종한 모세가 이스라엘 백성을 인도하여 홍해를 가르는 위대한 역사를 담당한 것처럼 하나님의 소명을 받은 바울은 전적으로 하나님의 뜻에 순종함으로써 세계 선교에 지대한 공헌을 하게 된 것입니다.

17장 교회는 예수님을 닮고 체험하는 곳

(빌 2:5-7)"너희 안에 이 마음을 품으라. 곧 그리스도 예수의 마음이니, 그는 근본 하나님의 본체시나 하나님과 동등됨을 취할 것으로 여기지 아니하시고, 오히려 자기를 비워 종의 형체를 가지사 사람들과 같이 되셨고"

하나님은 예수를 믿고 성령으로 거듭나 교회에 들어와 믿음생활하는 크리스천들이 모두 예수님을 닮기를 소원하십니다. 예수님은 우리가 닮아야 할 원형이시며 표본이십니다. 고로 그 분만 바라보고 의지하고 소망하고 순종하며 따라가야 합니다. 예수님 외에 하늘과 땅의 어떤 피조물도 우리가 따라갈 원형이나 표본은 없습니다. 유명한 성자, 목사, 장로…. 믿음의 선배도 따라가서는 안 됩니다. 원형의 예수님이 없어졌다면 이런 모형이라도 따라야겠지만, 예수님은 영원히 살아 계시어 우리와 함께하시는 분입니다. 모형따라가면 실패하고 낙망합니다. 카리스마 있는 사람의 외모를 보고 따라가지 말라는 말입니다. 또 나보다 못한 사람을 표준해도 안 됩니다. 꼭 예수님을 표준하고 닮아야 합니다. 성도는 자신은 없어지고 예수님이 100% 나타나야 합니다. 이일을 위해서 성령님이 자신 안에 성전에 임재 하여 주인으로 역사하시는 것입니다. 교회는 하나님의 말씀인 신-구약성경을 통해 그 음성 듣고 하나님의 예정, 설계, 선포, 진행하시는 구원의 도리를 배우는 곳이며, 성령의 이끌림을 따라서, 이 도리대로 살아 하나님의 본질, 본성을 닮아서 하나님처럼 온전한 자가 되어져야 합니다.

우리는 성령의 인도와 지배로 예수님의 온유하심과 겸손을 배워야합니다. 주님의 관용을 닮아야합니다(고후10:11). 주님께서 우리를 사랑하신 것같이 우리도 서로 사랑해야 합니다(요13:34). 부요하신 예수님께서 가난하게 되심은 우리를 부요케 하시기 위함입니다(고후8:7-9). 우리가 예수님의 마음을 가져야합니다. 내면을 생명의 말씀과 성령으로 꽉 채워 예수님의 마음을 품어야 합니다. 주님은 자신을 낮추셔서 죽기까지 복종하셔서 십자가에 달려 돌아가셨습니다(빌2:5-7). 주님처럼 우리도 낮아져야합니다.

주님께서 우리를 용서하심같이 우리도 서로 용서해야합니다(골3:13). 회개해서 말씀과 기도로 주님의 보혈로 하나님의 용서로 몸과 영혼이 깨끗해야합니다(요일3:3). 예수님께서 섬기려고 이 세상에 오셔서 인류를 죄와 사망에서 구원하시려고 십자가에 달려 돌아가셔서 대속제물이 되신 것처럼 우리도 하나님의 형상을 닮은 사람을 섬기는 자세로 살아야합니다(마20:28). 예수님께서 목숨을 바쳐 인류를 살리신 것처럼 우리도 하나님과 복음과 사명과 영혼과 주님의 교회를 위해 생명을 걸어야합니다(요일3:16). 주님께서 십자가를 참으시고 죽으셔서 하나님 보좌 우편에 계십니다(히12:2-3).

우리도 고난을 극복하고 예수님을 따라가야 합니다. 우리는 그리스도를 본 받아야합니다(고전11:1). 예수님처럼 복음과 영혼구원을 위해 핍박을 오래 참아야합니다(딤전1:16). 예수님께서 제자들의 발을 씻기신 것처럼 우리도 섬기는 자세로 실천해야합니다(요13:13-15).

목회자는 예수님을 닮고 따르며 양 무리의 본이 되어야합니다(벧전5:3). 예수님의 성품을 닮아야합니다. 예수님께서 십자가에 죽으시기까지 하나님께 충성하시고 순종하신 것을 닮아야합니다. 예수님의 사랑과 용서하심을 본받아 우리도 아가페 사랑을 실천해야 합니다. 예수님의 칭찬하심을 닮아야합니다. 예수님께서 백부장의 믿음을 칭찬해 주셨습니다. 예수님의 효성을 닮아야합니다. 예수님께서 십자가의 고통 중에서도 요한사도에게 어머니를 부탁하셨습니다. 예수님의 인자하심을 닮아야합니다.

예수님의 청빈하신 삶을 닮아야합니다. 예수님은 머리 둘 곳도 없으셨습니다. 예수님의 선교 열정을 닮아야합니다. 예수님은 말씀 선포와 치유 사역을 하셨습니다. 예수님께서 예루살렘에 들어가실 때 앞장서신 것처럼 우리도 예수님의 리더쉽을 닮아야합니다. 예수님의 기도생활을 닮아야합니다. 예수님의 신행을 닮아야합니다.

예수님의 관심을 닮아야합니다. 예수님의 상담 기법을 본 받아야합니다. 예수님의 대화법을 닮아야합니다. 예수님의 설교화법을 닮아야합니다. 예수님의 격려와 위로의 말씀을 본 받아야합니다. 예수님의 정의로우심을 닮아야합니다. 예수님의 발자취를 따라가야 합니다. 예수님의 눈물을 기억해야합니다. 예수님의 심정으로 대해야합니다. 예수님의 마음을 닮아야합니다. 예수님의 인자하심을 닮아야합니다. 특별하게 닮아야 할 것은 이렇습니다.

첫째, 인내의 모습을 닮아야 합니다. 눅22:45-51절 말씀에 예수님께서 겟세마네 동산에서 "아버지여 이 잔을 내게서 옮기시옵소서. 그러나 내 뜻대로 마옵시고 아버지 뜻대로 되기를 원하나이다"라고 간절히 기도하셨던 말씀이 나옵니다.

히브리서 12장 2절로 3절에 "믿음의 주요 또 온전케 하시는 이인 예수를 바라보자 저는 그 앞에 있는 즐거움을 위하여 십자가를 참으사 부끄러움을 개의치 아니하시더니 하나님 보좌 우편에 앉으셨느니라. 너희가 피곤하여 낙심치 않기 위하여 죄인들의 이같이 자기에게 거역한 일을 참으신 자를 생각하라"(히 12:2-3)고 말씀하십니다. 예수님의 성품을 '참으신 자' 즉, 인내의 모습으로 표현하고 있습니다. 바로 우리가 예수님을 바라보고, 성품을 닮고자 할 때 우리 마음속에 강하게 다가오는 느낌과 감동은 인내하신 예수님의 모습인 것입니다. 예수님은 인내하셨습니다. 왜 인내하셨습니까? 하나님의 뜻과 의를 이루어드리기 위해서 인내하셨던 것입니다.

하나님의 뜻을 이루어가는 동안, 우리들은 애매한 고난도 당할 수 있습니다. 베드로전서 2장에 "애매히 고난을 받아도 하나님을 생각함으로 슬픔을 참으면 이는 아름다우나 죄가 있어 매를 맞고 참으면 무슨 칭찬이 있으리요. 오직 선을 행함으로 고난을 받고 참으면 이는 하나님 앞에 아름다우니라"(벧전 2:19-20)는 말씀의 교훈을 삶 가운데서 받아야 할 것입니다. 우리는 애매하게 고난당하는 때 하나님을 생각해야 합니다. 예수님께서 우리를 위해서 담당하신 대속의 죄를 생각하면서 참아야 하는 것입니다.

야고보서 1장 12절 말씀처럼 "시험을 참는 자는 복이 있도다. 이것에 옳다 인정하심을 받은 후에 주께서 자기를 사랑하는 자들에게 약속하신 생명의 면류관을 얻을 것임이니라"는 믿음과 확신으로 인내하시는 귀하가 되어야 합니다.

또한 인내에는 분명한 목적이 있어야 합니다. 하늘나라에 대한 소망과 주님께 받는 상급이 있음을 믿고 담대히 나갈 때, 우리는 승리할 수 있습니다. 그렇습니다. 우리들에게는 "너희의 인내로 너희 영혼을 얻으리라"(눅 21:19), "너희에게 인내가 필요함은 너희가 하나님의 뜻을 행한 후에 약속을 받기 위함이라"(히 10:36)는 목표가 있는 것입니다.

마태복음 10장 22절에도 인내 후의 하나님의 약속이 있습니다. "또 너희가 내 이름을 인하여 모든 사람에게 미움을 받을 것이나 나중까지 견디는 자는 구원을 얻으리라"(마 10:22)는 약속을 날마다의 삶속에서 실천하셔야 합니다.

또한 우리는 인내를 통해서 예수님의 성품을 닮아야 합니다. 이것이 우리들의 의무이자 책임인 것입니다. "오직 성령의 열매는 사랑과 희락과 화평과 오래 참음과 자비와 양선과 충성과 온유와 절제니"(갈 5:22)라는 갈라디아서 5장 말씀처럼 성령께서 내 안에서 역사하시면 오래 참을 수 있습니다. 오래 참음은 그리스도의 성품을 내 모습으로 만드는 것이며 의무와 책임을 다하는 성도로서의 자격요건임을 기억하시어 예비하신 하나님의 축복을 풍성히 받으시는 모두가 되시기를 주님의 이름으로 소원합니다.

둘째, 순종의 모습을 닮아야 합니다. 성품은 인격을 의미합니다. 성품이란 우리 내면에 하나님이 심어 두신 건강한 양심을 말하며 고상한 가치를 의미합니다. 하나님이 좋은 성품 속에 축복의 법칙을 남아 두셨는데, 그 성품 가운데 가상 소중한 성품이 있다면 그것은 바로 순종입니다. 하나님은 순종의 성품을 가장 사랑하시고 소중히 여기십니다. 예수님은 철저하게 아버지 하나님이 계획과 뜻에 순종한 아들입니다. 순종이란 하나님의 명령을 따르는 것입니다. 순종하는 것은 쉬운 일이 아니기 때문에 하나님이 명하신 것을 즉각적으로, 그리고 온전히 순종하는 자녀들에게 하나님은 축복을 예비하십니다. 온전한 순종이란 자신의 생각이나 의지가 1%도 포함되지 않고 하나님의 말씀에 순종하는 것을 말하는 것입니다.

인간으로서 아브라함은 온전한 순종의 대표적인 모범생입니다. 그의 나이 99세 때 하나님이 아브라함에게 할례를 명하셨을 때, 그것은 죽음과 같은 고통을 의미하지만 그는 순종했습니다. 또한 아브라함의 나이 100세 때 하나님이 아들이삭을 주셨는데 그 아들이삭을 모리아 산에 번제로 드리라고 명하셨을 때도 아브라함은 즉각 순종했습니다. 아브라함의 순종에 대해서 하나님은 너무나 기쁘셨고, 그에게 큰 복을 다음과 같이 내리신 것입니다.

“가라사대 여호와께서 이르시기를 내가 나를 가리켜 맹세하노니 네가 이같이 행하여 네 아들 네 독자를 아끼지 아니하였은즉 내가 네게 큰 복을 주고 네 씨로 크게 성하여 하늘의 별과 같고 바닷가의 모래와 같게 하리니 네 씨가 그 대적의 문을 얻으리라 또 네 씨로 말미암아 천하 만민이 복을 얻으리니 이는 네가 나의 말을 준행하였음이니라 하셨다 하니라"(창 22:16-18).

가나안에 입성한 여호수아와 갈렙은 온전하게 순종한 사람들입니다. "그러나 내 종 갈렙은 그 마음이 그들과 달라서 나를 온전히 따랐은즉, 그가 갔던 땅으로 내가 그를 인도하여 들이리니 그의 자손이 그 땅을 차지하리라"(민 14:24). 하나님께서는 갈렙은 다른 사람과 마음이 달랐다. 온전히 나를 쫓았다. 그러므로 내가 예비한 젖과 꿀이 흐르는 땅으로 그와 그 자손을 인도해 주시겠다고 한 것입니다. 아버지가 잘나면 자손이 함께 축복을 받습니다. 아버지가 못나면 자손도 함께 고통을 다하게 되는 것입니다. 갈렙 한 사람이 잘나니까 갈렙의 후손들조차 모두다 하나님의 축복을 받겠다고 약속한 것입니다. 온전한 순종이 여호수아와 갈렙을 가나안땅에 들어가게 한 것입니다.

예수님에게는 아버지께 받은 임무를 성취하려는 강한 의지와 성실성, 단호함, 그리고 강한 목적의식과 순종이 있었습니다. 예수님의 5가지 순종의 모습은 다음과 같습니다. 첫째로 예수님은 아버지께 전적으로 복종하셨습니다. 둘째로 예수님은 아버지께 전적으로 의존하셨습니다. 셋째로 예수님은 아버지께 온전히 순종하셨습니다. 넷째로 예수님은 기도하는 삶을 사셨습니다. 다섯째로 예수님은 어린아이와 같은 마음을 귀하게 여기셨습니다.

예수님이 보여준 순종의 5가지 모습을 우리의 삶 가운데서도 적용하는 지혜가 필요합니다. 순종의 성품을 닮으시는 우리들이 되셔서 하늘의 복과 땅의 관계가 형통하게 되는 은총을 누리시기를 주님의 이름으로 소원합니다.

셋째, 신뢰의 모습을 닮아야 합니다. 하나님을 신뢰할 수 있는 것은 하나님이 진실하시고 전능하시기 때문입니다. 우리는 하나님의 도우심을 받아 약속을 잘 지키는 사람이 되어야 합니다. 하나님의 은혜를 힘입게 되고, 노력하고 훈련하면 신뢰를 다시 회복할 수 있습니다. 하나님께서 허락하십니다.

링컨이 잡화상 점원으로 일할 때의 일입니다. 링컨이 저녁 늦게 장사를 마치고 하루 동안의 수입을 결산하는데, 몇 번이나 계산을 해 보아도 셈이 맞지 않는 것이었습니다. '왜 6센트가 남는 것일까?' 그는 의아해 하며 그날 가게를 다녀간 손님들의 얼굴을 떠올렸습니다. 한 사람씩 주고받은 금액을 따져 보다가 단골손님인 앤디 할머니에게 거스름돈을 덜 준 것을 알게 되었습니다. '그래, 맞아! 앤디 할머니께 거스름돈을 덜 드렸구나!' 그는 가게 문을 닫고 그 늦은 밤에 멀리 떨어진 앤디 할머니 댁으로 찾아갔습니다. "앤디 할머니! 오펏 상점의 에이브입니다. 죄송합니다. 제가 착각을 해서 거스름돈 6센트를 덜 드렸습니다." 숨을 헐떡이며 링컨이 6센트를 내밀자 앤디 할머니는 깜짝 놀랐습니다. "이보게 청년! 이 6센트 때문에 이렇게 밤늦은 시간에 그 먼 길을 왔단 말인가?" "6센트가 아니라 1센트라도 당연히 와서 돌려

드려야지요." "그래도 그렇지, 다음에 내가 가게에 들르면 그때 줘도 될 것 아닌가?" "아닙니다. 오늘 잘못은 오늘 바로 잡아야지요." "자네는 정말 소문대로 정직한 청년이로군! 자네는 이 다음에 반드시 큰 인물이 될 걸세." 앤디 할머니는 링컨의 정직함에 탄복하며 칭찬을 아끼지 않았다는 것입니다. 청년 링컨의 정직 속에 훌륭한 지도자가 될 씨앗이 담겨 있었습니다. 그의 정직함은 지도자가 되는 초석이 되었고 사람들의 신뢰를 얻는 기초가 되었던 것입니다. 그렇습니다. 신뢰는 관계에서 절대적으로 중요한 요인입니다. 특히 하나님과의 관계에서 날마다의 삶속에서 신뢰를 지켜야 합니다.

예수님은 40일간의 금식기도 후에 마귀의 시험으로부터 하나님과의 신뢰를 끝까지 지키는 성품을 바라볼 수 있습니다. 우리는 "주 너의 하나님께 경배하라"는 말씀과 "다만 그를 섬기라"는 예수님의 말씀이 오직 하나님만을 신뢰하고 섬기라는 것입니다. 예수님을 무너뜨리고 하나님나라의 회복을 무산시키려는 마귀의 세 차례의 시도에 끝까지 신뢰로 대응하신 예수님의 성품은 무엇입니까?

하나님만을 주인으로 섬기며 그를 절대적으로 신뢰하는 것만이 우리들이 마귀로부터 살아남는 유일한 길임을 가르치신 것입니다. 하나님의 나라는 순종과 신뢰와 참된 경배의 삶이 전제가 되는 나라이기 때문에 우리들이 예수 그리스도 안에서 신뢰를 회복하고, 하나님나라를 소유하게 될 때 예비 된 하나님의 은혜가 풍성히 우리의 삶속에 임하게 됨을 믿으시고, 예수님이 공생애 동안 보여주신 인내와 순종 그리고 신뢰의 성품을 닮으시는 모두가 되시기를 주님의 이름으로 소원합니다.

결론적으로 예수님을 닮는 것은 사람의 의지나 노력으로 되지 않습니다. 성령의 지배와 인도를 받아야 합니다. 성령의 인도와 지배를 받으려면 성령으로 세례를 받아야 합니다. 성령으로 세례를 받고 자신의 자아와 생각과 의지대로 행동하는 것을 버리고 성령의 지배를 받아야 합니다. 성령의 인도를 받아야 합니다. 성령의 감동에 절대적으로 순종해야 합니다.

어떻게 하여야 예수님을 닮을 수 있으며 제자가 될 수 있을까요? 예수님은 성령님의 인도하심에 따라 행하셨습니다. 자의로 말씀하지 않으시고 성령님이 주신 말씀을 하셨습니다. 성령님의 능력으로 역사를 행하셨습니다. 예수님을 닮으며 제자가 되는 길은 예수님처럼 성령님에 의해서 살아가는 것입니다. 성령님의 인도하심에 따라 행동하고 말한다면 예수님을 닮게 되고 제자의 길을 가게 되는 것입니다.

충만한 교회에서는 주일 밖에 교회에 나올 수 없는 성도들이 하나님의 뜻대로 내면을 치유 받고 성령 충만하여 현제 천국을 누리면서 살아가도록 관심을 가지고 신앙을 지도하고 있습니다. 매주 40-50분 이상 기도하면서 안수하여 막힌 영의통로를 뚫고, 마음의 상처를 치유하고, 영적인 문제를 해결하며, 성령님과 동행하도록 예배를 인도하고 있습니다. 예배시간은 11:00- / 13:30-입니다.

18장 교회는 말씀을 가르치고 체험하는 곳

(딤후 3:16-17)"모든 성경은 하나님의 감동으로 된 것으로 교훈과 책망과 바르게 함과 의로 교육하기에 유익하니 이는 하나님의 사람으로 온전하게 하며 모든 선한 일을 행할 능력을 갖추게 하려 함이라"

교회는 말씀을 가르치고 배우는 곳이 되어야 합니다. 세상 학교는 인간을 교육하고 훈련시켜서 학문을 깨우치며 지성의 인격자가 되게 합니다. 교회도 예수를 믿고 성령으로 거듭난 '새사람'을 교육시켜 자라도록 육성시키고 연단하고 승리자 되게 하여 장차 하늘과 땅이 통일나라에서 하나님을 대리하며 만물을 다스리는 크리스천으로 기릅니다. 선생은 학생을 바로 양육하기 위하여 숙제도 주고, 시험도 보고, 책망도 합니다. 목사도 신령한 사람을 양육하기 위하여 이런 숙제, 저런 숙제, 이런 책망, 저런 책망 또는 채찍을 가할 때도 있습니다. 그러나 이런 것이 싫어서 거부하거나 자기 하고 싶은 대로 하면 낙제생이 되고 재수생이 되어야 하는 쓴 잔을 마시게 됩니다. 교회에 들어와 그때그때 지도를 잘 받아 영적 재수생이 되지 말아야 합니다. 교회는 성령의 인도로 가르치고 배우고 훈련하는 곳입니다.

한국교회 교인들 대부분은 "왜 주일마다 교회를 갑니까?"라고 묻는다면 "예배를 드리기 위함"이라고 대답을 합니다. 심지어 주일 성수를 잘해서 예배중심으로 살아야 복을 받는다고 가르치고 있기도 합니다. 교회 밖에 일들은 세상일이라고 생각을 하고, 교회에 와서 식순에 의해서 한 시간 신앙의 행위를 하는 것으로 예배를 드렸다고 생각합니다. 그래서 세상에서 지치고 피곤한 육신을 위로받고 복을 받기 위하여 교회에 와서 예배를 드린다고 생각하는 것이 대부분입니다.

그러한 생각은 구약의 성전 개념에 생각이 머물러 있는 것이고, 더 나아가서는 한국의 전통적인 무속신앙과 기복주의에 머물러 있기 때문입니다. 새벽마다 정한 수를 떠놓고 복을 빌던 무속적 관습에서 착안을 해서 새벽기도가 생겨난 것처럼 말입니다. 그러나 교회는 말씀을 가르치고 배우는 곳입니다. 예배는 삶의 현장에서 드리는 것이 지극히 정상입니다. 즉 교회는 예배를 드릴 수 있는 말씀의 원천을 공급 받는 곳이고, 성도와 서로 교제하면서 든든하게 서 가는 곳입니다.

영적예배는 진리를 깨달아 우리의 몸을 하나님이 기뻐하시는 산제사로 드리는 것입니다. 그래서 우리 몸이 가 있는 그 곳이 영적예배인 것입니다. 그리고 이것이 바르게 정립이 되어야 신학적으로 '이원론'에서 해방을 받게 됩니다. 즉 교회당 안에서는 하나님을 섬기고, 밖에서는 세상일을 한다는 착각에서 벗어날 수가 있는 것입니다.

바른 예배는 우리의 모든 삶의 영역, 즉 모든 삶의 고난과 고통 속에서도 예배를 드려야 하는 것이고, 몸부림 속에서도, 사업현장 속에서도, 자녀를 가르치는 현장 속에서도, 어디에서든지 하나님을 배우고 깨달아 경배하며 살아가는 삶이어야 합니다.

그래서 하나님께서 천국은 생명의 씨를 하나님의 밭에 뿌린 것과 같은 것인데, 거기에는 가라지를 곁에 두고 함께 연단을 받게 하시면서 섭리를 하십니다. 그러나 택한 자들은 하나라도 잃어버리지 아니하시고 반드시 붙들어서 알곡을 모아 곳간에 넣으시는 자비로우신 하나님이십니다.

그러므로 성도가 말씀을 배우지 않고 듣지 않으면 영적예배에 심각한 결핍이 올 수밖에 없는 것입니다. 왜냐하면 자꾸만 말씀을 배우고 들으면서 하나님을 바르게 알아가야 만이 삶의 현장에서 예배자로 살아가게 되기 때문입니다. 그리고 말씀을 배우고 들으면서 하나님이 누구이고, 어떤 분이시고, 어떻게 일하시는가를 더욱 확신하게 되기 때문입니다.

그래서 어떤 많은 분들은 교회를 좋은 교훈적인 이야기를 들으려고 다닌다는 분들도 있지만, 교회는 윤리 도덕적인 좋은 이야기를 전해 주려는 곳이 아니라, 의미와 목적이 하나입니다. 언약대로 오신 예수가 그리스도 되심을 증거 함으로 언약대로 성취하신 하나님의 살아계심을 증명해 주고, 증거 해서 그 하나님만을 경외하고 찬송하는 자리로 나아가게 하려는 데에 그 의미와 목적이 있는 것입니다.

첫째, 교회는 하나님의 말씀을 가르치고 배우는 곳이다. 세상의 이치를 보면 육적 아버지를 왜 아버지라 합니까? 아버지는 내가 태어나게 씨를 주셨기에 아버지라 하며, 자식은 아버지에 대해 아는 것이 당연합니다. 그렇다면 우리 신앙인은 하나님과 예수님을 믿으며, 하나님을 아버지라 부르는 것입니니까? 하나님을 아버지라 부르려면 예수를 믿고 성령으로 거듭나야 하고, 하나님의 씨로 나야 아버지라 부를 수 있을 것입니다. "하나님이 세상을 이처럼 사랑하사 독생자를 주셨으니 이는 그를 믿는 자마다 멸망하지 않고 영생을 얻게 하려 하심이라"(요 3:16). "너희는 다시 무서워하는 종의 영을 받지 아니하고 양자의 영을 받았으므로 우리가 아빠 아버지라고 부르짖느니라."(롬 8:15). "예수께서 대답하시되 진실로 진실로 네게 이르노니 사람이 물과 성령으로 나지 아니하면 하나님의 나라에 들어갈 수 없느니라"(요 3:5).하셨고, "씨는 하나님의 말씀이라"(눅8:11) 하셨습니다.

우리는 예수를 주인으로 영접해야 하고, 성령으로 거듭나야 합니다. 또한 성령으로 내면을 꽉 채워야 합니다. 내면을 성령으로 꽉 채우는 것은 진리인 말씀을 깨닫는 만큼씩 채워지는 것입니다. 내면이 꽉 채워져야 영-혼-육의 전인적인 복을 받을 수 있습니다. 내면이 진리로 채워져야 육체의 질병도 상처도 정신적인 문제도 피부병도, 물질문제도 치유와 해결이 되다는 말입니다. 내면이 강해야 세상과 환경을 장악할 수 있습니다.

우리는 이 씨인 말씀을 알아야 하나님의 씨로 난 자녀라 할 수 있습니다. 그럼 아버지라 부르는 하나님에 대해서 얼마나 알고 있을까요? 요한복음 1장 1절을 보니 말씀이 곧 하나님이라 하셨는데요, 그렇다면 말씀을 알아야 하나님을 아버지라 부를 수 있는 자녀가 되겠지요. 그런데요, 하나님의 말씀, 성경은 그냥 읽기만 해도 하나님의 뜻을 다 알 수 있을까요? 아닙니다. 절대 알 수 없습니다. 이는 선지자로 말씀하신바 "내가 입을 열어 비유로 말하고 창세부터 감추인 것들을 드러내리라. 함을 이루려 하심이니라"(마13:31~43)하셨으니, 비유를 알지 못하면 아무리 읽고 또 읽는다고 해도 하나님의 뜻을 알 수 없고, 하나님의 뜻을 알지 못한다면 하나님의 뜻대로 행할 수가 없으니 천국에 들어 갈 수가 없는 것입니다. 반드시 성령의 조명을 받아야 성경말씀 속에서 하나님의 근본적인 뜻을 깨달을 수가 있습니다. 신앙생활을 하는 목적이 구원과 영생이라면, 교회(教會)는 성령으로 하나님의 말씀을 가르치고 배우는 곳이어야 합니다. 요한복음 3:31~34의 말씀을 보면, "하늘에서 오시는 이는 하늘에서 보고 듣는 것을 증거하고, 땅에서 난 이는 땅에 속하여 땅의 것을 가르친다."고 하셨습니다. 종교는 하늘의 것을 보고 가르치는 으뜸가는 교육이라 하였으니, 교회에서 세상의 것을 가르치는 자는 세상 목자이지 하나님의 목자가 될 수 없음을 알아야 할 것입니다. 하나님의 목자는 성령으로 감동되어 성도들에게 하나님의 말씀의 비밀을 깨닫게 하는 자입니다.

성경에는 참 하나님의 교회와 목자는 계시록 10장과 15장의 목자와 성전임을 명시해 놓고 있습니다. 이곳의 목자는 하늘의 계시 성령으로 받아 가르치는 목자이고, 성전은 말씀의 비밀을 깨닫게 하는 자신 안에 있는 성전임을 알 수 있습니다. 성경은 분명하게 "너희는 너희가 하나님의 성전인 것과 하나님의 성령이 너희 안에 계시는 것을 알지 못하느냐"(고전3:16). 말씀하셨고, "오직 하나님이 성령으로 이것을 우리에게 보이셨으니 성령은 모든 것 곧 하나님의 깊은 것까지도 통달하시느니라. 사람의 일을 사람의 속에 있는 영외에 누가 알리요 이와 같이 하나님의 일도 하나님의 영외에는 아무도 알지 못하느니라"(고전 2:10-11). 성령으로 진리의 말씀을 자신의 마음 안에 성전으로 깨달아 오직 육의 마음 판에 새겨야 합니다. "너희는 우리로 말미암아 나타난 그리스도의 편지니 이는 먹으로 쓴 것이 아니요, 오직 살아 계신 하나님의 영으로 쓴 것이며, 또 돌 판에 쓴 것이 아니요, 오직 육의 마음 판에 쓴 것이라"(고후 3:3)

하나님은 아담 때부터 시작하여 계시록이 이루어지는 오늘날까지 6천년동안 성경의 예언대로 모두 이루시고 계십니다. 소경이 소경을 인도하면 구덩이로 빠진다(마15:14,눅6:39)하였으니, 현명한 신앙인이 되어 소경이 인도하는 길이 아닌 성령의 인도를 받는 하나님의 참 목자를 만나서 성전의 개념을 바르게 깨달고, 하나님의 말씀을 가르치고 배우는 곳을 찾아야 합니다. 그곳에서 하나님의 말씀을 깨닫고 하나님의 뜻대로 신앙 생활하는 하나님의 참 자녀가 되면 좋겠습니다.

교회는 하나님의 말씀을 가르치고 배우는 곳, 누구나 언제 어디서든 와서 보고 듣고 깨달을 수 있는 곳, 성령의 인도를 받아 하나님의 뜻을 온전하게 순종하는 자녀로 자라게 하는 곳입니다. 생명의 말씀으로 영혼을 깨워서 살아나게 하는 곳입니다.

둘째, 영적 전쟁하는 곳을 가르치고 배우는 곳이다. 에베소서에서 보여주는 교회에 대한 두 개의 그림이 있습니다. 하나는 가족으로서의 교회입니다. 또 하나는 전투하는 교회입니다. 우리가 원하든 원하지 않던 교회는 죄와 마귀와의 전쟁 가운데 있습니다. 전쟁에서 싸워야 할 대상인 적군에 대해 잘 알아야 승리할 수 있습니다. 같은 편인 아군과 싸워서는 안 될 것입니다. 우리가 싸워야 할 대상은 혈과 육인 사람이 아니라, 마귀와 죄라는 사실입니다. 그런데 간혹 사람을 미워하며 사랑하며 섬겨야 할 대상인 사람과 싸울 때가 있습니다. 사람을 미워하며 관계에 묶이면 이것이야말로 마귀에 속는 일입니다. 사람과 싸우지 않기 위해서 먼저 죄와 사람을 분리하는 것입니다. 그 영혼을 불쌍히 여기며 그 영혼을 위해 긍휼의 마음으로 기도하고 축복하고, 그 사람의 죄는 십자가 앞에 가져오도록 기도해야 할 것입니다.

원래 우리는 죄와 상관없는 하나님의 형상으로 지음 받았습니다. 거룩하고 의로운 자들이었습니다. 죄는 불순종함으로 우리 가운데 들어온 것입니다. 우리가 싸워야 할 대상은 우리 안에 있는 죄와 연약함이지 사람이 아닙니다. 사람은 사랑의 대상일 뿐입니다. 그래서 그 사람의 연약함과 그 사람을 분리해서 보는 것이 필요합니다. 그리고 "인류의 모든 족속을 한 혈통으로 만드셨다'는 말씀처럼 늙은이를 아비로, 늙은 여자를 어미에게 하듯하며 젊은이를 형제처럼, 젊은 여자를 자매에게 하듯 하나님 안에서 한 가족처럼 형제자매처럼 한 혈통으로 서로를 보는 것입니다. 마귀와 승리하기 위해 사람과 싸우지 말고 그 영혼을 축복하고 사랑하는 것입니다. 사랑하면 승리합니다.

또한 우리의 싸움의 대상인 사단이 어디서 어떻게 일하는지 알기 위해 사단의 조직을 잘 알아야 합니다. "우리의 씨름은 혈과 육을 상대하는 것이 아니요 통치자들과 권세들과 이 어둠의 세상 주관자들과 하늘에 있는 악의 영들을 상대함이라"(엡 6:12). 먼저는 통치자들입니다. 이는 주관자, 보좌, 강한 자의 의미로서 주로 정치계, 권력의 배후에서 조종하며 일하는 사단을 말합니다. 사단은 인간의 권위 구조 속에 교묘히 침투하여 이를 통해 지배하려고 획책합니다.

권세는 어떤 특정한 지역들을 장악하고 다스리는 사단의 어둠의 세력들입니다. 어느 곳에는 창녀촌이, 어느 곳에는 특별히 마약을 하는 사람들, 술, 도박, 부도덕, 폭력이 많이 나오게 합니다. 사단은 세계지도에 따라 자기 세력을 배치시켜 놓고, 각 지역과 각각의 인간집단에 대해 특별한 전략을 세워놓고 있습니다. 어둠의 세상 주관자들은 거짓된 종교, 이 세상 철학을 통해서 일하는 사단입니다. 악한 영들은 개인 안에 역사하는 악한 영입니다. 개인적으로 치열한 영적 싸움터는 생각과 마음과 입술입니다.

이러한 영적 전쟁가운데 있는 교회는 전신갑주로 무장해야 합니다. 그리고 실제적으로 영적전쟁을 행해야 하는데 깨어서 성령 안에서 성도들을 위해 중보기도 함으로, 그리고 복음을 전함을 적극적으로 영적싸움에 참여할 수 있습니다. 우는 사자처럼 삼킬 자를 찾는 상황에서 어떻게 승리하며 살 수 있을까요? 마귀와 반대정신으로 사십시오. 겸손하십시오. 하나 됨을 유지하십시오. 불평하지 말고 감사하십시오. 영적전쟁은 기도나 마귀를 꾸짖는 것만이 아니라 영적전쟁은 삶입니다. 그것은 성령께서 주관하시는 생각과 태도를 말합니다. 적극적으로는 십자가의 복음을 증거 하는 것이요, 사랑하고 축복하고 용서하는 것이 영적전쟁의 핵심입니다.

셋째, 교회는 하나님의 음성을 듣는 방법을 배우는 곳이다. 하나님의 음성을 들어야 살 수 있기 때문입니다. 하나님의 음성을 들으려면 모든 통로를 열고 들으려고 노력해야합니다. 하나님의 자녀가 하나님의 음성을 듣는 것은 생사 간에 문제입니다. 하나님과 1대 1로 친밀한 시간을 보내는 것은 말할 수 없는 보배입니다. 우리는 교회에서 하나님과의 친교 안으로 들어가는 법을 터득하여야만 합니다. 하나님을 예배하고 그를 경외함이 하나님을 알게 되는 첩경이요, 그로부터 듣게 되는 방법입니다. 하나님으로부터 듣기 위해서 우리는 하나님의 임재 안에서 시간을 보내야 합니다. 우리가 하나님과 시간을 보낼 때 하나님의 음성을 들을 수가 있습니다. 하나님과 시간을 보내는 것은 자신 안에 집중하는 것입니다. 우리가 그와의 관계를 즐거워 할 때에야 그의 친구가 될 수 있습니다.

하나님의 형상으로 지음 받은 우리를 향해 하나님께서 보시기에 좋았다고 하셨습니다. 우리가 가장 최상의 가치를 가지게 되는 때는 창조자 하나님과의 관계를 가지는 때입니다. 그러므로 우리의 하나님과의 관계성은 우리의 삶 중에서 가장 귀한 것이며, 우리가 그것에 최우선 권을 두어야만 합니다.

하나님과의 관계성을 가지는 방법에 대해서 어떤 방법을 택해야 하는가는 그렇게 중요하지 않습니다. 그냥 자녀들이 부모에게 오는 것처럼 자녀로서 하나님께로 오는 것입니다. 사무엘이 하나님의 법궤 옆에 왔을 때, 어떤 것을 바라거나 목적을 가지고 온 것이 아닙니다. 그냥 하나님의 임재 곁에 있는 것이 좋아서 온 것입니다.

하나님은 우리의 마음에 그를 두기만 하면, 언제 어느 곳에서나 우리와 함께 계십니다. 우리가 우리의 생각과 말과 행동에서 하나님과 하나 되기를 원해야만 합니다. 그는 우리 가운데 거하기를 원하십니다. 그는 임마누엘 하나님이십니다. 우리 안에 하나님이 거하시는 비밀의 장소가 있습니다. 우리가 영으로 그 비밀의 장소에서 그와 함께 연합하면, 우리는 그가 우리와 함께 하시는 증거를 볼 수 있을 것입니다. 자세한 것은 "하나님의 음성을 쉽게 듣는 법" 책을 참고하면 됩니다.

넷째, 성령님과 동행하는 방법을 배우는 곳이다. 성령님과 동행하는 삶을 살아가야 합니다. 하나님은 우리가 푸른 초장 맑은 시냇물 가에 있을 때에나, 사망의 음침한 골짜기를 지날 때에나 항상 함께 계십니다. 우리가 세상에서 어렵고 힘들고, 병들어 고통스러운 환난을 당하고 있다 할지라도 여전히 성령 하나님께서는 우리와 함께 동행 하십니다. 다윗은 "내가 사망의 음침한 골짜기로 다닐지라도 해를 두려워하지 않을 것은 주께서 나와 함께 하심이라."(시 23:4)고 노래했습니다.

교회는 기르치고 배우는 곳이 되어야 합니다. 절대로 스스로 하나님과 친밀한 크리스천으로 자랄 수가 없습니다. 교회에 나와서 진리를 깨닫고 배워야 합니다. 진리를 깨닫고 배우는 과정에서 하나님의 형상으로 변화되는 것입니다.

19장 교회는 성령께서 세우시고 친히 목회하는 곳

(딤전 3:15)"만일 내가 지체하면 너로 하여금 하나님의 집에서 어떻게 행하여야 할지를 알게 하려 함이니 이 집은 살아 계신 하나님의 교회요 진리의 기둥과 터니라."

교회는 성령께서 역사하시는 곳입니다. 교회는 성령의 역사로 시작되었습니다. 사도행전 1장과 2장에 현대교회가 탄생하는 과정이 나타납니다. 예수님은 부활하셔서 40일 동안 하나님나라의 일을 가르치신 후 승천하시기 전에 제자들에게 예루살렘을 떠나지 말고 장차 오실 성령을 기다리라고 분부하셨습니다. 예수님의 그 명령에 따라 120명의 제자가 한 곳에 모여서 마음을 같이하여 기도하였고 열흘째 되는 날 그들에게 성령이 임하셨습니다.

그때로부터 제자들은 예수님의 강력한 증인들이 되었습니다. "누구든지 주의 이름을 부르는 자는 구원을 얻으리라"(행2:21), "회개하여 각각 예수 그리스도의 이름으로 세례를 받고 죄사함을 얻으라"(행2:36), "너희가 십자가에 못박은 이 예수를 하나님이 주와 그리스도가 되게 하셨느니라"(행2:38), "이 패역한 세대에서 구원을 받으라."고 담대히 외쳤습니다(행2:40). 그 말을 듣고 삼천 명이나 회개하였습니다(행2:41). 그들은 너무나 기쁜 나머지 날마다 모여 하나님을 찬양하고 기도하고 모든 소유를 내어놓고 서로 통용하였습니다. 하나님께서는 구원받는 사람들을 날마다 더하셨습니다. 이것이 교회의 시작이었습니다.

그러다가 예루살렘에 있던 그들에게 박해가 심해지게 되었고 그들은 각 지방, 각국으로 흩어지게 되었습니다. 흩어진 그들은 두루 다니며 예수님을 전했습니다. 안디옥에서 그리스도인이라는 명칭이 생겨나게 되었습니다. 유대인이 아닌 다른 민족, 다른 국가들에서도 교회가 시작된 것입니다.

이렇듯 교회는 성령강림과 함께 시작되었습니다. 교회의 구약의 모형은 하나님께서 택하신 이스라엘이고, 교회의 토대는 예수 그리스도로 말미암은 하나님의 나라의 도래와 새로운 백성의 선택, 즉 그리스도의 구원사역이지만, 현재의 교회가 이 땅위에 세워지게 된 출발점은 바로 오순절의 성령강림인 것입니다. 다시 말해서 구약에 이스라엘을 통하여 하나님의 나라를 세우시고 하나님의 백성들로 하나님의 뜻을 드러내며 하나님의 사랑을 알게 하셨는데 메시야의 오심으로 이 땅의 하나님의 나라가 시작되고 예수님으로 말미암아 구원받은 성도들 즉 새로운 하나님의 백성들이 성령강림하신 후 교회를 이루고 예수님의 구원사역을 전하고 하나님의 뜻을 이루는 것입니다.

그래서 성령을 알지 못하고, 성령을 받지 않고는 교회가 무엇인지 이해할 수 없습니다. 성령의 역사 없이는 교회를 통하여 이루시기 바라는 주님의 그 어떠한 일도 감당할 수 없는 것입니다. 그랬기에 제자들은 예수님께서 당부하신대로 성령을 기다리다가 성령을 받고 난 이후에 본격적인 사역을 감당하기 시작했습니다. 성령 충만한 제자들이 그 충만히 역사하시는 성령의 인도를 따라 서로모여 감사와 찬양을 드리고 말씀도 전하고 기도도 하고 전도도하게 되었던 것입니다.

겉으로 드러난 모습을 보면 예수님의 제자들이 교회를 세운 것이지만, 그러나 그렇게 역사하신 분은 성령님이십니다. 성령께서 아니시면 제자들로는 할 수 없는 것입니다. 교회는 성령 충만한 공동체입니다. 즉 성령에 의해서 주관되고 인도되는 공동체인 것입니다. 성령의 강력한 임재와 능력과 영향력에 사로잡힌 공동체가 교회입니다. 교회는 이 땅의 어떤 조직이 아니고 하나님의 원하시던 것이기에 성령의 역사로 이루게 하시고 이끌게 하시는 것입니다.

첫째, 교회는 성령의 역사로 움직입니다. 성령께서 이끌어 가십니다. 성령의 다른 이름은 보혜사입니다. 보혜사란 돕는자, 교사, 위로자, 대언자, 인도자, 중보자의 뜻을 가지고 있습니다. 성령 보혜사의 도움이 없이는 기도든, 전도든 어려운 것이 아니라 불가능한 것입니다. 보혜사 성령님은 무엇을 돕고 무엇 때문에 성령의 능력을 주십니까? 하나님을 알게 하고 예수님의 구원을 전하는데, 하나님의 나라의 일을 감당하는데 돕고 능력주시는 것입니다. 예수의 이름으로 구원을 받고 성령의 능력으로 주의 일을 하는 사람을 성도라고 하고 성도가 모인 것이 교회인 것입니다.

이렇게 성령의 역사로 시작한 교회는 성령에 의해 운행되고 성령에 의해 성장하는 것입니다. 교회는 사람이 움직이는 것이 아니라 성령님이 일하시고, 능력 있는 사람이 이끌어 가는 것이 아니고, 성령님이 이끌어가는 것입니다.

예루살렘에서 시작한 초대 교회가 갈릴리와 온 유대지역 그리고 사마리아지역까지 전파되어 부흥하게 되었습니다. 이에 위기의식을 느낀 유대교는 유대교의 열심 청년당원인 사울을 전면에 내세워 조직적인 박해를 시작했습니다. 이러한 박해로 온 유대와 갈릴리와 사마리아교회가 큰 고난과 혼란을 겪었습니다. 그런데 행9:17에 보면 사울을 부르신 주님은 사울을 성령으로 충만하게 하셔서 하나님의 택한 그릇으로 삼으셨습니다.

본문의 "그리하여"라는 뜻은 사울이 바울이 되는 성령의 역사가 일어나게 된 결과라는 뜻입니다. 그렇게 성령 충만한 사울은 이방인에게 복음전하는 자로 일하게 하시고 그렇게 복음이 전해진 곳마다 교회가 생겨난 것입니다. 사울의 회심과 변화는 성령의 살아 역사하심의 증거이고 결과적으로 각 교회들이 살아 역사하시는 주님을 경외하면서 사는 자들의 수가 점점 많아지는 부흥을 이루게 됩니다. 박해로 인하여 없어질 것 같은 초대 교회가 오히려 놀라운 부흥이 일어났습니다.

이것은 바울이나 베드로가 한 일이 아닙니다. 성령께서 하신 일입니다. 교회를 사람이 주관한다고 생각하면 시험에 듭니다. 그러나 성령님이 주관하신다고 믿고, 성령님이 진행하신다고 생각하면 어떤 경우에도 시험에 들지 않습니다.

교회는 성령께서 이끌어 가십니다. 하나님의 뜻을 이루시고 하나님의 나라를 위하여 이끌어 가십니다. 주님께서 맡기신 복음 전파의 사명을 위하여 이끌어 가십니다. 그것은 전적으로 성령께서 하십니다. 우리는 단지 성령의 감동에 이끌려 순종하는 것입니다. 성령께서는 교회를 세우시고 세우신 교회의 일꾼들에게 충만한 은혜로 사명을 감당케 하십니다. 교회를 세우게 하신 성령은 교회 안에 머물러 계시면서, 마치 인체 안에 있는 영혼과 같이 교회의 영적 생명 원리로 작용하십니다.

둘째, 성도는 성령의 인도하심을 받아야합니다. 예수를 믿고 성령으로 세례를 받아 교회에서 하나님의 일하는 사람마다 성령 충만해야 합니다. 민11장에 보면 출애굽 시대에 모세를 도울 사람 70인을 선출했는데 그들에게 하나님의 신이 강림하셨습니다. 삿6:34 "여호와의 신이 기드온에게 강림하시니" 하나님의 일을 전적으로 헌신한 사람들에게 하나님의 신은 강림하였습니다. 오순절의 성령 강림도 주님 말씀에 순종하며 기도하던 제자들에게 오셨고 복음전파를 하도록 하였습니다. 성령께서 심령에 임하시면 찬송하고 기도하게 합니다. 영의 눈과 귀가 열리게 합니다. 전도하게 되고 봉사하게 합니다. 성령의 아름다운 열매를 맺게 합니다. 성령께서는 하나님의 일을 할 사람에게는 임하시어 감동을 시켰습니다. 하나님의 일은 사람의 생각과 능력으로는 안 되기 때문입니다.

우리는 하나님의 교회입니다. 주님의 마음이라는 이름으로 함께 모인 주님의 교회입니다. 그렇다면 우리교회를 세우시고 교회에 역사하셔서 하나님의 뜻을 이루어가게 하시는 성령님의 충만한 역사가 있어야합니다. 교회에 성령의 역사가 없으면 살아

있는 교회가 아닙니다. 교회에서 일하는 성도들이 성령에 사로잡히지 않으면 온전한 교회의 사명을 감당치 못하는 것입니다.

그러면 성령께서 충만하게 역사하여 무엇을 하시는 것입니까? 우리는 성령의 능력을 말하면 먼저 떠오르는 것이 방언 이적 환상 같은 것입니다. 성령이 하는 일이 숟가락을 휘게 하는 것이 아닙니다. 사람들의 관심을 끌기위해 무엇인가를 보여주는 것이 아닙니다. 또 성령께서 하는 일이 방언하고 예언하는 것으로 그치지 않습니다. 그 이상입니다. 방언하고 예언해서 결국에 구원에 이르게 하고 확신에 거하게 합니다. 만약에 구원의 역사가 일어나지 않는다면 어떤 방언이나 예언도 성령의 역사라 할 수 없습니다. 성령은 믿다가 낙심케 하는 영이 아닙니다. 다른 사람을 실족하게 하는 영이 아닙니다. 성령은 천하보다 귀한 한 생명 한 생명을 하나님의 품으로 돌아오게 하십니다. 성령은 혼자만의 외로운 구원이 아니라, 많은 무리들이 함께 믿음의 공동체를 이루어서 하나님을 섬기게 하십니다.

우리에게 성령께서 역사하시고 은사를 주시는 이유가 무엇입니까? 엡4:12 “이는 성도를 온전케 하며 봉사의 일을 하게하며 그리스도의 몸을 세우려 하심이라” 그리스도의 몸을 세우려 하심이라고 했는데 그리스도는 교회의 머리이고 교회는 그리스도의 몸입니다. 그러면 성령의 은사와 역사하심은 그리스도의 몸인 교회를 온전케 세우기 위한 것입니다. 성령 충만하시고 은사와 사명을 받으신 귀하는 성령의 인도하심 따라 교회를 온전히 세우시길 바랍니다.

성령을 좇아 산다는 것은 실제로 우리 안에 계신 그분의 지시에 의해 움직인다는 뜻입니다. 처음 자동차 운전을 배울 때 우리는 옆에 있는 강사의 지시에 따라 차에 오르고 내리며 액셀러레이터를 밟고, 브레이크를 밟습니다. 자동차 운전이야 면허증을 발급 받고 나면 스스로 운행하게 되겠지만, 그리스도인들은 새로 거듭난 사람이나 혹은 신앙생활을 오래 해 온 사람이나 여전히 안에 계신 성령을 따라 결정하고 움직여야 한다는 것입니다. 성령을 좇아 산다는 것은 우리의 능력이나 신앙적인 지식, 우리의 신앙적 열심 등과는 전혀 무관하게 성령께서 인도하시는 대로 따라 살아가는 것입니다. 성령은 우리의 인격을 변화시켜 하나님의 성품 곧 사랑 희락 화평 충성 온유 절제 인내 자비 양선의 열매를 맺게 하십니다. 그래서 그 성품으로 맡겨진 사명을 감당하라는 것입니다.

셋째, 성령께서 역사하지 않는 교회는 죽은 교회입니다. 얼마 전 올림픽이 끝났는데 영국은 올림픽을 세 번이나 개최했다고 자랑하고 자신들이 세계에 미친 문화적 영향을 화려하게 자랑했습니다. 그것만이 아니라 영국은 전 세계의 영적부흥을 주도하던 나라였습니다. 수 없이 많은 신앙의 영적 지도자들을 배출한 나라입니다. 그런 영국이 교회건물이 매각되어 나이트클럽으로 바뀌고 무슬림들을 위한 모스크로 바뀌고 있습니다. 또 노인들만 남아 예배하고 젊은이들은 샤머니즘에 빠져있고 무슬림과 불교가 번성하고 있습니다.

영국을 통해 전 세계는 영적인 능력을 공급받았습니다. 그랬던 영국이 오늘날 왜 이렇게 무기력하게 되었습니까? 그것은 교회에서 성령의 역사가 사라졌기 때문입니다. 더 이상 하나님의 뜻을 따르고 성령의 이끌림에 순종하지 않았기 때문입니다.

미국은 어떻습니까? 성령께서 역사하시는 대로 전 세계에 선교사를 파송하며 영적 지도자의 역할을 감당했을 때는 미국의 사상은 믿음위에 세워져있었습니다. 그러나 지금의 미국은 성령을 따라 순종하지도 않고, 인본주의 합리주의가 마치 기독교 신앙인 냥 주장하고 있습니다. 인권을 주장하고 사람을 위하고 사람을 귀히 여기면서 오히려 교회가 비어가고 있습니다. 이러한 미국신앙의 현실은 우리에게 큰 경종을 줍니다. 성령의 능력을 상실하고도 회복에 대한 열망이 없이 현실에 안주하면 그 결과가 어떻게 되는지를 잘 보여주는 예입니다.

초대 교회는 성령 공동체였습니다. 성령께서 교회를 세우시고 충만하게 풍성하게하시고 또 이끌어주시는 교회였습니다. 그래서 성령을 빼면 교회는 무너져 버립니다. 지금의 교회도 마찬가지입니다. 오늘날 교회는 조직이 잘 세워져 있어서 그 조직이 교회를 움직입니다. 그러나 성령이 계시지 않으면 그 교회는 아무리 조직이 잘 짜여 있어도 죽어있는 교회입니다.

넷째, 교회는 성령의 능력이 충만해야합니다. 교회가 성령의 능력이 충만하지 못하다면 성령의 능력을 회복해야합니다. 성령의 능력이 회복되려면 가장 먼저 우리의 심령을 더럽힌 죄의 문제를 해결해야합니다. 죄를 회개해야 심령이 깨끗하게 됩니다. 그래야 순결한 마음으로 하나님을 바라보고 하나님의 뜻을 깨닫게 되고 나 자신뿐만 아니라 사람의 음성이 아닌 하나님의 음성이 들리게 되는 것입니다.

우리가 갈급함으로 하나님 앞에 나아갈 때 성령께서 역사하시도록 나 자신의 소욕과 생각을 내려놓아야합니다. 우리교회에는 무엇에 의해 움직여가고 있습니까? 담임목사입니까? 당회입니까? 재직회입니까? 이것은 행정적이고 질서적인 것입니다. 우리교회는 성령께서 움직이는 교회가 되길 원합니다. 성령께서 말씀하시고 성령께서 감동을 주시고 성령께서 인도해주시고 성령께서 지켜주시고 또 성령의 능력만이 나타나는 교회가 되길 원합니다.

다섯째, 성령이 운영하는 교회가 되어야 한다. 예수께서는 시작부터 지금까지 성령으로 믿는 자들 가운데 와 계시며, 세우신 교회를 통하여 그리스도의 일을 계속하고 계십니다. 이 일을 위해 성령께서는 교회를 치는 감독을 세우시고 교회를 운영하며 부흥하게 하십니다. "너희는 자기를 위하여 또는 온 양떼를 위하여 삼가라 성령이 저들 가운데 너희로 감독자를 삼고 하나님이 자기 피로 사신 교회를 치게 하셨느니라"(행20:28). 그러므로 교회는 성령께서 세우시고 성령께서 운영하시고 성령께서 부흥하게 하십니다. 교회 부흥은 인간적인 수단이나 방법으로 되지 않습니다. 오직 성령께서 역사하셔야 부흥합니다.

그러려면 교회는 무엇보다 예수께서 하신 일을 계속해야 합니다. 성경은 교회가 그리스도의 몸이요, 그리스도는 교회의 머리라고 했습니다. "만물을 그 발아래 복종하게 하시고 그를 만물 위에 교회의 머리로 주셨느니라. 교회는 그의 몸이니 만물 안에서 만물을 충만케 하시는 자의 충만이니라"(엡1:22~23).

교회가 예수의 몸이라면 몸의 기능을 해야 합니다. 한마디로 예수께서 공생애 동안 하신 일을 오늘날 교회도 똑같이 해야 한다는 말입니다. 예수께서 공생애 동안 주로 무슨 일을 하셨습니까? 병을 고치고, 귀신을 쫓아내고, 능력으로 이적과 표적을 행하고, 기도하며 복음을 전하고, 가난한 자를 돌보는 일을 하셨습니다. 어느 것 하나 성령께서 함께하지 않은 일이 없었습니다. 그래서 요단강에서 침례를 받고 성령께서 임하신 이후에는 목수로 있을 때와는 전혀 다른 삶을 사셨습니다.

오늘날 교회가 예수의 몸이라면 예수의 공생애를 그대로 이 시대에 재현해야 합니다. 오늘날 많은 사람이 건강한 교회를 찾습니다. 건강한 교회는 무엇보다 예수께서 하신 일을 그대로 하는 교회입니다. 그런데 안타깝게도 많은 교회가 예수께서 하신 일을 하려 하지 않습니다. 특히 병 고치는 일, 귀신 쫓는 일, 이적과 표적을 행하는 일을 하려 하지 않습니다. 믿음이 없어 그런 능력이 나타나지 않는데도 안타까워하지 않고, 오히려 성령 역사를 깎아내리고 왜곡-축소해 자신들의 무능을 합리화하려 합니다. 오늘날 교회가 초대교회같이 부흥하려면 오직 성령을 의지하여 예수의 생애를 재현하는 방법밖에는 없습니다.

20장 교회는 하늘의 양식 만나를 먹는 곳

(벧전 2:2)"갓난 아기들 같이 순전하고 신령한 젖을 사모하라 이는 그로 말미암아 너희로 구원에 이르도록 자라게 하려 함이라"

양식에는 육의 양식(일반양식)과 영의 양식(특수양식, 생명의 진리양식)이 있는데 교회는 영의 양식을 먹는 곳입니다. 영의 양식은 성령으로 먹어야 합니다. 육체로는 영의 양식을 먹을 수가 없기 때문입니다. 성경은 성령으로 깨달아서 심비에 새겨야 합니다. 육의 양식 마음의 양식은 식당이나 학교나 도서관에서 먹지만, 영의 양식은 교회와 성령으로 세상 현실에서 먹습니다. 영의 양식을 먹으면 구속은혜를 입고, 중생한 참 사람이 자라고 강하게 되고, 온전케 되고, 바른 판단력, 평가력이 생겨 정평, 정가, 정모, 정질을 깨달아 정행하게 되고 세상과 죄와, 마귀와 자기를 이기게 됩니다. 또한 이 양식을 먹으면 새 힘 얻어 기도도, 심방도, 전도도, 봉사도, 치유도, 구원도 잘 이르게 됩니다. 교회 외에는 세상 어디에도 나의 영생, 영복문제를 해결해 줄 영의 양식을 주는 곳이 없습니다. 그래서 교회는 참된 양식, 참된 음료가 준비된 혼인잔치 집, 왕의 잔칫집, 큰 잔칫집(마 21:1, 눅 14:16)이라 하였습니다. 하나님은 참된 양식, 음료를 준비해놓고 기다리십니다. 하나님의 양식을 천국의 시민권이 있는 사람만 먹을 수가 있습니다.

예수를 믿고 성령으로 거듭난 크리스천들은 천국 시민권을 가지고 있는 것입니다. 이제 하늘의 양식이 말씀을 먹어야 삽니다. 빌립보서 3장 20절로 21절을 읽어 보십시다. "그러나 우리의 시민권은 하늘에 있는지라 거기로부터 구원하는 자 곧 주 예수 그리스도를 기다리노니 그는 만물을 자기에게 복종하게 하실 수 있는 자의 역사로 우리의 낮은 몸을 자기 영광의 몸의 형체와 같이 변하게 하시리라" 예수님이 얼마나 영광스러운 몸을 가졌습니까? 죽지 않고 늙지 아니하고 약하지 아니하고 영원히 사는 한없이 영광스러운 몸을 가지고 있는데 예수님께서 하늘 시민권을 가진 우리들을 데리고 오실 때는 우리도 그와 같이 변화시켜 주겠다는 것입니다. 그러니 굉장한 변화가 아닙니까? 영생을 얻는 것만 해도 기가 막히고 좋고 하늘나라에 집이 있는 것만해도 감사한 일인데 육신의 장막집 벗어버리면 주님께서 주님이 갖고 계신 영광스러운 몸으로 허락해 주시는 것입니다. 그러므로 장차 우리에게 나타날 영광을 우리는 감히 상상도 못하고 있는 것입니다. 그러나 우리가 예수님의 자손들이 되고 천국 시민권을 얻기 위해서는 물과 성령으로 거듭나야 되는 것입니다. 니고데모가 밤에 예수님께 찾아와서 당신은 하나님께로부터 온 선생이니 하나님께로 오지 않고는 이런 일을 할 수가 없나이다 하니까? 예수님이 즉시 "대답히시기를 내가 네게 말하노니 사람이 물과 성령으로 거듭나지 아니하면 하늘나라를 볼 수 없느니라" 했습니다.

니고데모가 깜짝 놀랐습니다. 이렇게 나이가 많은 늙은이가 어떻게 거듭날 수 있습니까? 어머니 뱃속에서 들어가서 다시 날 수 있습니까? 세상 사람들은 거듭나는 것이 무엇인지 알지 못합니다. 우리가 어떻게 거듭납니까? 어떻게 물과 성령으로 거듭납니까? 예수를 믿음으로 물과 성령으로 거듭나게 되는 것입니다. 주님이 말씀하기를 "모세가 광야에서 뱀을 든것 같이 인자도 들려야 하리니 이는 누구든지 저를 믿는 자마다 멸망하지 않고 영생을 얻게 하려 함이라." 옛사람이 그리스도를 통해서 십자가에 못 박혀 버린 것입니다. 예수를 믿는다는 것은 인간(아담=육의 사람)이 예수님을 통해서 십자가에 못 박혀 죽여 버리고 장사지내 버리고 부활할 때 그리스도를 통해서 새롭게 부활하는 것입니다. 이와 같은 역사를 성령께서 역사해 주는 것입니다. 성령께서 우리에게 인을 치시고 하나님의 자녀 된 천국의 시민권을 주시는 것입니다.

고린도후서 1장 22절에 "그가 또한 우리에게 인치시고 보증으로 우리 마음에 성령을 주셨느니라." 우리들의 마음속에 성령이 같이 계시기 때문에 예수님을 주라고 말씀하는 것입니다. 그냥 예수님을 주라고 부르지 못합니다. 베드로가 "주는 그리스도시오. 살아계신 하나님의 아들이시니이다." 할 때 예수님이 "바요나 시몬아 네가 복이 있다 이를 네게 알리게 하는 것은 네 혈육이 아니라 하늘에 계신 아버지께서 하셨다." 하늘에 계신 아버지가 성령을 주셔서 마음 문을 열어 주셨기 때문에 예수님을 바라보고 우리 주라고 시인할 수가 있는 것입니다. 성령의 감화 감동이 없이는 하늘나라 일은 전혀 알 수가 없어요. 육으로 난 것은 육이요, 성령으로 난 것은 영입니다. 성령의 감동이 있어야 눈이 열리고 예수님을 구주로 믿을 수가 있는 것입니다.

성령을 통해서 감동을 받고 예수님이 날 위하여 죽으시고 날 위하여 장사지내시고 날 위하여 부활한 것을 믿게 되면 그 믿음을 통해서 여러분은 변화를 받기 시작하는 것입니다. 옛사람을 청산하고 새사람으로 변화되고 성령이 인을 쳐서 마음속에 주인으로 들어오게 되는 것입니다.

에베소서 1장 13절로 14절 "그 안에서 너희도 진리의 말씀 곧 너희의 구원의 복음을 듣고 그 안에서 또한 믿어 약속의 성령으로 인치심을 받았으니 이는 우리 기업의 보증이 되사 그 얻으신 것을 속량하시고 그의 영광을 찬송하게 하려 하심이라" 우리가 구원의 복음을 듣고 믿을 때 성령이 들어와서 하늘나라 시민권으로 인을 탁 쳐주시는 것입니다. 필자가 영안으로 책을 읽는 분들의 얼굴을 보니까 전부 하늘나라 인 맞은 사람들입니다. 무엇이 다르냐. 소망이 있으니까 얼굴에 광채가 나요. 모두다 얼굴에 광채가 나요. 광채가 나는 것을 보니 모두 천국의 시민권이 있는 것이 분명합니다.

우리는 이제 성령으로 거듭나서 하늘나라 시민권을 가진 사람은 세상 밥만 먹고 살지 못합니다. 무얼 먹고 사느냐. 하나님 말씀을 먹고 살아야 되는 것입니다. 마태복음 4장 4절에 "예수님께서 사람이 떡으로만 살 것이 아니요 하나님의 입으로부터 나오는 모든 말씀으로 살 것이라" 우리 하늘나라 시민권을 가진 사람은 하늘나라 말씀을 늘 읽어서 하나님과 교통을 해야 되는 것입니다.

말씀을 안 읽으면 영적으로 힘이 없고 능력이 없어지는 것입니다. 세상에서도 밥을 많이 먹어야 힘이 생겨요. 필자는 이것을 너무나 잘 압니다. 매주 집회할 때 영의약식과 육의 양식을 든든하게 먹어야 영력이 나오는 것입니다. 하나님 말씀도 마찬가지입니다. 말씀을 늘 읽고 묵상하고 먹으면 영적으로 힘이 생겨서 기도도 잘 나오고, 찬송도 잘나오고, 믿음도 튼튼히 믿을 수 있는데, 말씀을 잘 먹지 아니하면 신앙이 약해지고, 기도가 안 나오고, 찬송도 안 나오고, 믿음이 약해져서 흔들거리게 되는 것입니다. 그러므로 우리가 말씀의 양식을 꼭 영적으로 거듭난 천국 시민은 먹어야 되는 것입니다.

베드로전서 1장 24절로 25절에 "모든 육체는 풀과 같고 그 모든 영광은 풀의 꽃과 같으니 풀은 마르고 꽃은 떨어지되 오직 주의 말씀은 세세토록 있도다." 우리가 먹는 하나님 말씀은 세세토록 있는 말씀인 것입니다. 우리 속에 들어와서 영원한 생명을 주는 말씀이신 것입니다. 주의 말씀이 들어오면 말씀이 내 발에 등이 되고 내 길에 빛이 되는 것입니다. 말씀이 우리에게 지혜와 총명과 모략과 재능과 지식이 되는 것입니다. 이 세계를 움직인 위대한 사람들이 학교를 정식으로 공부 못한 사람이 너무나 많습니다. 그러나 하나님 말씀을 먹고 입고 묵상하고 말씀을 통하여 세계를 움직이는 위대한 인물들이 된 것입니다.

그러므로 첫째도 말씀, 둘째도 말씀, 셋째도 말씀을 읽고 묵상을 하십시오. 그냥 읽고 넘어 가면은 소화불량증이 걸리는 것입니다. 말씀을 읽고 묵상을 하십시오. 이 말씀이 무슨 의미가 있느냐. 나와 무슨 관계가 있느냐. 항상 그것을 생각하며 말씀을 읽으십시오. 이 말씀은 하나님이 내게 주신 말씀이기 때문에 내가 무슨 말씀을 깨달아야 되겠는 가 관심을 가지고 하나님 말씀을 읽으면 말씀이 우리들에게 영양분이 되는 것입니다. 우리는 하나님의 자녀가 되면 하나님의 다스림을 받게 되는 것입니다. 하늘의 시민권을 가졌기 때문에 하나님의 다스림 받지요. 세상 시민권인 마귀의 시민권을 가지면 마귀가 다스리지요. 내 백성이니 내가 다스리려고 하는데. 예수 믿고 하늘나라 시민권을 얻으면 하나님이 다스리는 것입니다. 하나님께서 우리들을 다스리는데 우리가 무엇을 해야 하나님의 다스림을 받느냐. 무슨 법을 지켜서 구원받는 것은 아닙니다.

구원은 예수 믿음으로 받습니다. 구원에 다른 조건을 붙이면 다 이단이요, 엉터리인 것입니다. 누구든지 저를 믿으면 멸망하지 않고 영생을 얻습니다. 그러나 믿는 자는 하나님의 법을 즐거워하고 하나님의 법을 따라야 하는 것입니다. 우리가 성경에 보면 시편 1편 1절로 4절에 "복 있는 사람은 악인들의 꾀를 따르지 아니하며 죄인들의 길에 서지 아니하며 오만한 자들의 자리에 앉지 아니하고 오직 여호와의 율법을 즐거워하여 그의 율법을 주야로 묵상하는 도다. 그는 시냇가에 심은 나무가 철을 따라 열매를 맺으며 그 잎사귀가 마르지 아니함 같으니 그가 하는 모든 일이 다 형통하리로다."라고 말씀 했습니다.

악한 꾀는 마귀를 따라가는 것이 악한 꾀인 것입니다. 마귀가 시키는 대로 따라서 가는 사람은 악한 자를 따라가기 때문에 악한 꾀를 좇는 사람이고 죄인의 길에 서지 않는다는 것은 법을 알아야 법을 어기면 죄인이 되는 것입니다. 법을 모르면 자기가 죄인인 줄 몰라요. 십계명을 하나님이 주신 것은 무엇이 죄인가를 알려 주기 위해서 주신 것입니다. 그렇기 때문에 우리는 예수 믿는 사람으로써 하나님의 십계명을 늘 마음속에 간직하고 내가 무슨 죄를 지었는지 알아야 회개를 하지요. 회개하라 그랬는데 무슨 죄를 지었기에 내가 회개를 해야 되느냐. 모를 때가 많습니다.

그러나 십계명을 비춰 볼 때 내가 잘못된 것을 깨닫고 회개하게 되는 것입니다. "나 외에는 다른 신들을 네게 두지 말라. / 너를 위하여 새긴 우상을 만들지 말라. / 네 하나님 여호와의 이름을 망령되게 부르지 말라. / 안식일을 기억하여 거룩하게 지키라. / 네 부모를 공경하라. / 살인하지 말라. / 간음하지 말라. / 도둑질하지 말라. / 네 이웃에 대하여 거짓 증거하지 말라. / 네 이웃의 집을 탐내지 말라." 이 십계명은 구원받는 조건은 아닙니다. 이를 지켜야 구원받는 것은 아닙니다. 구원은 예수님 믿어야 구원받는 것입니다.

그러나 구원 받았기 때문에 하나님의 법을 지키는 것은 하늘나라 시민이 되었기 때문에 하늘나라의 법을 지키는 것입니다. 십계명을 잘 지키면 하나님이 기뻐하시고 형통하게 하는 축복을 주시는 것입니다. 십계명을 어기면 형통의 복을 빼앗기고 하나님의 꾸짖음을 듣게 되는 것입니다. 하나님의 다스림을 받기 위해서 십계명을 우리가 지키게 되고 그 다음 성수 주일하게 되는 것입니다. 주일날 사람들은 세상 재미를 위해서 놀러 나갈 때 우리는 교회 나와서 예배드리는 것입니다.

하나님의 자녀들은 엿새 동안 일하고 이레째 하나님을 예배하라고 말했기 때문에 예수님이 죽었다가 부활한 날을 우리는 주일날을 성수 주일하는 것입니다. 이것은 하늘나라 시민권을 가지면 이것 안하면 구원을 못 받는 것은 아닙니다만, 이것을 지켜야 구원을 지킬 수가 있는 것입니다. 그리고 십일조는 왜 하느냐. 십일조는 하나님께서 하나님의 나라 자녀들이 반드시 해야될 의무로 하는 것입니다. 하나님께서 주시는 것으로 살기 때문에 드리는 것입니다. 하늘나라 시민권을 가진 사람은 하늘나라에 물질을 쌓는 것과 같은 것입니다. 십일조를 내는 크리스천은 모든 소유가 하나님의 소유라고 인정한 것이 되므로 하나님이 복을 주시는 것입니다(말라기3:10). 괜히 하나님께서 헌금 내라고 뀌려고 그렇게 말씀하신다고 마귀가 와서 그런 말 합니다.

저 하늘이 무너지고 이 땅이 꺼져도 하나님 말씀은 일점일획도 변화가 없습니다. 기적이 일어나는 것입니다. 요한복음 14장 21절에 “나의 계명을 지키는 자라야 나를 사랑하는 자니 나를 사랑하는 자는 내 아버지께 사랑을 받을 것이요 나도 그를 사랑하여 그에게 나를 나타내리라” 우리가 하나님을 사랑하면 하나님께서 우리를 사랑하시고 예수님이 나타내겠다는 것입니다. 친히 우리에게 영혼이 잘됨같이 범사에 잘되며 강건하고 생명을 얻되 풍성하게 얻는 형통으로 나타나겠다는 것입니다. 성경을 항상 묵상하십시오. 성령께서 말씀을 통하여 깨달음을 주시고 믿음을 주시고 그 믿음대로 기도하면 기적이 일어나는 것입니다. 요한복음 15장에 "너희가 내 안에 거하고 내 말이 너희 안에 거하면 무엇이든지 원하는 대로 구하라 그리하면 이루리라" 할 수 있거든이 무슨 말이냐 믿는 자에게는 능치 못하심이 없느니라. 예수님이 진실하게 하신 말씀인 것입니다. 그 말씀은 오늘날도 살아있는 것입니다. 우리가 하늘나라 시민권을 가졌기 때문에 그와 같이 하나님의 믿음을 가지고 역사할 수 있고 하나님의 시민권을 가졌기 때문에 하나님이 오늘날 우리들을 성령으로 보호해 주시는 것입니다.

이사야 43장 1절로 3절을 읽어 보십시다. "너는 두려워하지 말라 내가 너를 구속하였고 내가 너를 지명하여 불렀나니 너는 내 것이라 네가 물 가운데로 지날 때에 내가 너와 함께 할 것이라 강을 건널 때에 물이 너를 침몰하지 못할 것이며 네가 불 가운데로 지날 때에 타지도 아니할 것이요 불꽃이 너를 사르지도 못하리니 대저 나는 여호와 네 하나님이요 이스라엘의 거룩한 이요 네 구원자임이라" 우리가 자원해서 하나님을 믿은 것이 아니라, 하나님이 뭐라고 말씀하셨습니까? 내가 너를 구속하였다. 우리가 하나님을 찾은 것이 아니라 하나님이 값주고 샀다는 것입니다. 내가 너를 지명하여 불렀다. 교회 온 것은 자신이 온 것 같지만 하나님이 불러서 온 것입니다.

그리고 성경은 말씀하기를 너는 누구의 것이라고요? 너는 내 것이다. 하늘과 땅을 지으신 하나님이 내 것이라고 했는데 우리를 빼기면 하나님이 힘이 없는 것이지 뭐 별 도리 있나요? 마귀가 세상 사람들을 내 것이라고 해서 끌어가는 것처럼, 하나님은 우리들을 내 것이라고 해서 보호하시기 때문에 우리가 두려워할 필요가 없는 것입니다. 이 사실을 믿고 마음에 평안을 얻게 되시기를 주님의 이름으로 소원합니다.

우리가 하늘나라의 시민이 되었기 때문에 하나님은 창조주요 왕이요, 아버지시고 전지전능하시므로 못할 일이 없고 아버지시므로 자비와 긍휼이 끝이 없습니다. 성경전체를 다 여러분 축약을 하라면 하나님은 전지전능 무소부재하신 하나님이라는 것하고 하나님은 우리 아버지가 되셔서 사랑과 자비를 베푸신다. 이 두 구절이 성경 전체 의미인 것입니다. 무슨 말을 해도 하나님이 전지전능 무소한 것을 보여주는 것이 성경이요. 그 다음은 아버지 하나님을 우리에게 가르쳐 주는 것입니다. 이 하나님께서 우리를 아버지의 사랑으로 돌보아 주시는데 왜 우리가 담대해야 되느냐면 하나님이 돌보시는데 못할 일이 없습니다. 하나님이 못하면 절단강산이지요. 하나님이 못하시는 일이 있습니까? 하나님께 모든 일이 가능합니다. 그 하나님은 우리 아버지라고요. 우리를 사랑하신다구요. 그렇기 때문에 우리는 하나님을 의지하고 믿을 수가 있는 것입니다. 이사야 43장 15절에 "나는 여호와 니희의 기룩한 이요 이스라엘의 창조자요 너히의 왕이니라." 참 좋은 말씀입니다. 이런 좋은 성경 말씀은 여러분이 적어서 벽에 붙여놓고 들어오며 나가며 읽는 것이 참 좋습니다. 주야로 묵상하면 소망과 꿈과 힘이 생겨납니다.

21장 교회는 하나님과 대면하는 훈련하는 곳

(막 11:15-18)"그들이 예루살렘에 들어가니라. 예수께서 성전에 들어가사, 성전 안에서 매매하는 자들을 내쫓으시며 돈 바꾸는 자들의 상과 비둘기파는 자들의 의자를 둘러엎으시며 아무나 물건을 가지고 성전 안으로 지나다님을 허락하지 아니하시고 이에 가르쳐 이르시되 기록된 바 내 집은 만민이 기도하는 집이라 칭함을 받으리라고 하지 아니하였느냐 너희는 강도의 소굴을 만들었도다 하시매 대제사장들과 서기관들이 듣고 예수를 어떻게 죽일까 하고 꾀하니 이는 무리가 다 그의 교훈을 놀랍게 여기므로 그를 두려워함일러라."

교회는 하나님을 만나 뵈옵는 곳이고, 하나님의 음성을 듣는 곳이고, 그리고 하나님께 음성으로 아뢰는 곳입니다. 구약으로 말하면 지성소 생활을 하는 곳입니다. 지성소 생활이란, 성전 생활이니, 구약의 지성소, 성소, 성전바깥 뜰 생활을 말합니다. 지성소 생활은 하나님과 단둘만의 사귐의 생활입니다. 지금은 마음 안에 성전을 말합니다. 마음 안에 성전에서 하나님과 은밀한 대화를 할 수가 있습니다. 성소생활은 성도끼리의 사귐의 생활입니다. 지금은 교회 예배당을 말하는 것입니다. 성전바깥 뜰 생활은 이방사람과의 사귐의 생활을 말합니다. 반드시 기도는 자신 안에 성전에서 성령으로 해야 합니다. 성도들이 영적으로 바뀌지 않는 것은 기도를 샤머니즘적으로 하기 때문입니다. 기도를 진단하여 바꾸어야 영의사람으로 지성소(지금은 마음 안의 성전)에 계신 하나님과 통하는 성도가 됩니다. 그렇기 때문에 기도를 자기의 생각이나 머리나 입술로 하면 영이신 하나님과 상관이 없기 때문에 기도는 많이 하는데 변화된 삶을 살지를 못하여 세상 사람들에게 손가락질을 당하는 것입니다. 기도를 자신 안에 성전에서 성령으로 해야 합니다. 예수님은 "내 집은 만민이 기도하는 집이다" 하신대로 하나님과 친밀한 기도의 사귐이 있어야 합니다. 이 영적인 사귐을 기초로 "우리가 보고 들은 바를 너희에게 전함은 우리로 사귐이 있게 함이라"(요일 1:3)같이 진리 영감의 사람으로 변한 사람과 교제해야 합니다. 이와 같은 하나님과 인간의 사귐은 예수님의 십자가 화목제물 되심으로 이루어졌으니, 이 사귐 사이에는 반드시 예수 그리스도의 십자가가 있어야 합니다. 십자가란 자신이 죽은 것입니다. 십자가가 권능이 있는 것은 육의 사람이 죽었기 때문입니다. 육의 사람(아담)이 죽는 십자가 사건이 없는 교제는 있을 수가 없고 있다면 이것은 성도의 교제가 아닙니다. 세상 사람들과 교제입니다. 교회는 십자가를 통한 사귐으로 사랑과 화평이 충만해야 합니다.

교회는 예수를 믿은 만민이 기도하는 곳입니다. 특별히 위기에 때에 하나님 앞에 나아가서 음성으로 하나님께 아뢰는 곳이 교회입니다. 사무엘의 어미니 한나가 그랬고 히스기야 왕이 그랬고 길선주 목사님이 그랬습니다. 교회는 이 세상의 모든 사람들이 나와서 무릎을 꿇고 하나님을 만나 뵈옵는 곳이고, 하나님의 음성을 듣고 하나님께 음성으로 아뢰는 곳입니다. 그래서 예수님께서 이렇게 말씀하셨습니다. "내 집은 만민의 기도하는 집이라." 선지자 이사야도 오래 전에 같은 말을 했습니다. "이는 내 집은 만민의 기도하는 집이라 일컬음이 될 것임이라"(사 56:7). 오늘 아침 교회는 "만민의 기도하는 집"이라는 제목으로 설교를 하겠습니다.

첫째, 교회는 기도하는 집입니다. 예수님께서는 사업적인 관심 때문에 성전에 모여든 사람들을 보시고 무섭게 책망을 하셨습니다. 그리고 그들의 상을 뒤집어 엎으셨습니다. 그들이 반드시 악한 사람들은 아니었을 것입니다. 먼 곳으로부터 예루살렘 성전에 올라와서 제사 드리는 사람들의 편의를 보아주었던 사람들이었습니다. 아마 제사에 사용되는 짐승들을 그들에게 팔았을 때 너무 비싸게 팔아서 폭리를 챙긴 사람들도 아니었을 것입니다. 적당하게 이익을 챙겼을 것입니다. 그런데 그런 사업적 목적으로 성전에 들어와 있는 사람들이 많았습니다. 그래서 예수님께서는 그들의 상을 뒤집어 엎으셨습니다. "예수께서 성전에 들어가사 성전 안에서 매매하는 자들을 내쫓으시며 돈 바꾸는 자들의 상과 비둘기 파는 자들의 의자를 둘러엎으시며 아무나 물건을 가지고 성전 안으로 지나다님을 허락하지 아니하시고 이에 가르쳐 이르시되 기록된바 내 집은 만민이 기도하는 집이라 칭함을 받으리라고 하지 아니하였느냐 너희는 강도의 소굴을 만들었도다"(막11:15-17).

교회는 물론 사람들이 모여서 교제하는 장소이기도 하지만 우선적으로는 하나님께 예배드리는 장소이고, 하나님께 기도드리는 장소이고 신앙훈련을 하는 장소입니다. 예수를 믿고 교회에 들어오면 반드시 기도하는 방법을 훈련받아야 합니다. 세상에서 기도하는 방법과 교회에서 기도하는 방법이 다르기 때문입니다. 사실 죄인들이 하나님께로 가까이 나아가서 음성으로 아뢰면서 기도하는 것은 구약시대에는 거의 불가능한 일이었습니다. 특별한 사람들과 대제사장들에게만 그것도 제한된 시간에만 주어졌던 특권이었습니다. 그런데 성자 예수님과 성령께서 세상에 오셔서 그 일을 가능하게 만드셨습니다. 성자 예수님께서 오셔서 십자가에 달려서 죽으시므로 하나님과 죄인들 사이를 가로 막았던 성전의 휘장을 찢어 없애셨습니다. "때가 제 육시쯤 되어 해가 빛을 잃고 온 땅에 어둠이 임하여 제구 시까지 계속하며 성소의 휘장이 한가운데가 찢어지더라"(눅23:44,45). "그러므로 형제들아 우리가 예수의 피를 힘입어 성소에 들어갈 담력을 얻었나니 그 길은 우리를 위하여 휘장 가운데로 열어 놓으신 새로운 살 길이요 휘장은 곧 그의 육체니라"(히10:19,20). 그리고 성령께서 오셔서 죄인들의 마음을 감화 감동시키므로 영혼 깊은 곳으로부터 하나님을 향해서 '아바 아버지'라고 부르짖게 만들어주셨습니다. "너희는 양자의 영을 받았으므로 아바 아버지라 부르짖느니라 성령이 친히 우리의 영과 더불어 우리가 하나님의 자녀인 것을 증언하시나니"(롬8:15,16).

그러므로 예수님의 피와 성령님의 도우심을 믿고 의지하는 사람은 누구나 성소에 들어갈 수가 있게 되었고 누구나 하나님을 향해서 '아바 아버지' 라고 부르짖을 수 있게 되었습니다. 교회는 기도하는 집입니다. 그래서 예루살렘 교회는 그 시작부터 기도하는 일에 전혀 힘을 썼다고 했습니다. "마음을 같이 하여 전혀 기도에 힘쓰니라"(행1:14). "저희가 사도의 가르침을 받아 서로 교제하며 떡을 떼며 기도하기를 전혀 힘쓰니라"(행2:42). 행복한 신자는 주의 집에 거하는 신자이고 기도의 대로가 활짝 열려있는 신자라고 시편 84편이 기록했습니다. "주의 집에 거하는 자가 복이 있나이다… 그 마음에 시온의 대로가 있는 자는 복이 있나이다"(시84:4,5). 그 마음에 시온의 대로가 있다는 말은 그 마음에 하나님께 기도드리는 기도의 길이 활짝 열려 있다는 말이라고 생각합니다. "그 마음에 시온의 대로가 있는 자는 복이 있나이다"(시84:5).

그런데 만약 예수님을 믿고 따르는 신자들이 교회에 모일 때 기도하는 일에는 별 관심이 없고 다른 일에 관심을 가진다면 그런 신자들은 올바른 신자들도 아니고 행복한 신자들도 아닐 것입니다. 처음에는 기도의 길이 넓게 열려 있다가 시간에 지나감에 따라서 기도의 길이 막히는 경우가 있습니다. 처음에는 새벽기도를 열심히 하다가 시간에 지나감에 따라서 새벽기도를 아예 중단하고 마는 경우도 있습니다. 처음에는 기도하면 마음에 뜨거움이 있고 가슴에 눈물이 흐르다가 시간이 지나감에 따라 아무런 느낌이나 감동이 사라져 버리는 불행한 경우도 있습니다. 아예 처음부터 기도의 길이 놓여 지지도 않고 기도의 길이 열리지도 않은 불행한 신자들의 경우도 있습니다. 기도를 유창하게 하여야 한다는 말은 아닙니다. 눅18장에 보면 오히려 기도를 유창하게 했던 바리새인의 기도는 하나님께서 듣지 않으셨고 기도를 떠듬떠듬 회개하면서 했던 세리의 기도는 하나님께서 들으셨다고 했습니다. 기도가 막힌 신자는 불행한 신자이고 기도가 열린 신자는 행복한 신자입니다. 기도에 정성을 기울이는 신자는 행복한 신자이고 기도에 정성을 기울이지 않는 신자는 불행한 신자입니다.

그런데 죄인들이 나와서 기도하는 곳이 바로 교회입니다. 하나님은 아무데서나 하는 기도를 들으시는 것이 아니고 하나님께서 자기 이름을 두시려고 택하신 장소인 교회에서 하는 기도를 들으신다고 말씀했습니다. "이곳에서 하는 기도에 내가 눈을 들고 귀를 기울이리니 이는 내가 이미 이 전을 택하고 거룩하게 하여 내 이름으로 여기 영영히 있게 하였음이라 내 눈과 내 마음이 항상 여기 있으리라"(대하7:15,16). 예루살렘 교회에 120명이 모여서 기도했을 때 하나님께서 응답하셨고 안디옥 교회에 여러 종류의 사람들이 모여서 금식하며 기도했을 때 하나님께서 응답하셨습니다. 교회는 기도하는 집입니다. 기도하는 신자는 행복한 신자입니다.

둘째, 교회는 만민의 기도하는 집입니다. "내 집은 만민의 기도하는 집이라." 교회는 만민의 기도하는 집니다. 교회는 이스라엘 사람들이나 백인들의 전유물이 아닙니다. 교회는 만민의 집입니다. '만민'이 기도하는 집이고 '모든 사람'이 기도하는 집입니다. 교회는 누구나 나와서 기도할 수 있는 곳입니다. 믿음이 많은 사람도 나올 수 있고 믿음이 적은 사람도 나올 수 있는 곳입니다. 강변교회 교인들이 나올 수도 있고 다른 교회 교인들이 나올 수도 있는 곳입니다. 원영자 권사님 같이 오래된 신자도 나와서 기도할 수 있고, 새로 나온 신자도 나와서 기도할 수 있습니다. 다른 교회 교인들도 나와서 기도할 수 있는 곳입니다. 눅18장에 보면 바리새인도 성전에 올라왔고 세리도 성전에 올라왔다고 했습니다. 마21장에 보면 소경과 저는 자들도 성전에 올라왔다고 했습니다. 교회는 누구나 나올 수 있는 '만민의' 기도하는 집입니다. 흑인은 올 수 없고 백인만 올 수 있는 교회는 올바른 교회가 아닙니다. 경상도 사람도 전라도 사람도 강원도 사람도 충청도 사람도 가난한 사람도 부유한 사람도 누구나 나와서 기도할 수 있는 만민의 기도하는 집입니다.

셋째, 교회는 성령의 도우심으로 예수님의 이름으로 아버지께 기도하는 집입니다. 기도를 바로 하려면 성령의 도우심을 받아야 합니다. 성령으로 기도해야 합니다. 성령으로 기도하는 것은 자신의 생각이나 말이나 욕심을 버리고 성령의 감화와 감동을 받아야 합니다. 성령의 도우심과 감화 감동을 간절히 사모하여야 합니다. 그래서 사도 바울은 이렇게 고백했습니다. "이와 같이 성령도 우리 연약함을 도우시나니 우리가 마땅히 빌 바를 알지 못하나 오직 성령이 말할 수 없는 탄식으로 우리를 위하여 친히 간구하시느니라."(롬8:26). 자기 생각대로 기도하면 욕심에 이끌려서 기도하게 되고 중언부언하면서 기도하게 되고 사람들 들으라는 연설 같은 기도를 하게 됩니다. 성령의 도우심을 구하면서 기도하면 사람의 뜻 보다는 하나님의 뜻에 따라서 기도하게 되고, 물 흐르듯 자연스럽게 기도하게 되고, 대화하는 것 같은 자연스러운 기도를 하게 되고, 입의 말이 아닌 가슴의 말로 간절하고 뜨겁게 기도하게 됩니다.

그리고 기도를 바로 하려면 예수님의 이름으로 기도하여야 합니다. “내 이름으로 아버지께 무엇을 구하든지 다 받게 하려 함이니라”(요15:16). 예수의 이름은 지옥의 문을 닫고 천국의 문을 여는 능력이 있기 때문입니다. 예수의 이름은 하나님의 보좌 앞에 당당하게 나아갈 수 있는 빽이 되기 때문입니다. “우리가 예수의 피를 힘입어 성소에 들어갈 담력을 얻었나니”(히10:19). 기도는 예수님의 이름과 예수님의 공로를 의지하고 드리는 것입니다. 다른 이름과 다른 공로가 가미되면 그 기도는 땅에 떨어지고 맙니다.

그리고 기도를 바로 하려면 하나님을 향해 ‘아바 아버지’ 라고 부르며 기도하여야 합니다. “너희는 이렇게 기도하라 하늘에 계신 우리 아버지여”(마6:9). 예수님은 기도하실 때마다 ‘아버지여’ 라고 기도하시곤 했습니다. “예수께서 이 말씀을 하시고 눈을 들어 하늘을 우러러 가라사대 아버지여 때가 이르렀사오니 아들을 영화롭게 하사….”(요17:1). “무릎을 꿇고 기도하여 가라사대 아버지여 만일 아버지의 뜻이어 든 이 잔을 내게서 옮기시옵소서….”(눅22:42). “예수께서 큰 소리로 불러 가라사대 아버지여 내 영혼을 아버지 손에 부탁하나이다”(눅23:46). 하나님을 향해서 ‘아버지’라고 부를 때 기도의 마음이 열리게 되고 기도의 영이 통하게 됩니다. 그렇다고 ‘아버지, 아버지, 아버지’

라고 반복만 하면 그것은 기도가 아니고 주문이 될 수도 있을 것입니다. 예수님은 '아버지여' 라고 부른 다음 기도의 내용을 대화식으로 아뢰었습니다. 기도를 제대로 하도록 훈련을 하여야 합니다.

교회는 성령의 도우심으로 예수님의 이름으로 아버지께 기도하는 집입니다. 그렇게 기도하려면 바른 자세를 취하여야 합니다. 회개하는 자세를 취하여야 하고, 겸손한 자세를 취하여야 하고, 진솔한 자세를 취하여야 하고, 간절한 자세를 취하여야 합니다. 하나님께서는 회개가 없는 기도를 받지 않으시고, 교만한 사람의 기도를 물리치시고, 진솔하지 않은 위선적인 기도를 듣지 않으시고, 간절하지 않은 기도에 귀를 기울이시지 않기 때문입니다.

이제 말씀을 마무리 하겠습니다. 교회는 만민의 기도하는 집입니다. 주의 집에 거하는 자가 복이 있고 그 마음에 시온의 대로가 있는 사람 즉 기도의 길이 열려 있는 사람이 복이 있는 사람입니다. 시온의 대로가 막혔으면 그 대로를 다시 뚫도록 하여야 하겠습니다. 기도의 길을 다시 수축하여야 하겠습니다. 주의 집에 나와서 무릎을 꿇고 겸손하고 간절하게 기도하도록 노력을 하여야 할 것입니다. 박윤선 목사님은 기도는 저절로 되는 것이 아니라고 말씀했습니다. 기도는 싸움이라고 했습니다. 여러 가지 핑계와 장애물과 싸워서 이겨야 기도할 수가 있기 때문입니다. 그리고 기도를 할 수 있는 제일 좋은 시간은 새벽입니다. 물론 기도는 언제나 할 수 있지만 새벽에 나와서 하는 기도가 제일 좋다고 생각합니다. 예수님께서도 이른 새벽에 기도하셨습니다. 주기철 목사님과 손양원 목사님도 감옥에 계실 때 항상 성도들에게 권면하고 가르친 것이 새벽마다 기도하라는 것이었습니다.

하나님께서는 우리들의 얼굴을 보시기를 원하시고 우리들의 목소리를 듣기를 원하신다고 말씀하셨습니다. “나의 비둘기야 나로 네 얼굴을 보게 하라 네 목소리를 듣게 하라 네 목 소리는 부드럽고 네 얼굴은 아름답구나”(아2:14). 우리의 목소리가 부드럽지도 못하고 우리의 얼굴이 아름답지도 못하지만 하나님께서는 겸손하게 나아와서 기도하는 우리들의 목소리가 부드럽다고 말씀하시고 우리들의 얼굴이 아름답다고 말씀하십니다. 지금이야 말도 하나님께 나아와서 무릎을 꿇고 회개하면서 기도드리어야 할 때입니다. 우리와 우리 한국교회의 죄를 회개하며 기도하여야 할 때입니다. 대한민국의 정치와 경제를 위하여 기도해야 합니다. 박근혜 대통령이 바른 판단을 하도록 기도해야 합니다. 하나님께서는 기도하는 사람들에게 은혜를 베푸십니다. 기도하는 사람들과 함께 하십니다. 기도하는 사람들에게 평안과 기쁨을 부어주십니다. 죄 사함과 병 고침을 받는 은혜도 주십니다. 기도하는 사람들을 통해서 하나님의 뜻을 이루게 하십니다. 기도하는 사람들을 통해서 불쌍한 사람들에게 도움의 손길을 펴게도 하시고, 기도하는 사람들을 통해서 하나님께 영광을 돌리게 하십니다. 우리들에게 다니엘의 기도를 주시고 사무엘의 기도를 주시고 예레미야의 기도를 주시기를 바랍니다.

22장 교회는 예수님으로 단일 운동을 하는 곳

(요17:11)"나는 세상에 더 있지 아니하오나 그들은 세상에 있사옵고 나는 아버지께로 가옵나니 거룩하신 아버지여 내게 주신 아버지의 이름으로 그들을 보전하사 우리와 같이 그들도 하나가 되게 하옵소서"

하나님은 개인과 가정이 예수님으로 하나가 되기를 소원하십니다. 요한복음 17장은 예수님이 세상을 떠나시기 전에 제자들과 세상에 남게 될 성도들을 위하여 간절히 기도하신 내용입니다. 과연 예수님은 무엇을 위해서 기도하셨을까요? 예수님의 기도의 내용은 크게 세 가지로 나눌 수 있습니다. ① 첫 번째는 자신을 위한 기도입니다. 1-5절까지입니다. ② 두 번째는 제자들을 위한 기도입니다. 6-19절까지입니다. ③ 세 번째는 교회(모든 성도)들을 위한 기도입니다. 20-26절까지입니다. 예수님 자신을 위한 기도를 제외하고 제자들과 교회를 위한 기도에서 가장 두드러지게 나타나는 내용은 두 가지입니다. 첫째는 제자들과 성도들이 악에 빠지지 않고 거룩함을 유지하는 것이고, 두 번째는 삼위 하나님의 하나 됨 같이 제자들과 성도들도 하나 되는 것입니다.

그래서 "우리와 같이 그들도 하나가 되게 하옵소서"라고 기도했습니다. 삼위일체 하나님께서 서로 하나가 되셨던 것처럼 오늘 우리 성도들도 그렇게 하나가 되게 해 달라는 기도입니다. 하나님은 성부, 성자, 성령 이렇게 삼위가 계십니다. 그렇지만

일체가 되십니다. 언제나 한 분처럼 의견충돌이나 다툼이 없이 하나가 되십니다.

신앙 생활하면서 가장 이해하기 힘들었던 부분이 삼위일체입니다. 어떻게 셋이면서 하나가 될 수 있을까? 하는 것입니다. 그러나 그것이 하나님만이 가지고 계신 가장 큰 특징입니다. 하나님은 삼위가 있어서 하시는 일이 서로 다르지만 항상 하나이십니다. 분리되거나 다투거나 싸우지 않습니다. 언제나 서로를 존중하시며, 서로를 사랑하시며, 또한 서로가 서로 안에 계시고, 서로에게 순종하시고, 서로를 도와주십니다. 단 한 번도 의견충돌이 없으십니다. 왜냐하면 일체가 되시기 때문입니다.

이런 삼위일체 하나님의 하나 됨은 이 세상에서는 찾아볼 수 없습니다. 오직 하나님께만 있는 것입니다. 그래서 우리가 하나 됨을 이해하는 것이 어렵습니다. 그러나 하나님은 그것을 우리에게 보여 주셨습니다. 그리고 하나님은 이 땅에 자신의 교회를 세우시면서 하나님처럼 하나된 공동체를 만드셨습니다. 초대예루살렘 교회가 바로 하나님이 세우신 아름다운 공동체입니다.

그래서 교회가 하나 됨은 매우 중요합니다. 교회는 첫출발부터 공동체로 출발합니다. 혼자서는 교회가 될 수가 없습니다. 두 명 이상이 모여서 교회라는 공동체를 이루게 됩니다. 개개인 한 사람 한 사람도 예수님께 붙어 있는 교회이지만 여러 사람들과 여러 지체들이 모여서 교회가 된 것입니다. 때문에 교회라는 말 자체가 연합이나 공동체라는 뜻을 가지고 있습니다. 그래서 이 땅에 최초의 교회인 예루살렘교회가 세워질 때 베드로 한 사람에 의해서 세워지지 않았습니다. 부활하신 예수님을 만난 제자들과 성도들 120명이 함께 모여 전혀 기도에 힘쓸 때 성령이 그 장소에 임하셨고, 성령이 오심으로 드디어 초대교회가 세워졌습니다.

교회는 한 개인에 의해서 세워지지 않았습니다. 한 마음 한 뜻 된 성도들이 함께 모여서 공동체를 이룸으로 교회가 탄생된 것입니다. 그러므로 교회는 연합체이며, 여럿이 모여서 한 몸을 이루는 공동체입니다. 교회는 사랑의 공동체이며, 믿음의 공동체입니다. 사명의 공동체이며, 나눔의 공동체입니다. 그리고 섬김의 공동체이며, 예배의 공동체입니다. 이 여섯 가지의 기능을 갖추지 못했다면 교회라고 할 수가 없습니다. 주기도문을 보시면 "그러므로 너희는 이렇게 기도하라 하늘에 계신 우리 아버지여 이름이 거룩히 여김을 받으시오며"(마6:9). 라고 했으며…. "우리의 씨름은 혈과 육을 상대하는 것이 아니요. 통치자들과 권세들과 이 어둠의 세상 주관자들과 하늘에 있는 악의 영들을 상대함이라(엡6:12)"고 했습니다. 예수님을 기도를 가르쳐 주시면서 우리 아버지여 라고 기도하라고 했습니다. 나의 아버지가 아니라 우리 아버지입니다. 또한 교회가 싸워야 할 싸움에 대해서 말씀하시면서 우리의 씨름은 이라고 했습니다. 한 개인의 씨름과 싸움이 아니라 우리의 씨름이며 우리의 싸움입니다. 교회는 처음부터 공동체로 시작합니다.

이제 본문으로 돌아가서 주님의 기도내용 중에서 하나 됨을 위한 기도를 살펴보겠습니다. "나는 세상에 더 있지 아니하오나 그들은 세상에 있사옵고 나는 아버지께로 가옵나니 거룩하신 아버지여 내게 주신 아버지의 이름으로 그들을 보전하사 우리와 같이 그들도 하나가 되게 하옵소서"(요17:11). "아버지여, 아버지께서 내 안에, 내가 아버지 안에 있는 것 같이 그들도 다 하나가 되어 우리 안에 있게 하사 세상으로 아버지께서 나를 보내신 것을 믿게 하옵소서. 내게 주신 영광을 내가 그들에게 주었사오니 이는 우리가 하나가 된 것 같이 그들도 하나가 되게 하려 함이니이다. 곧 내가 그들 안에 있고 아버지께서 내 안에 계시어 그들로 온전함을 이루어 하나가 되게 하려 함은 아버지께서 나를 보내신 것과 또 나를 사랑하심 같이 그들도 사랑하신 것을 세상으로 알게 하려 함이로소이다(요17:21-23). 하나 되게 하는 말이 네 번이나 나옵니다. 우리와 같이 그들도 하나 되게 해 달라는 기도가 네 번 나옵니다. 그것을 하나씩 살펴보겠습니다.

① 11절에 "아버지여 내게 주신 아버지의 이름으로 그들을 보전하사 우리와 같이 그들도 하나가 되게 하옵소서"라고 했습니다. ② 21절에 "아버지가 내 안에, 내가 아버지 안에 있는 것 같이 그들도 다 하나가 되어 우리 안에 있게 하사"라고 했습니다. ③ 22절에 "우리가 하나가 된 것 같이 그들도 하나가 되게 하려 함이니이다."라고 했습니다. 23절 "내가 그들 안에 있고 아버지께서 내 안에 계시어 그들로 온전함을 이루어 하나가 되게 하려 함은" 이라고 했습니다.

네 구절을 통해서 주시는 첫 번째 메시지는 하나 됨의 모델은 삼위일체 하나님이십니다. 삼위일체 하나님을 모르면 결코 하나가 될 수 없습니다. 삼위 하나님은 서로가 서로 안에 계십니다. 그래서 예수님이 기도하시면서 하나 됨을 말씀하실 때 성도들끼리 하나가 된다는 말씀을 하신 적이 없습니다. 왜냐하면 이 땅에는 하나 됨의 모델이 없이 때문입니다. 삼위 하나님이 하나 되신 것처럼, 그들도 하나 되게 해 달라고 기도하신 것입니다. 그래서 우리는 이 땅에서 하나 됨의 모델을 찾으면 안 됩니다. 물론 초대교회를 통해서 하나님이 하나 됨의 모델을 보여 주셨기 때문에 우리는 그것을 모델로 삼을 수 있지만 그 전에는 결코 하나 되기 위해서 본받아야 할 모델이 없습니다.

예를 들어 하나님께서 모세를 시켜서 성전을 지으라고 하실 때에도 이 땅에는 성전과 성막의 모델이 없습니다. 그러니까 모세로 하여금 호렙산에 올라가서 40일 동안 금식기도를 하게 한 뒤에 천국을 보여 주시고, 천국에 있는 성전의 모델을 모여주시고, 모세가 보았던 하늘성전의 본을 따라서 이 땅에 성막을 짓게 하신 것입니다. 그래서 "너는 삼가 이 산에서 네게 보인 양식대로 할지니라"(출25:40)고 했으며, "너는 산에서 보인 양식대로 성막을 세울지니라."(출26:30)고 했으며, "저희가 섬기는 것은 하늘에 있는 것의 모형과 그림자라 모세가 장막을 지으려 할 때에 지시하심을 얻음과 같으니 가라사대 삼가 모든 것을 산에서 네게 보이던 본을 좇아 지으라 하셨느니라"(히8:5)고 했으며, "그러므로 하늘에 있는 것들의 모형은 이런 것들로써 정결케 할 필요가 있었으나 하늘에 있는 그것들은 이런 것들보다 더 좋은 제물로 할지니라."(히9:23)고 했습니다.

이 땅에 있는 모든 것은 하늘나라의 모형에 불과합니다. 카피

본입니다. 때문에 이 땅에 있는 것들로는 결코 우리를 온전하게 할 수 없습니다. 그래서 "이 장막은 현재까지의 비유니 이에 따라 드리는 예물과 제사는 섬기는 자를 그 양심상 온전하게 할 수 없나니"(히9:9)라고 했으며, "율법은 장차 올 좋은 일의 그림자일 뿐이요 참 형상이 아니므로 해마다 늘 드리는 같은 제사로는 나아오는 자들을 언제나 온전하게 할 수 없느니라."(히10:1)고 했습니다. 그렇습니다. 아담과 하와가 범죄함으로 타락했을 때 이 땅도 동시에 오염되었습니다. 그렇기 때문에 죄로 오염된 이 땅의 것으로는 무엇으로도 인간을 거룩하게 할 수 없고, 온전하게 할 수 없고, 또한 구원할 받을 수도 없습니다.

그래서 하나님이 천국에서 이 땅으로 그의 아들을 보내셨습니다. 천국에서부터 오신 분만이 우리를 거룩하게 하시고, 온전하게 하시고, 우리를 구원하실 수 있습니다. "예수께서 이르시되 내가 곧 길이요 진리요 생명이니 나로 말미암지 않고는 아버지께로 올 자가 없느니라요"(14:6)고 했습니다. 예수님 혼자서만 천국에서 내려오셨기 때문에 천국에 들어갈 수 있는 유일한 길이요 진리요 생명이 되십니다. 그러니까 하늘에서 오신 분이 아니면 결코 우리의 구원자가 될 수 없습니다.

그래서 예수님은 "하늘에서 내려온 자 곧 인자 외에는 하늘에 올라간 자가 없느니라."(요3:13). "하나님의 떡은 하늘에서 내려 세상에 생명을 주는 것이니라."(요6:33). "나는 하늘에서 내려온 살아 있는 떡이니 사람이 이 떡을 먹으면 영생하리라 내가 줄 떡은 곧 세상의 생명을 위한 내 살이니라 하시니라."(요6:51)

고 했습니다. 그렇습니다. 정말 신비하고 놀라운 진리입니다. 하늘에서 내려온 자만이 우리에게 영생을 주실 수가 있습니다. 예수님은 유일하게 하늘에서 내려오신 분이십니다. 예수님 외에 아무도 하늘에서 내려온 자가 없습니다. 하늘에서부터 내려오지 않는 것은 다 가짜입니다. 모세가 성막을 지을 때 하늘에 있는 성전을 보고 지었던 것처럼 하나 됨도 하늘에 있는 하나 됨을 보고 하나 됨을 만들어야 합니다.

그래서 예수님께서 말씀하신 하나 되어야 한다는 모든 말씀을 보면 반드시 거기에는 하나 됨의 모델이 있습니다. 그것은 삼위일체 하나님입니다. 이 세상에는 그런 하나 됨이 없습니다. 사랑의 공동체를 이룬다는 것은 세상의 방법으로는 결코 불가능합니다. 정치적으로 불가능합니다. 공산주의 이론이 얼마나 좋습니까? 모든 사람이 평등하고 골고루 나누어 가진다는 것 정말 좋은 이론입니다. 그러나 공산주의 나라에 속한 사람들이 이론으로 말하고 있는 그런 평등과 함께 나눔의 삶을 살고 있습니까? 만약 그것이 가능했으면 공산주의가 전 세계 모든 나라들에게 인기가 있어서 모든 나라들이 공산주의가 되었을 것입니다. 공산주의 이론과 공산주자로 사는 것은 완전히 다릅니다. 이론적으로 아는 것과 실제는 완전히 다릅니다. 때문에 공산주의 나라에서 오히려 불평등이 심하고, 모든 사람들에게 골고루 나누어 주는 것이 더 안 됩니다. 그래서 공산주의가 망하는 것입니다.

예수님은 성경을 통해서 고차원적인 하나 됨을 말씀합니다. 여기서 말하는 하나 됨은 성도와 성도가 하나 되고 교회와 교회가 하나 되는 것 외에 삼위하나님과 교회가 하나가 되는 것을 의미합니다. 그래서 이런 하나 됨이 이루어질 때 "온전함을 이루었다."라고 말할 수가 있습니다.

그래서 천국에서부터 성령님이 오시지 않으면 결코 공동체가 이루어질 수가 없습니다. 교회라는 이름을 가지고 있으면서 서로 다투고 싸우고 분열되는 것을 얼마나 많이 봅니까? 왜 그렇습니까? 성령님이 오셔서 만드신 사랑의 공동체가 아니기 때문입니다. 즉 하나님이 만드신 공동체가 아니라 사람들이 만든 공동체이기 때문에 말로는 하나 되자 라고 외치는데 실제로는 하나가 안 됩니다. 그래서 사람들이 많이 모이면 모일수록 더 많은 다툼이 있고, 불화가 일어나고, 분열이 있습니다. 왜냐하면 하나님이 만드신 공동체가 아니기 때문입니다.

하나님이 만드시는 공동체와 하나 됨은 성령님이 오셔서 예수 믿지 않는 죄를 책망하심으로 자신이 주인 되어 살아온 죄를 회개하고, 부활하신 예수님을 마음에 주인으로 모셔 드릴 때만 가능합니다. 성령님이 오시면 하나님이 꿈꾸는 사랑의 공동체가 드디어 탄생합니다. "또 여러 말로 확증하며 권하여 이르되 너희가 이 패역한 세대에서 구원을 받으라 하니, 그 말을 받은 사람들은 세례를 받으매 이 날에 신도의 수가 삼천이나 더하더라. 그들이 사도의 기르침을 받아 서로 교제하고 떡을 떼며 오로지 기도하기를 힘쓰니라. 사람마다 두려워하는데 사도들로 말미암아 기사와 표적이 많이 나타나니, 믿는 사람이 다 함께 있어 모든 물건을 서로 통용하고, 또 재산과 소유를 팔아 각 사람의 필요를 따라 나눠 주며 46 날마다 마음을 같이하여 성전에 모이기를 힘쓰고 집에서 떡을 떼며 기쁨과 순전한 마음으로 음식을 먹고, 하나님을 찬미하며 또 온 백성에게 칭송을 받으니 주께서 구원 받는 사람을 날마다 더하게 하시니라”(행2:40-47)고 했습니다. “믿는 무리가 한마음과 한 뜻이 되어 모든 물건을 서로 통용하고 자기 재물을 조금이라도 자기 것이라 하는 이가 하나도 없더라. 사도들이 큰 권능으로 주 예수의 부활을 증언하니 무리가 큰 은혜를 받아 그 중에 가난한 사람이 없으니 이는 밭과 집 있는 자는 팔아 그 판 것의 값을 가져다가 사도들의 발 앞에 두매 그들이 각 사람의 필요를 따라 나누어 줌이라.”(행4:32-35)고 했습니다. 이 말씀을 보세요. 얼마나 멋있는 공동체가 만들어졌습니까? 성령님이 오시자 사람들이 예수 믿지 않는 죄를 회개하고 부활하신 예수님을 마음에 주인으로 모셔 드리게 되었고 그 후에 드디어 교회라는 사랑의 공동체가 만들어진 것입니다.

하늘에서부터 내려오신 성령님에 의해서 만들어진 공동체는 어떤 모습을 하고 있습니까? 그들은 한 마음 한 뜻이 되었습니다. 모두가 함께 모여서 같이 살았습니다. 모든 물건을 서로 통용했습니다. 내 것이라는 개념이 사라졌습니다. 그래서 가난한 자가 없었습니다. 기도하는 일에 전념했습니다. 하나님께 예배드리는 삶을 살았습니다. 사람들에게 칭송을 받았습니다. 그러자 교회가 부흥되기 시작했습니다.

그렇다면 예수님이 하나님 아버지께 기도하시면서 성도들이 하나 되게 해 달라고 기도하셨는데 어떤 방법으로 성도들이 하나가 될 수 있을까요? 물론 해답은 성령님이 오셔야 된다고 했습니다. 그렇지만 예수님은 다른 방법을 말씀하고 있습니다.

하나 됨의 방법은 무엇입니까? 어떻게 하나가 된다고 했습니까? 11절을 보시면 "거룩하신 아버지께서 내게 주신 아버지의 이름으로 그들을 보전하사 우리와 같이 그들도 하나가 되게 하옵소서"라고 했습니다. 보전하사란 테레오 라고 하는데 보존하다, 지키다, 보호하다, 유지하다. 라는 뜻입니다. 어떤 상태가 그대로 유지되도록 보존하고 지키는 것을 의미합니다. 문화재를 보호하다. 라고 할 때 쓰는 의미와 같습니다. 즉 성도의 믿음이 변질되지 않는 상태로 보존되는 것을 의미하며, 그렇게 해서 그들이 하나가 되게 해 달라는 것입니다. 예수님이 세상에 계실 때 제자들과 성도들이 악에 빠지지 않도록 보전하신 것처럼 아버지께서 성도들을 그렇게 보전되도록 해 달라고 기도하고 계십니다. 그러니까 성도들이 하나 되는 방법은 세상의 악에 빠지지 않고 보전될 때 하나님이 하나 되신 것처럼 우리들도 하나가 된다는 것입니다.

하나 됨을 이루기 위해 가장 중요한 것은 세상의 악에 빠지지 않는 것입니다. 그래서 세상에 물들지 아니하는 것은 세상이라는 흙탕물과 오염물질에 오염되지 않는 것을 의미합니다. 이렇게 됨으로 삼위 하나님께서 하나 됨 같이 제자들과 성도들도 하나가 될 수 있다는 것입니다. 이처럼 사랑의 공동체, 즉 부활의 복음으로 하나 되고 연합된 공동체는 막강한 힘을 가지고 있습니다. 그래서 원수 마귀는 모든 방법을 동원해서 성도들을 흩어

놓으려고 합니다. 하나 됨을 깨뜨리려고 안간힘을 쏟고 있습니다. 어떤 방법으로 그렇게 합니까? 예배에 빠지게 함으로, 교회를 옮겨 다니게 함으로, 성도들끼리 서로 다투어서 분열되게 함으로, 또는 형식적인 그리스도인이 되게 함으로 그렇게 합니다. 주일예배만 드리고 다른 모든 교회 행사에 참여하지 않는 것을 말합니다. 그렇게 해서는 결코 하나가 될 수가 없습니다. 교회가 주최하는 모든 예배와 모임과 행사에 항상 함께 할 때 공동체가 되는 것입니다.

결론적으로 하나가 되는 것은 입으로 하는 기도만으로는 안 됩니다. 기도와 함께 해야 할 일이 있습니다. 그것은 크게 세 가지인데 첫째는 욕심을 버리는 일이요, 둘째는 성령의 충만함을 받는 일입니다. 그리고 마지막 셋째는 자기와 다른 사람과 다른 사람의 생각을 인정하는 것입니다.

이기적인 욕심을 가지고 살면서 서로 말과 마음이 통하는 하나 된 삶을 산다는 것은 논리적으로 모순입니다. 그러므로 말이 통하고 마음이 통하는 사람과 함께 사는 복을 받으려고 하면 먼저 내 마음속에 있는 죄와 욕심을 먼저 버릴 수 있어야만 할 것입니다. 어떻게 하면 죄와 욕심을 버리고 깨끗한 마음으로 나보다 남을 낫게 여기며 자신이 살아가는 가정과 세상과 교회를 천국과 같은 하나 된 공동체로 만들어 갈 수 있을까요? 필자는 그 비법이 바로 성령세례와 성령의 충만함을 받는 것이라고 생각합니다. 예수님으로 하나 되는 것은 성령으로 충만한 삶을 살아야 가능합니다. 성령의 역사가 없이는 하나가 될 수가 없습니다.

23장 교회는 예수로 단일 계대 운동을 하는 곳

(창 18:17-19)"여호와께서 이르시되 내가 하려는 것을 아브라함에게 숨기겠느냐? 아브라함은 강대한 나라가 되고 천하 만민은 그로 말미암아 복을 받게 될 것이 아니냐? 내가 그로 그 자식과 권속에게 명하여 여호와의 도를 지켜 의와 공도를 행하게 하려고 그를 택하였나니 이는 나 여호와가 아브라함에게 대하여 말한 일을 이루려 함이니라"

하나님의 아들이란 말은 계대를 말하는 것입니다. 의사가 돈 잘 벌고 존경받으니 아들도 의사 만들려고 하는 것이 의사계대요, 아버지가 교육자니 자식, 딸… 교육자 만드는 것이 교육계대요, 판사는 아들을 검사 만드니 법관계대요, 재벌은 아들 사업가 만드니 사업계대요, 정치가는 정치 계대입니다. 사실 사람의 모든 활동은 계대운동을 위한 것입니다. 그러나 이 세상의 모든 계대는 죽은 계대요, 뒤바뀌는 계대요, 사망 계대입니다. 성도는 영원한 계대, 변동이 없는 계대, 영생계대, 영복계대를 잇기 위한 하나님의 아들의 계대입니다. 하나님 자신이 누리고 사용하고 느끼고 계시는 모든 영원세계를 우리에게 느끼고 누리고 사용케 하려는 계대를 만들려고 하십니다. 모세가 아무리 간판이 좋고 위대해도 "바로" 공주의 아들보다 하나님의 아들이 되는 것이 좋았습니다. 예수님은 죽을 요셉의 아들로 계대 이룰 분이 아니고, 살아

계신 하나님의 아들 되는 계대를 이을 분이었습니다.

신앙의 대를 이어가야 합니다. 우리는 먼저 자녀를 주신 것을 감사해야 합니다. 하나님께서 우리에게 자녀를 주신 것을 신앙의 대를 이어가라고 주신 것입니다. 하나님께서 우리에게 자녀를 주신 것은 우리만을 위한 것이 아닙니다. 하나님의 거룩한 계획을 대를 이어 이루어 가시기 위한 것이기도 합니다. 하나님께서 아브라함을 택하심 속에는 하나님의 원대한 계획이 들어 있었습니다. 하나님은 그것을 숨기지 않고 아브라함에게 알려 주셨습니다. "내가 하려는 것을 아브라함에게 숨기겠느냐? 아브라함은 강대한 나라가 되고 천하 만민은 그로 말미암아 복을 받게 될 것이 아니냐?" 하셨습니다. 하나님께서 아브라함을 택하시고 부르신 것은 그 한 사람을 구원하시는 것만 아니라, 그를 강대한 나라가 되게 하시고 그로 말미암아 천하 만민이 복을 받는 크고 원대한 계획이 있었습니다.

하나님은 이 원대한 계획을 아브라함 당대에 다 이루시려는 것이 아니었습니다. 하나님은 그의 후대를 통해서 계속 이루어 가시는 것이었습니다. 아브라함의 당대는 하나님의 원대한 계획의 시작이요, 기초를 놓는 일이었습니다. 하나님을 알지 못하던 그를 택하셔서 하나님을 믿게 하시고 믿음의 가정을 이루게 하셨습니다. 하나님은 그를 갈대아 우르에서 불러내어 장차 하나님이 주실 가나안 땅에 와서 거주하게 하셨습니다. 하나님은 그 땅에서 그의 믿음을 양육하고 훈련하습니다. 그리고 그에게 약속의 아들이삭을 주시고 믿음의 대를 잇게 하셨습니다. 거기까지가 아브라함에게 주어진 사명이요 역할이었습니다. 그 다음은 이삭이 대를 이어 하나님의 계획을 이루어 가게 하시려는 것이었습니다. “내가 그로 그 자식과 권속에게 명하여 여호와의 도를 지켜 의의 공도를 행하게 하려고 그를 택하였나니 이는 나 여호와가 아브라함에게 대하여 말한 일을 이루려 함이니라“(18절).

하나님의 원대한 계획은 당대에 다 이루시는 것이 아닙니다. 하나님은 대를 이어서 이루어 가십니다. 우리를 택하심 속에도 그와 같이 하나님의 원대하신 계획이 들어있습니다. 귀하를 택하시고 부르시고 믿게 하신 것은 자신을 구원하시는 것만 목적이 아닙니다. 귀하와 후대를 통해서 하나님의 뜻을 이루어 가시기 위한 것입니다. 하나님의 뜻은 귀하의 당대에 다 이루시는 것이 아닙니다. 어쩌면 우리 당대에서는 예수 그리스도를 믿고 구원받은 하나님의 자녀가 되고 믿음의 가정을 이루고 세상에서 살게 하시고, 교회를 세우고 신앙생활을 하면서 하나님의 원대한 계획의 시작과 기초를 놓은 정도인지도 모릅니다. 이제 하나님의 원대한 계획은 우리 자녀들을 통해서 대를 이어가며 이루어 가실 것입니다. 그래서 신앙의 대를 이어가야 하는 것입니다.

우리가 신앙의 대를 이어가는 것은 단순히 자녀의 구원만을 위한 것이 아닙니다. 하나님의 원대하신 뜻을 이루어 가는 것이라는 사명을 가져야 합니다. 우리의 자녀들을 내 자녀이기 전에 먼저 하나님의 자녀라는 것을 알아야 합니다. 하나님이 우리에게 자녀들을 맡기신 것은 신앙의 대를 이어 하나님의 뜻을 이루시기 위한 것입니다. 그러므로 우리는 내가 원하는 자녀로 양육하는 것이 아니라, 하나님이 원하시는 자녀로 양육해야 합니다.

첫째, 하나님의 말씀을 가르쳐야 한다. "내가 그로 그 자식과 권속에게 명하여" 이 말씀을 표준 번역 성경은 풀어서 이렇게 표현했다. "내가 아브라함을 택한 것은 그가 자식들과 자손들을 가르쳐서 바른 길로 행하게 하려 함이니라" 하나님이 아브라함을 택하신 것은 그의 후손들을 하나님의 말씀으로 양육하여 신앙의 대를 잇게 하셔서 하나님의 계획을 이루시기 위한 것이었습니다. 아브라함은 하나님이 원하시는 대로 신앙의 대를 잘 이었습니다. 오늘 우리도 하나님의 말씀대로 자녀들을 양육하여 신앙의 대를 잘 이어야 합니다. 그래서 하나님의 거룩한 뜻을 대를 이어 이루어 가야 합니다. 신명기 6장은 우리에게 하나님의 말씀을 가르치라고 명령하셨습니다.

1)하나님의 말씀을 가르치되 마음으로부터 가르쳐야 합니다. "오늘 내가 네게 명하는 이 말씀을 너는 마음에 새기고" 라고 하신 것은 하나님의 말씀을 먼저 내 마음에 담으라는 것입니다. 사람이 마음에 있는 것을 가르치는 것과 그렇지 않고 지식적으로 가르치는 것과는 다릅니다. 하나님의 말씀을 가르치는 자는 먼저 그 말씀을 잘 받아드려 자기의 것으로 소유해야 합니다. 부모가 참된 신앙인이 되지 않으면 가정교육은 결코 성공할 수 없습니다. 부모의 신앙을 자녀들이 보고 배우기 때문입니다.

2) 하나님의 말씀을 가르치되 열심히 가르쳐야 합니다. "네 자녀에게 부지런히 가르치며 집에 앉았을 때에든지, 길을 갈 때

에든지, 누워 있을 때에든지, 일어날 때에든지 이 말씀을 강론할 것이며" 하나님이 우리 자녀들에게 얼마나 열심히 말씀을 가르치기를 원하시는지를 알 수 있습니다. 하나님의 말씀은 진지하게 가르쳐야지 지나는 말로 가르쳐서는 안 됩니다. 하나님의 말씀은 항상 가르쳐야지 어떤 때만 가르쳐서는 안 됩니다. 하나님의 말씀을 가르치는 것은 세상 어떤 교육보다 더 중요하게 여겨야 하며 최우선을 삼아야 합니다.

3) 하나님의 말씀을 항상 눈으로 보며 읽게 해야 합니다. "너는 또 그것을 네 손목에 매어 기호를 삼으며 네 미간에 붙쳐 표로 삼고 또 네 집 문설주와 바깥문에 기록할지니라" 하나님의 말씀을 가르치되 시청각적 교육이 필요합니다. 눈으로 보게도 하고 읽게도 하고 듣게도 해야 합니다. 말씀을 가르치기 위해 모든 수단 방법을 다 동원해야 합니다. 그만큼 중요한 일입니다.

4) 말씀은 어릴 때부터 가르쳐야 합니다. 그래서 자녀의 신앙교육을 부모들에게 맡기셨습니다. 아직 어리다고 방심하거나 기다리지 말고 말씀을 가르쳐야 합니다. 태아 때부터 가르치고 젖 먹을 때도 가르쳐야 합니다. 통계를 보면 예수 믿게 된 것이 9세 이전이 37%, 10대에서 20%, 20대까지 포함하면 77% 이었습니다. 77% 가 20대 이전에 예수 믿게 된 자들이라는 통계를 생각해 볼 때 어릴 때부터 가르쳐야 하는 것이 얼마나 중요한지 이해가 될 것입니다.

하나님은 부모에게 자녀교육을 명령하셨습니다. 그러므로 자녀의 신앙교육은 부모가 책임져야지 일주일에 한두 번 교회 나와서 받는 신앙교육 만으로는 결코 안 된다는 것을 기억해야 합니다. 물론 교회는 자녀들의 신앙 교육을 위해 나름대로 최선을 다 하고 있습니다. 그러나 근본적으로 자녀들의 신앙교육을 하나님께서 부모에게 위탁하셨다는 것을 잊지 말아야 합니다. 하나님의 말씀은 일찍부터 가르쳐야 합니다. 신앙교육은 빠를수록 효과가 있습니다.

둘째, 하나님의 말씀대로 살도록 훈련해야 한다. "여호와의 도를 지켜 의와 공도를 행하게 하려고 그를 택하였나니" 교육은 가르치는 것만으로는 부족합니다. 배운 것을 실천하도록 훈련해야 한다. 훈련은 같은 것을 계속 반복시키는 것입니다. 사람이 좋은 습관을 가지게 되는 것도 하루아침에 되는 것이 아닙니다. 어릴 때부터 계속적인 훈련을 통해서 되는 것입니다.

신앙 훈련도 마찬가지입니다. 주일을 지키는 것 하나도 어릴 때부터 계속적인 훈련을 시켜야 합니다. 주일이 되면 당연히 교회에 가야 될 줄 알고 스스로 나올 수 있을 때까지 훈련시켜야 합니다. 부모를 떠나서도 스스로 주일을 지킬 수 있도록 훈련시켜야 합니다. 유대인을 유대인 되게 한 것 중의 하나가 안식일을 지키는 것입니다. 기독교인을 기독교인답게 하는 것은 주일을 지키는 것입니다. 만약에 주일을 구별하지 않고 지키지 않는다면 어떻게 되겠습니까?

하나님께 드리는 것도 어릴 때부터 훈련해야 합니다. 십일조 생활도 어릴 때부터 훈련시켜야 합니다. 부모가 용돈을 줄 때마다 십일조를 드리도록 훈련시켜야 합니다. 우리가 잘 아는 록펠러는 어릴 때 십일조 드리는 것을 어머니로부터 철저하게 훈련받았습니다. 그는 10센트를 드리는 것으로 시작해서 결국 수백만 달러의 십일조를 드릴 수 있는 사람이 되었습니다. 하나님께 첫 열매를 바치는 것이나 하나님께 감사드리는 것도 어릴 때부터 훈련시켜야 합니다. 하나님의 말씀에 순종하는 것도 어릴 때부터 훈련시켜야 합니다. 철저하게 그리고 끈기 있게 시켜야 합니다. 아브라함의 믿음과 순종이 대를 이어 이삭이 믿음과 순종의 사람이 된 것은 교육과 훈련을 통해서 된 것이지 그냥 된 것이 아닙니다.

셋째, 신앙의 대를 잇기 위해 기도해야 한다. 우리가 최선을 다하지만 결국은 하나님이 해 주셔야 합니다. 그러므로 하나님의 도우심을 끊임없이 구해야 합니다. 아무리 훌륭한 부모라도 완벽한 부모는 없습니다. 그러므로 우리가 아무리 최선을 다해도 허점과 부족한 것투성일 수밖에 없습니다. 그러므로 우리가 미처 하지 못한 것을 하나님이 책임지고 도와 주셔야 합니다. 그래서 기도해야 합니다. 기도하되 믿음을 가지고 기도해야 합니다. 하나님의 자녀들이기 때문에 하나님이 책임져 주실 것을 믿고 기도해야 합니다. 하나님이 우리를 부르신 속에 우리 자녀들을 향한 계획도 있다는 것을 믿고 어떤 상황에서도 실망하지 말고 기도해야 합니다. 우리의 품을 떠난 자녀들을 생각하고 기회가 지나갔다고 낙심하지 말고 계속 기도하시기 바랍니다. 그러면 우리가 미처 하지 못한 것을 하나님이 대신 해 주실 것입니다.

넷째, 하나님은 대를 이어 자신의 뜻을 이루어 가신다. "이는 나 여호와가 아브라함에게 대하여 말한 일을 이루려 함이니라" 우리의 자녀들에게 신앙의 대를 잇게 하는 것은 하나님의 원대한 뜻을 이루어 가는 것입니다. 비록 우리 자신은 지극히 작은 한 부분 밖에 이루지 못하였을 지라도 나의 후대를 통해서 이루신다는 것을 생각해 보시기 바랍니다. 얼마나 힘이 나는가? 얼마나 위로가 되는가? 얼마나 기쁜 일인가? 우리는 비록 눈에 보이는 큰일을 행하지 못하였을 지라도 신앙의 대를 잇게 했다면 그 한 가지 만으로도 큰일을 한 것이니 위로 받아야 합니다. 귀하의 인생에 가장 큰 성공이 무엇인가? 신앙의 대를 잇는 것입니다.

필자의 인생에도 가장 큰 성공이라고 생각하는 것이 내 자녀들이 예수를 믿고 이제 2대째 신앙의 대를 이어가게 되었다는 것입니다. 무엇보다도 필자가 목사가 되었다는 것이 내 인생의 가장 큰 성공으로 생각하고 있습니다. 필자는 아직도 하나님의 원대한 계획의 지극히 작은 한 부분을 했을 뿐입니다. 그러나 대를 이어 하나님이 뜻을 이루어 가실 것을 생각할 때 너무도 큰 위로를 받고 있습니다.

아브라함의 인생에 가장 큰 성공 역시 이삭에게 신앙의 대를 잇게 한 것이라고 생각합니다. 신앙의 대를 잇는 것이 우리 인생의 가장 큰 성공입니다. 신앙의 대를 이어가야 합니다. 다른 무엇보다도 중요한 일입니다.

24장 교회는 전인적인 건강검진을 하는 곳

(고전2:13)"우리가 이것을 말하거니와 사람의 지혜가 가르친 말로 아니하고 오직 성령께서 가르치신 것으로 하니 영적인 일은 영적인 것으로 분별하느니라."

하나님은 예수를 믿고 성령으로 거듭난 크리스천들이 영육으로 건강한 삶을 살아가기를 소원하십니다. 건강하게 살기 위해서 주기적으로 건강진단을 받아야 하는 것처럼, 건강한 영적 삶을 살기 위해서는 주기적으로 영적 진단을 받을 필요가 있습니다. 필자는 주기적인 영적진단을 아주 많이 강조합니다. 예방신앙이 되어야 하기 때문입니다. 성령의 역사가 강한 장소에 가서 자신의 영적인 상태를 주기적으로 진단하는 것입니다.

암은 조기에 진단하면 100% 치유가 되지만, 검진을 하지 않으면 말기가 될 때까지 우리 몸은 암을 느끼지 못합니다. 그래서 의사들이 하는 말이 암을 발견하는 것은 주기적인 검진 밖에 없습니다. 라고 합니다. 영적인 병도 이렇습니다.

병의 바이러스인 마귀나 귀신이 들어왔는데도 우리의 몸이 느끼지 못하는 경우가 많습니다. 영은 신호를 보내는데도 무지해서 그 신호를 놓치는 경우가 많습니다. 그러므로 주기적으로 자신의 영적인 상태를 점검할 필요가 있습니다. 주기적인 영적 상태 점검은 무엇보다 중요합니다.

세대에 역사하는 영적인 존재들은 태중에서 들어옵니다. 이것들이 평소에는 잠복하여 있다가 취약한 시기가 되면 고개를 들고 일어나 문제를 일으키는 것입니다. 이를 예방하기 위하여 주기적인 영적 검진이 필요한 것입니다. 저는 평소에 이렇게 말합니다. 예수를 믿고 교회에 들어오면 먼저 성령으로 세례를 받아야 합니다. 성령으로 세례를 받은 다음에 말씀과 성령으로 내면의 상처를 치유하는 것입니다. 상처를 치유 받으면서 병행하여 자아를 십자가에 매다는 것입니다.

성령의 역사로 혈통에 대물림되는 악한 영을 축귀하는 것입니다. 그리하여 영적체질을 만드는 것입니다. 이는 어려서부터 적용해야 되는 것입니다. 세대에 역사하는 악한 영을 성령의 역사로 들어내어 미리 축귀하는 것입니다. 그래서 저는 우리 충만한 교회에 다니고 있는 성도들의 자녀를 매주 안수를 해서 영적으로 맑은 상태를 유지하게 합니다. 이렇게 주기적으로 안수를 받으니 영적으로 깨끗해지는 것은 물론이고 육적으로도 건강하게 지냅니다.

기존 성도들은 주일날 영적점검을 받는 것입니다. 성령의 역사가 강하게 나타나니 세대에 대물림 되던 악한 영이 더 이상 숨어있지 못하고 정체를 폭로하는 것입니다. 폭로되어 떠나가게 하고 매 주일 성령의 역사를 체험하며 영적 상태를 유지하는 것입니다. 저는 항상 이렇게 말합니다. 성도들은 주일날이 아주 중요하다고 말입니다. 요즈음 세상 살아가는 것이 힘이 들어 주일 하루밖에 교회를 나오지 못하는 분들이 많습니다. 이 중요한 주일을 성령으로 충만하게 예배를 드려서 영성을 유지하는 것입니다.

이렇게 신앙생활을 하지 못하니 세대에 역사하던 악한 영들이 예수를 믿어도 꼼짝하지 않고 숨어 있다가 영육으로 취약한 시기에 고개를 들고 나와 문제를 일으키는 것입니다. 제가 지금까지 성령치유 사역을 하면서 체험한 바로는 세대에 역사하던 악한 영이 장로가 된 다음에도 영육으로 이해 못하는 고통을 가하는 것입니다.

우리 충만한 교회 성령치유 집회와 주일 예배에 참석하여 성령의 강한 역사를 체험하고 자신 안에 도사리고 있던 중풍의 영들이 정체를 폭로하여 떠나보낸 분들이 부지기수입니다. 또 무속의 영들이 숨어 있다가 정체를 폭로하여 떠나보낸 성도 목회자가 많습니다. 이는 현재 진행형입니다. 지금도 역사가 일어난다는 것입니다. 오늘도 일어날 것입니다. 이렇게 사전에 성령의 역사로 정체를 폭로하여 떠나보내지 않고 취약한 시기에 드러나서 고통을 당하다가 찾아오는 분들 또한 부지기수입니다.

고통을 당하다가 이렇게 해도 안 되고, 저렇게 해도 안 되니, 할 수 없이 저희 교회 같은 곳에 치유를 받는 것입니다. 그런데 때는 이미 늦은 것입니다. 이미 정체를 드러냈기 때문에 치유하려면 시간이 많이 걸리는 것입니다. 세대에 역사하는 악한 영은 태중에서 침입을 합니다. 침입하여 정체를 드러내는 시기는 두 가지가 있습니다. 첫째, 성령의 역사에 의하여 정체를 드러냅니다. 이것이 제일로 좋은 현상입니다. 두 번째는 여러 가지 상황이 좋지 못하여 스트레스를 당하여 영육으로 취약한 시기에 드러내는 것입니다. 이 상황이 제일로 나쁜 것입니다. 이런 취약한 시기에 드러나는 것을 방지하기 위하여 주기적인 영적 점검을 하여 악한 영들을 드러내는 것입니다. 그래서 성도는 교회를 잘 정해야 합니다. 그리고 주일을 효과적으로 보내면서 주기적인 영적 점감을 받아야 합니다. 많은 성도들이 이렇게 주기적인 영적 점검을 받지 않음으로 인하여 불필요한 고통을 당하고 있습니다.

어떤 분은 목사가 된 다음에 악한 영들이 드러나 고생을 합니다. 어떤 분은 안수 집사가 된 다음에 악한 영이 드러나 말로 표현 못하는 고통을 당하기도 합니다. 저는 하나님의 은혜로 성령치유 사역을 하고 있습니다. 사역을 하다가 보면 영적으로 무지하여 예수를 잘 믿으면서 불필요한 고통을 당하면서 사는 분들을 볼 때 참으로 안타깝기 짝이 없습니다.

참으로 안타까운 일입니다. 필자는 참으로 안타까운 전화를 많이 받습니다. 목사님! 저희 어머니는 젊었을 때 노방전도도 열심히 하셨고, 교회에서 기도도 봉사도 열심히 하셨습니다. 그런데 갱년기에 들어서니 점점 영적인 상태가 좋지 못하시다가 지금 치매가 와서 요양원에 계십니다. 목사님! 저의 어머니를 치유할 수 있을 까요? 다른 사정은 우리 딸이 어려서부터 믿음이 좋아서 교회를 그렇게 잘 다녔습니다. 그런데 고등학교에 들어가더니 시름시름 아프다가 지금 영적이고 정신적인 문제가 발생하여 학교를 다니지 못합니다. 어찌해야 하겠습니까? 모두가 정기적인 영적검진을 받지 않아생긴 일입니다. 영적검진을 받았으면 사전에 예방이 가능한 질병입니다. 예방신앙이 정말로 중요합니다.

기독교 신앙은 예방 신앙입니다. 주기적인 영적검진이 필요한 것입니다. 다시 한 번 강조합니다. 우상 숭배가 혈통에 대물림되는 성도는 반드시 들어납니다. 어떤 사람은 17세에 발생합니다. 어떤 사람은 20세에 발생합니다. 어떤 분은 26세에 발생하기도 합니다. 어떤 분은 34세에 발생할 수도 있습니다. 대략 이런 증상이 발생하는 사람의 유형을 보니 집안에 우상의 숭배가 심한 집안의 내력이 있는 가문에서 발생을 합니다. 그리고 태중에서나 유아시절에 상처를 많이 발생한 분들이 많이 발생이 됩니다. 대개 심장이 약하여 잘 발생합니다. 그러므로 제가 강조하는 것과 같이 불같은 성령을 체험하고 내적치유를 미리 받아야 합니다. 그러면 성령의 임재로 사전에 상처가 드러나서 치유가 됩니다. 정기적인 영적 진단이 아주 중요합니다.

그리고 병이 들었을 때 주변에서 안다고 해서 그 사람이 고치지 못하듯이 영적 질환도 같은 이치입니다. 병이 들면 전문의의 도움이 필요하듯이 영적 질병 역시 전문 사역자의 도움이 필요한 것입니다. 목회자는 부분적으로 고칠 수는 있습니다. 그러나 전문가가 접근하는 방식과는 다릅니다. 전문가는 총체적으로 접근하며 병의 뿌리를 제거합니다. 그래서 전문가가 있는 것입니다. 영적 진단은 주기적으로 받아볼 필요가 있습니다. 병의 근원을 조기에 발견하면 치유가 쉽습니다. 그러나 그 시기를 잃게 되면 거의 치유가 되지 않습니다. 치유가 된다하더라도 시간과 노력이 많이 듭니다. 조기 검진 이것이야말로 효과적인 치유의 지름길입니다.

주기적인 영적진단을 하여 영육의 문제가 발생하기 전에 치유를 받는 것입니다. 그러면 불필요한 고생을 방지 할 수가 있습니다. 저는 군에서 지휘관을 했습니다. 군대는 정말로 예방활동이 중요한 곳입니다. 그런데 목사가 되어 영적인 면을 깨닫고 보니 교회가 예방 신앙을 철저하게 해야 한다는 것입니다. 그런데 일부 성도들이나 성도들이 예방신앙을 잘 이해하지 못합니다. 그래서 방심하고 지내다가 영육의 문제가 발생한 다음에 해결을 하려고 하니 힘이 듭니다. 우리 주기적으로 영적인 진단을 받아 예방 신앙을 생활화 합시다. 그래서 귀중한 생명과 재산을 보호 합시다. 영육의 문제가 발생한 다음에 물 필요한 곳에 에너지를 투자하지 말고 예방하여 시간과 물질을 절약하여 하나님의 나라에 투자합시다.

결론적으로 예비하고 우리가 마음을 다스려서 예방신앙을 가지면 큰 시험과 환난을 피할 수가 있는 것입니다. 건강을 미리 예방하는 것처럼, 신앙도 예방신앙을 가져야 되는 것입니다. 우리가 일주일에 엿새 동안 부지런히 하루에 한 시간씩만 운동하면 몸이 건강해지지요. 아주 쓰레기 같은 음식들 자꾸 먹지 말고, 소식하고, 채소를 먹고, 육체의 건강을 도모해야 되고, 그 다음 마음에 평안을 가지면 건강히 살 수 있는 것처럼, 우리 영혼도 우리가 하나님 앞에 올바른 신앙의 대책을 세우면 큰 시험과 환난을 피하고 하나님이 축복 중에 영혼이 잘됨같이 범사에 잘되며 강건하고 생명을 얻되 넘치게 얻으며 평안하게 잘 살 수 있게 되는 것입니다.

25장 교회는 지상 천국을 누리는 곳

(눅 17:21)“또 여기 있다 저기 있다고도 못하리니 하나님의 나라는 너희 안에 있느니라”

하나님은 예수를 믿는 우리가 지금 심령천국을 이루고, 아브라함의 복을 받으며 살다가 영원한 천국에 입성하기를 소원하십니다. 우리가 잘못이해하고 있는 것이 있습니다. 예수를 믿으면 천국에 가는 것입니다. 그래서 불신자들에게 전도할 때 예수님 믿고 천국가세요? 합니다. 여기서 우리가 바르게 알아야 할 것이 있습니다. 죽어서 천국 가는 예수님만 믿으면 안 된다는 것입니다. 예수님은 지금 이 땅에 천국을 만드시려고 오셨습니다. 하나님의 입장에서는 지금 이 땅에 하나님의 나라가 건설되는 것이 중요합니다. 그렇기 때문에 예수를 믿는 우리가 지금 이 땅에서 심령에 천국을 누리면서 하나님의 나라를 건설하는 것을 하나님은 원하신다는 것입니다. 한마디로 예수님을 누리면서 살아가라는 것입니다. 예수님을 누리면서 예수님의 권능을 세상에 적용하여 세상을 하나님의 나라를 만드는 것이 우리를 향한 하나님의 뜻입니다. 그래서 ‘예수축복’ ‘불신불행’ ‘예수천국’ ‘불신지옥’이 맞는 말입니다.

이것이 진정한 복음의 진실입니다. 하나님은 지금 예수님을 누리면서 하나님의 나라, 천국을 누리며 살아가는 우리가 되기를 소원하십니다. 그래서 성령으로 인도하시면서 성도들을 훈련하시는 것입니다. 하나님을 기쁘시게 하는 것은 지금 영과 진리로 하나님을 예배하면서 마음에 천국을 이루면서 아브라함의 복을 받아 세상에 나가 예수님을 증거 하는 삶을 살아갈 때 하나님께서 기뻐하시는 것입니다. 이렇게 하나님의 복을 받아 세상에 하나님의 나라를 건설하며 천국을 누리면서 살다가 영원한 천국에 들어가는 것이 하나님을 기쁘시게 하는 것입니다.

분명하게 하나님이 세상에서 우리를 부르신 것은 하나님의 복을 받아 세상에서 하나님의 나라를 건설하는 군사가 되게 하기 위해서입니다. 그러므로 하나님의 부름을 받고 예수를 믿고 세상에서 나온 우리는 하나님의 복을 받게 되어있습니다. 하나님은 우리를 잘되게 하시려고 부르신 것입니다. 우리가 잘되어야 우리를 통하여 이 땅에 하나님의 나라를 건설하며 천국을 누리면서 살다가 영원한 천국에 들어갈 수가 있기 때문입니다. 그렇기 때문에 우리가 하나님께서 주신 권위를 사용하며 축복을 받아 예수님을 증거하며 세상을 살아갈 때 하나님께서 기뻐하시는 것입니다.

하나님께서 우리를 부르신 것은 복되게 하여 하나님을 선전하게 하려고 부르신 것입니다. 그렇기 때문에 하나님의 부름을 받은 우리가 하나님께 영과 진리로 예배를 드리고, 하나님께서 하라는 대로 말씀에 순종하면서 살면 반드시 아브라함과 같은 전인적인 복을 받을 수가 있는 것입니다. 왜냐하면 우리가 아브라함의 복을 받는 것이 하나님의 뜻이기 때문입니다. 갈라디아서 3장 13-14절에서 하나님은 이렇게 말씀을 하십니다. "그리스도께서 우리를 위하여 저주를 받은바 되사 율법의 저주에서 우리를 속량하셨으니 기록된바 나무에 달린 자마다 저주 아래에 있는 자라 하였음이라. 이는 그리스도 예수 안에서 아브라함의 복이 이방인에게 미치게 하고 또 우리로 하여금 믿음으로 말미암아 성령의 약속을 받게 하려 함이라" 이것이 하나님의 뜻입니다. 하나님은 믿음으로 복을 받았다고 믿으라고 하는 것이 아니라, 다른 사람들의 눈으로 보이는 복을 허락하십니다.

말씀에 보면 아브라함이 하나님께 복을 받은 것을 하인도 알고 자랑을 합니다. 창세기 24장 34-36절 말씀입니다. "그가 이르되 나는 아브라함의 종이니이다. 여호와께서 나의 주인에게 크게 복을 주시어 창성하게 하시되, 소와 양과 은금과 종들과 낙타와 나귀를 그에게 주셨고, 나의 주인의 아내 사라가 노년에 나의 주인에게 아들을 낳으매 주인이 그의 모든 소유를 그 아들에게 주었나이다" 이렇게 천하 만민이 인정하는 복을 주시려고 하나님께서 우리를 세상에서 부르신 것입니다. 그렇기 때문에 우리는 죽어서 천국 가는 예수만을 알고 믿었다면 정말로 큰 오해를 한 것입니다. 하나님은 우리가 이 땅에서 하나님께 영과 진리로 예배를 드리면서, 심령에 천국을 이루고 아브라함의 복을 받아 누리면서 하나님을 선전하면서 살다가 천국에 들어오기를 바라시는 것입니다. 하나님께 부름을 받은 우리는 이미 복을 받은 사람들입니다. 그래서 우리가 바르게 알고 믿어야 합니다. 하나님의 뜻은 삶에서 예수님을 누려야 한다는 것입니다. 그런데 이 땅에서 예수님을 누리려면 행위가 아니라. 성령의 초자연적인 역사로 되는 것입니다. 성령의 초자연적인 역사가 없이는 이 땅에서 예수님을 누리면서 살아갈 성도가 없습니다. 반드시 성령의 초자연적인 인도를 받아야만 가능합니다.

왜 똑 같은 예수를 믿으면서 어떤 성도는 심령천국을 이루며 하나님의 복을 받아 누리면서 살아가고, 어떤 성도는 마음에 불안과 두려움을 가지고, 오만 가지 환란과 고통을 당하면서 살아가느냐 입니다. 이유는 성령의 초자연적인 역사와 인도를 받느냐 받지 않느냐 차이입니다. 성령의 초자연적인 역사와 인도 없이 말씀과 행위로 믿음 생활을 하기 때문에 하나님께서 주신 것들을 누리지 못하는 것입니다.

왜냐하면 많은 목회자가 교회에 충성하고 자신을 희생하여 봉사하며 헌금을 열심히 바치면 이생과 내세에서 복을 받는다는 기복 신앙을 증거하고 있기 때문입니다. 열심히 하면 이루어진다는 샤머니즘의 혼합복음을 전합니다. 절대로 성령의 초자연적인 역사 없이 열심히 충성하고, 자신을 희생하여, 봉사하며, 헌금을 많이 한다고 예수님을 누리지 못합니다. 이론과 행위로는 이 땅에 하나님의 나라가 건설되지 못합니다.

분명하게 예수님도 요단강에서 세례요한에게 세례를 받으시고, 성령의 세례를 받으시고, 성령의 이끌림을 받으시면서 광야에서 40일간 마귀의 시험을 성령께서 주시는 말씀으로 물리치시고 천사들의 수종을 받으시면서 천국복음을 증거 하셨습니다. 성경 누가복음 4장 18-19절에 "주의 성령이 내게 임하셨으니 이는 가난한 자에게 복음을 전하게 하시려고 내게 기름을 부으시고 나를 보내사 포로 된 자에게 자유를, 눈 먼 자에게 다시 보게 함을 전파하며 눌린 자를 자유롭게 하고, 주의 은혜의 해를 전파하게 하려 하심이라 하였더라" 성령의 초자연적인 역사가 있어야 땅의 주인인 사단, 마귀, 귀신이 물러가기 때문입니다. 우리가 바르게 알아야 할 것은 절대로 성령의 초자연적인 역사 없이 열심히 충성하고, 자신을 희생하여, 봉사하며, 헌금을 한다고 땅의 주인인 사단, 마귀, 귀신이 물러가지 않습니다. 땅의 주인이 물러가지 않으니 똑같이 예수를 믿으면서도 예수님을 누리지 못합니다. 이론과 행위로는 자신에게 역사하는 땅의 주인을 몰아낼 수가 없습니다.

그래서 이론과 행위로는 하나님의 나라가 건설되지 못합니다. 많은 목회자와 성도들이 교회를 말씀을 공부하고 배우는 곳으로 이해하고 있습니다. 많이 알면 다 되는 줄로 착각하고 있습니다. 교회는 공부하고 배우는 곳이 아닙니다. 성령의 초자연적인 역사와 생명의 말씀으로 땅의 사람을 하늘의 사람으로 바꾸는 곳입니다. 절대로 땅의 사람이 이론을 알고 열심히 한다고 바뀌지 않습니다. 반드시 성령의 초자연적인 역사가 있어야 바뀌는 것입니다. 우리 성도들이 세상에서 예수님을 누리면서 살아가려는 관심만 가지면 쉽게 될 수 있습니다. 초대 교회에 있던 성령의 초자연적인 역사가 교회들마다 일어나게 하면 되는 것입니다.

교회들마다 지도자들이 이론으로 행위로 문제를 해결하려고 하지 말고, 실제 성령의 역사로 문제가 해결이 되도록 하면 되는 것입니다. 이제 목회자들이 영적으로 병든 자들에게나 육적으로 병든 자들에게 더욱 기도하고 헌신하라는 말만 되풀이 하지 말고, 성령의 초자연적인 역사로 문제를 해결하도록 해야 합니다. 목회자들이 어떻게 해야 예수 그리스도께서 말씀하시던 '하나님의 성전'으로 그리고 '그리스도의 제자'로서의 삶을 살아갈 수 있는지…. 그리고 어떻게 하나님과 동행하며 살아갈 수 있는지를 깨달아, 성도들에게 바른 복음을 전하려고 관심을 가지면 쉽게 해결이 됩니다. 저는 가끔 이렇게 말합니다. 영육의 문제가 있어서 목회자를 찾아가면 목회자가 이론과 행위로 문제가 해결이 된다고 말한다면 그 목회자는 거짓선지자라는 것입니다. 참선지자는 이론만이 아니라 생명의 말씀과 성령의 역사로 직접 문제를 해결하도록 인도한다는 것입니다. 성도들이 당하는 영육의 문제는 즉각 해결되지 않기 때문에 솔직하게 생명의 말씀과 성령의 역사를 체험하며 문제를 해결하게 합니다. 성령의 역사가 장악하는 만큼씩 문제가 해결이 되기 때문입니다.

목회자들이 바르게 알아야 할 것이 있습니다. 아무것도 모르는 어린 양들은 영이 잠자고 있거나 영적으로 병들어서 목회자가 교회에서 가르치는 대로 자신들은 이미 구원 받았다고 믿고 자만하며 모든 고통을 감내하고 있다는 것입니다. 복음을 바르게 알지 못하여 불필요한 고통을 당하면서 살아간다는 것입니다. 그나마 깨어있는 영혼들은 길을 잃지 않기 위해 안간힘을 쓰며, 세상과 타락한 교회와 타협하지 않고 잠들지 않기 위해 열심히 기도하며, 하나님을 구하지만 이미 암흑이 드리워져 마지막으로 달려가는 이 땅의 악함을 바라보며 예수 그리스도의 다시

오심만을 기다리고 있습니다. 다시 한 번 강조합니다. 예수 믿으면 죽어서 천국만 가는 것이 아니고 이 땅에서도 마음에 천국을 이루고 아브라함의 복을 받는 것입니다.

복음은 아무런 열매가 없는 마른 나무가 아닙니다. 우리의 구원자이신 예수 그리스도의 참 복음은 우리의 삶을 변화 시킵니다. 나아가 우리의 가정을 변화시키고, 더 나아가 우리의 교회와 나라에 그리스도의 능력을 나타내게 합니다. 거짓 복음은 영혼을 병들게 하고 병들어 있는 자신을 자각할 수도 없게 마비시키며, 양심을 더럽히고, 가정을 무너뜨리며, 교회를 사탄에게 내어주도록 만듭니다. 자신의 안위를 위해 남을 무너뜨리면서도 하나님의 뜻이라 말하는 엄청난 범죄를 아무런 가책 없이 행할 수 있게 만드는 것이 거짓복음입니다.

'그러면 나는 무엇을 어떻게 해야 하는가?' 라는 자문이 든다면 예수 그리스도께서 피로 사신 '하나님의 성전'인 당신은 먼저 생명의 말씀과 성령의 초자연적인 역사로 자신을 바꾸어야 합니다. 먼저 자신이 생명의 말씀과 성령의 초자연적인 역사를 체험하며 영육의 문제를 해결 받아 삶에서 예수님을 누리는 심령이 되어야 한다는 것입니다. 자신이 성령의 사람으로 바뀐 체험을 가지고, 성령의 인도를 받으며 주변에 병든 자들을 찾아나서야 합니다. 체험을 전하면서 가난한 자를 찾아서 있는 힘껏 도와야 합니다. 영적으로 억압받고 고통 받는 자들을 찾아 함께 기도하며 전능하신 하나님의 능력을 전해야합니다.

세상에서 고통을 당하는 사람들에게 복음을 듣고 교회에 나오게 해야 합니다. 교회로 나와서 성령의 초자연적인 역사를 체험하고 하나님께 기도하여 하나님께서 하라는 대로 순종하면 문제가 떠나가기 시작을 하는 것입니다. 문제를 해결하려면 하나님과 관계를 열어야 합니다. 하나님과 관계를 열려면 교회에 나와서 말씀을 듣고 기도하며 성령의 세례를 체험해야 합니다. 성령의 세례를 체험하면 성령께서 인도하시면서 자신의 문제를 해결하게 하십니다. 문제의 해결은 하나님께 기도하여 하나님께서 하라는 대로 순종할 때 성령의 역사로 문제가 해결이 되는 것입니다. 많은 성도들이 세상에서 고통을 당하다가 복음을 전도 받고 교회에 들어오면 자신의 문제를 해결하려는 것에 급급합니다. 자신의 문제를 해결하여 달라고 기도하다가 해결이 되지 않으니 하나님을 원망하기도 합니다.

이는 하나님의 잘못이 아니라 자신의 잘못입니다. 자신의 영육의 문제는 성령의 초자연적인 역사가 일어나야 해결이 되는 것입니다. 그렇기 때문에 먼저 문제를 들고 교회에 들어와 하나님을 예배하며 말씀을 듣고 성령으로 기도하며 성령으로 세례를 받으려고 해야 합니다. 성령의 세례를 받고 성령으로 기도하며 하나님과 관계를 열어야 합니다. 하나님과 관계가 열리면 성령께서 기도할 때 문제를 해결할 수 있는 레마를 주십니다. 레마를 듣고 순종할 때 성령의 역사로 문제가 해결되기 시작하는 것입니다. 그래서 바르게 알고 믿어야 합니다. 제가 설명하는 말씀을 잘 이해해야 합니다. 시한부 종말론 자처럼 세상의 모든 것과 가정을 내팽개치고 교회에 나와서 기도하며 말씀을 들어야 된다는 말이 절대로 아닙니다.

자신이 하나님의 부르심에 순종하면 하나님은 성령으로 인도하시면서 하나님의 사람으로 만들어 가실 것입니다. 절대로 하나님은 사람의 말이나 행위로 성화시키지 않습니다. 성령의 초자연적인 역사로 성화되는 것입니다. 구약에서 말하는 성화가 '분리,' '오염되지 않은 순수함,' 혹은 인간과는 전적으로 분리된 '하나님의 거룩하심'을 뜻한다면 신약에서의 성화는 성령님을 통해 주어지는 내적 변화입니다. 바울은 성화를 신자들에게 주어지는 신분상의 변화(고린도전서 1:2)이자, 그리스도를 믿는 믿음으로 하나님 앞에서 의롭게 된 사람의 도덕적, 영적 변화의 과정이라고 보았습니다. 한마디로 예수님과 같아지는 것을 성화라고 합니다. 하나님은 우리가 그분을 닮아 거룩한 자가 되기를 원하십니다. 세상에서 예수님의 권능을 사용하여 세상을 하나님의 나라를 만드는 군사가 되기를 원하십니다.

성화는 구원받은 사람들이 이 땅을 살아가면서 뿜어내는 예수의 향기입니다. 우리가 만약 예수의 사도된다면 그 예수를 따르는 삶이 성화일 것입니다. 단순히 부드럽게 말하고 선행을 베풀고 겸손하단 것만으로 기독교의 성화는 아닙니다. 예수님과 동행하면서 성령의 초자연적인 역사로 예수님을 누리면서 세상을 하나님의 나라를 만드는 것입니다. 구원은 이러한 율법이 아닌 오직 예수에게만 달려 있습니다. 우리는 믿고 그것을 입으로 시인하면 구원에 이른다고 합니다. 즉, 구원은 믿음의 문제입니다. 그러면 성화는 어떤 것일까요? 바로 믿는 자가 땅에서 누리는 천국의 삶입니다. 예수 그리스도께서는 산상수훈에서 비록 고통 받고 저주받은 땅위에서일 망정 예수를 따르는 자들은 천국에서처럼 살 수 있다고 하셨습니다(마5:3-12).

예수를 믿은 사람들의 모습이야 말로 땅에서 천국을 살아가는 이들의 모습 즉, 하나님의 의와 그의 나라를 구하는 이들의 모습입니다. 예수를 가졌다는 것은 곧 기회를 가졌다는 뜻입니다. 하나님의 복을 받은 사람들이라는 것입니다. 또한 예수를 가진 이들에게는 필히 선물로서 하늘의 성령을 받는다 하였습니다. 이는 중보자, 보혜사로서 우리에게 예수께서 행하신 모든 것과 말씀하신 모든 것을 기억나게 하여 일깨워 주신다고 하셨습니다. 그럼 우리가 성화된 그리스도인이라 불리는 것은 곧 성령의 임재(세례) 하심으로 부터 시작되는 것입니다. 성령의 인도로 성화되어 가는 것입니다. 예수를 믿으면서도 성화되지 않아 예수님을 누리지 못하는 것은 성령의 인도를 받지 않기 때문입니다.

성령의 인도로 이 지상에서 살아가는 천국생활이 하늘에 이르게 될 때, 비로소 그는 충만한 기쁨으로서 하늘나라를 상속받는 것입니다. 하나님은 예수를 믿는 성도들이 지금 이 땅에서 예수님을 누리기를 소원하십니다. 예수를 믿으면 천국에 간다고 믿지 말고, 지금 이 땅에서 심령에 천국을 누리며, 삶에서 아브라함의 복을 누리며 살다가 천국에 입성하기 위해서 예수를 믿으라는 것입니다. 우리는 성령의 인도를 받으며 성화되어야 합니다.성화는 예수께서 우리에게 베푸시는 천국 사는 맛입니다. 예수께서도 이 맛을 보시며 사셨습니다.

26장 교회는 국가와 같이 의무가 있는 곳

(엡 1:22-23)"또 만물을 그의 발 아래에 복종하게 하시고 그를 만물 위에 교회의 머리로 삼으셨느니라. 교회는 그의 몸이니 만물 안에서 만물을 충만하게 하시는 이의 충만함이니라."

하나님은 예수를 믿고 성령으로 거듭난 크리스천들에게 성도로서 의무를 다하라고 하십니다. 사람은 이 세상을 태어나면서부터 권리와 의무를 갖게 되는데, 그중 의무에 대해서 살펴보면 의무는 다 각양각색입니다. 부부에게 있어서 남자의 의무가 있고, 여자의 의무가 있으며, 부모와 자녀에게 있어서, 또한 교사와 학생에게 있어서도 그에 대한 의무가 각각 있습니다. 이외에도 군인과 경찰, 법조인, 의료인들도 그들 나름대로 감당해야 할 의무가 있습니다. 대통령은 국민의 안녕과 생명을 지켜주며, 재산을 보호해야만 하는 의무가 있고, 그 반면에 국민은 병역과 납세, 근로, 교육 등의 의무가 있는 것입니다.

국가는 훌륭하게 성장한 국민에게 의무를 줍니다. 나라위해 봉사 헌신하고 건설의 역군이 되게 합니다. 세금을 내고, 국방의 의무를 감당하게 합니다. 고로 그 나라의 건설의 역군이 되게 하고, 그 나라의 국민 된 사명을 다하도록 지도 육성 보호해 갑니다. 어떤 국민은 나라의 의무를 기피합니다. 납세, 병역, 근로….를 기피합니다.

교회도 새 사람 된 교인에게 의무를 부여합니다. 헌신, 봉사, 헌금, 전도….등의 의무가 있습니다. 국민이 의무를 기피하는 것과 같이 교회도 이런 성도가 더러 있습니다. 국민 된 의무를 감당하는 것은 곧 자기를 위한 것입니다. 성숙한 성도들의 의무는 이런 것들이 있습니다.

첫째, 성도는 하나님의 영광을 위하여 살아야 한다. 장로교 헌법 소요리문답 제 1번을 보면 "사람의 제1되는 목적이 무엇인가?"로 묻고 있습니다. 이에 대한 대답은 "사람의 제1되는 목적은 하나님을 영화롭게 하는 것과 영원토록 그를 즐거워하는 것이다"로 되어 있습니다. 하나님의 영광을 위하여 살아야 할 것을 뒷받침하여 주는 말씀을 다 같이 찾아보도록 하겠습니다. 고린도전서10장 31절에서 "그런즉 너희가 먹든지 마시든지 무엇을 하든지 다 하나님의 영광을 위하여 하라"하셨으며, 로마서 11장 36절에서는 "이는 만물이 주에게서 나오고 주로 말미암고 주에게로 돌아감이라 영광이 그에게 세세에 있으리로다. 아멘"이라고 말씀하셨습니다.

그리고 시편73편 24-26절에서 "주의 교훈으로 나를 인도하시고 후에는 영광으로 나를 영접하시리니 하늘에서는 주 외에 누가 내게 있으리요. 땅에서는 주 밖에 나의 사모할 자 없나이다. 내 육체와 마음은 쇠잔하나 하나님은 내 마음의 반석이시오 영원한 분깃이시라"라고 하셨고, 요한복음17장 22-24절에서는 "내게 주신 영광을 내가 저희에게 주었사오니 이는 우리가 하나가 된 것 같이 저희도 하나가 되게 하려 함이니 이다. 곧 내가 저희 안에, 아버지께서 내 안에 계셔 저희로 온전함을 이루어 하나가 되게 하려 함은 아버지께서 나를 보내신 것과 또 나를 사랑하심 같이 저희도 사랑하신 것을 세상으로 알게 하려 함이로소이다 아버지여 내게 주신 자도 나 있는 곳에 나와 함께 있어 아버지께서 창세전부터 나를 사랑하시므로 내게 주신 나의 영광을 저희로 보게 하시기를 원하옵나이다."

둘째, 성도는 믿음을 지켜야 한다. 하나님을 영화롭게 하기 위해서 성도가 어떻게 해야 할까요? 본문 계시록 14장 12절에 "성도들의 인내가 여기 있나니 저희는 하나님의 계명과 예수 믿음을 지키는 자니라."로 되어 있는데, 여기서 지킨다는 것은 매우 중요한 것입니다. 춘향이는 이도령과 맺은 혼인언약을 절개로써 지켰고, 사육신은 단종의 복위를 위해 충절을 지켰듯이 성도는 주님의 말씀을 지키기 위해서 믿음의 절개를 지켜야 하는 것입니다.

디모데후서 4장 7-8절에 "내가 선한 싸움을 싸우고 나의 달려갈 길을 마치고 믿음을 지켰으니 이제 후로는 나를 위하여 의의 면류관이 예비 되었으므로 주 곧 의로우신 재판장이 그날에 내게 주실 것이니 내게만 아니라 주의 나타다심을 사모하는 모든 자에게 니라."라고 사도 바울은 말하고 있습니다.

사도행전에서 보면, 사도 바울은 돌로 맞이시 죽을 번 하였고, 많은 유대인들의 그를 죽이려고 행한 간계와 핍박을 당하였으며, 강의 위험과 파선 등 수없이 많은 목숨의 위협을 당하면서도 믿음을 지켰던 것을 잘 알 수 있습니다. 사도 바울이 믿음을 지키기 위해 이렇듯 고생을 하였는데, 그렇다면 사도 바울이 지킨 '믿음'이란 어떤 것입니까? 에베소서 2장 8절에 "너희가 그 은혜를 인하여 믿음으로 말미암아 구원을 얻었나니 이것이 너희에게서 난 것이 아니요 하나님의 선물이라"에서 말씀하심 같이 믿음은 하나님의 선물인 것입니다.

선물은 참으로 귀한 것입니다. 우리에게 선물로 주신 이 믿음을 왜 지켜야 합니까? 그것은 믿음은 '보배'이기 때문입니다. 이것은 베드로후서 1장 1절에 "예수 그리스도의 종과 사도인 시몬 베드로는 우리 하나님과 구주 예수 그리스도의 의를 힘입어 동일하게 보배로운 믿음을 우리와 같이 받은 자들에게 편지하노니"에서 알 수 있듯이 사도 베드로는 믿음을 보배롭다고 하였습니다. 결국 사도 바울과 베드로 이 두 사람은 믿음을 보배로, 즉 믿음을 세상에서 제일 귀하게 여겨 수고하며 일생을 바친 주님의 제자였습니다.

셋째, 절대로 주일성수를 해야 한다. 주일성수는 모든 예배생활의 기본입니다. 주일이란 "주님의 날"로서 예수 그리스도께서 우리 죄를 대신 담당하시고 십자가에서 죽으시고 부활하신 날입니다. 우리는 안식 후 첫날에 모여 주일을 성수해야 합니다. "그 주간의 첫날에 우리가 떡을 떼려 하여 모였더니 바울이 이튿날 떠나고자하여 그들에게 강론할새 말을 밤중까지 계속하매"(행 20:7). 주님은 안식 후 첫날에 부활하셨으며(요 20:1 이하), 안식 후 첫날 제자들이 모인 곳에 나타나셔서 평강을 명하셨습니다(요 20:19-23). 주일성수는 예배를 통해서 이루어집니다. 하나님께 예배하는 것은 가장 기본적인 신앙인의 자세입니다. 성도는 교회의 모든 공적 예배에 참여하여야 합니다.

예배에 성공하는 자만이 하나님이 주시고자 하는 신령한 복을 소유할 수가 있습니다. 특별히 주일은 주의 날로서 예수 그리스도의 부활을 기념하고 영적인 교제를 나누는 날입니다. 또한, 주일에는 주님의 피와 살을 기념하는 성찬을 합니다. 예배는 하나님과의 화해이며, 예배는 하나님의 용서와 복이 선포되어 임하는 현장이며, 예배에는 하나님의 계시가 있습니다. 주일 예배는 자신을 위하여 드리는 것입니다. 주일날 예배를 드리면서 한 주동안 세상에서 묻은 먼지와 때를 생명의 말씀과 성령으로 씻어내는 날입니다. 한주동안 세상에서 살아가면서 사용할 영력을 충전하는 날입니다. 주일은 자신을 위해서도 굉장히 중요한 날입니다. 그러므로, 예수 그리스도의 이름으로 하나님께 예배하는 것은 믿는 자의 가장 귀한 일입니다.

넷째, 매일 성경을 묵상하고 상고해야 한다. 성경은 성령에 의해 감동된 자들에 의해서 기록된 하나님의 말씀입니다. 성경은 마치 한국은행이 보증하는 현찰을 아무 의심 없이 믿고 쓰듯이 하나님이 보증함을 확실히 믿고 인정해야 하는 말씀입니다. 따라서 성경말씀에 권위를 주어야 하며, 인정해야 하며, 경건함이 있어야 합니다. 성경은 하나님과 예수 그리스도, 그리고, 성령에 대해서 우리에게 가장 정확하게 알려 줍니다.

그리고, 자신을 향한 하나님의 사랑과 놀라운 계획이 있습니다. 이것은 누구나 알 수 있는 것이 아니라, 성경을 성령의 임재

가운데 상고하는 자만이 체험할 수 있는 것입니다. 믿음은 성경을 하나님의 말씀으로 인정하고 성경을 상고하는 데에서 시작됩니다. "너희가 성경에서 영생을 얻는 줄 생각하고 성경을 연구하거니와 이 성경이 곧 내게 대하여 증언하는 것이니라."(요 5:39). "모든 성경은 하나님의 감동으로 된 것으로 교훈과 책망과 바르게 함과 의로 교육하기에 유익하니"(딤후 3:16). "하나님의 말씀은 살아 있고 활력이 있어 좌우에 날선 어떤 검보다도 예리하여 혼과 영과 및 관절과 골수를 찔러 쪼개기까지 하며 또 마음의 생각과 뜻을 판단하나니"(히 4:12). 말씀을 묵상함으로 항상 성령으로 충만한 삶을 살아갈 수가 있습니다.

다섯째, 매일 전도생활을 한다. 전도는 자신의 변화된 모습을 불신자에게 자랑하는 것입니다. 하나님은 먼저 자신이 성전이 되게 하려고 마음안에 임재하셨습니다. 자신이 성전되는 일에 집중하고 다음은 가정을 성전되게 하고 다음에 세상 사람에게 자랑을 해야 합니다. 전도는 예수 그리스도의 명령입니다. 하나님의 생명을 전하는 일입니다. 전도는 주님의 명령에 순종하는 것이며 믿지 않는 자들의 영혼을 살리는 것입니다. 성경은 가장 큰 사랑은 친구의 죽음을 대신하는 것이라고 하였습니다. 예수께서도 이 일을 위해 오셨다고 말씀하셨습니다. "이르시되 우리가 다른 가까운 마을들로 가자 거기서도 전도하리니 내가 이를 위하여 왔노라 하시고 이르시되"(막 1: 38).

예수께서는 모든 사람이 다 구원받기를 원하시며 이 구원의 복음을 전할 사명을 믿는 자들에게 부탁하셨습니다. 한 사람이 회개하여 하나님 품안으로 돌아올 때마다 주님의 기쁨은 실로 크십니다. "하나님은 모든 사람이 구원을 받으며 진리를 아는 데에 이르기를 원하시느니라"(딤전 2:4). "내가 너희에게 이르노니 이와 같이 죄인 한 사람이 회개하면 하나님의 사자들 앞에 기쁨이 되느니라."(눅 15:10).

전도는 예수 그리스도의 부활을 전하는 것입니다. 예수 그리스도가 우리의 죄를 대신하여 사람과 같이 죽었으나 죄 없으신 그분을 하나님이 살리셨으며 그를 믿는 자마다 죄 사함을 얻고 하나님의 아들의 권세를 가진다는 것을 전하는 것입니다. 바로 예수가 그리스도요 하나님의 아들이심을 전하는 것입니다. "오직 이것을 기록함은 너희로 예수께서 하나님의 아들 그리스도이심을 믿게 하려 함이요 또 너희로 믿고 그 이름을 힘입어 생명을 얻게 하려 함이니라"(요 20:31). 우리 하나님은 복음을 전하는 발길이 아름답다고 하십니다.

여섯째, 매일 기도생활을 한다. 기도는 하나님과의 교제입니다. 기도는 영적인 호흡으로서 기도하지 않는 영혼은 힘을 잃고 맙니다. 내 영혼은 하나님과 교제함이 있어야 강건하여 질 수 있습니다. 하나님께 기도하지 않는 것은 죄라고 말씀하셨습니다. "여호와께서 내 음성과 내 간구를 들으시므로 내가 그를 사랑하는 도다. 그의 귀를 내게 기울이셨으므로 내가 평생에 기도하리로다"(시 116:1-2). "나는 너희를 위하여 기도하기를 쉬는 죄를 여호와 앞에 결단코 범하지 아니하고 선하고 의로운 길을 너희에게 가르칠 것인즉"(삼상 12:23).

주님께서도 기도하시는 것을 게을리 하지 않으셨으며 쉬지 않고 기도하셨습니다. 예수께서는 자기 이름으로 구하는 모든 것을 시행하신다고 말씀하셨습니다. 믿음의 능력은 기도로 말미암는다고 예수께서는 말씀하셨습니다. “너희가 내 이름으로 무엇을 구하든지 내가 행하리니 이는 아버지로 하여금 아들로 말미암아 영광을 받으시게 하려 함이라 내 이름으로 무엇이든지 내게 구하면 내가 행하리라”(요 14:13-14).

하나님께서는 우리에게 예수의 이름으로 기도할 수 있도록 하셨으며 기도하는 자마다 하나님께서 합당한 것으로 응답하시는 것을 경험할 수 있습니다. 기도는 하나님의 약속을 믿는 믿음으로 시작되는 것으로 끊임없는 간구와 기도는 하나님의 약속이 성취되는 것을 볼 수 있습니다.

기도를 하되 성령으로 기도해야 합니다. “사랑하는 자들아 너희는 너희의 지극히 거룩한 믿음 위에 자신을 세우며 성령으로 기도하며, 하나님의 사랑 안에서 자신을 지키며 영생에 이르도록 우리 주 예수 그리스도의 긍휼을 기다리라”(유 1:20-21). 하나님께서 영이시기 때문에 자신의 말이나 생각으로 기도하면 영이신 하나님께서 들으시지 못하기 때문입니다. 성령으로 하는 기도에 대하여는 “방언기도로 분출되는 카리스마”와 “기도 쉽게 바르게 하는 방법” 책을 읽어보시기를 바랍니다.

일곱째, 십일조 생활을 한다. 십일조는 예수를 믿을 때 자신은 죽고 다시 하나님의 자녀로 태어나 하나님의 은혜로 돈을 벌었기 때문에 드리는 것입니다. 자기가 돈을 벌은 것이지만 실상을 자신의 주인인 하나님께서 벌으신 것입니다. 십일조는 하나님의 나라에 물질을 쌓는 것입니다. 십일조의 계념을 바르게 인식해야 합니다. "사람이 어찌 하나님의 것을 도둑질하겠느냐 그러나 너희는 나의 것을 도둑질하고도 말하기를 우리가 어떻게 주의 것을 도둑질하였나이까. 하는 도다. 이는 곧 십일조와 봉헌물이라"(말 3:8). 그러므로 예수를 믿고 성령으로 거듭난 성도된 사는 누구나 아깝게 생각하지 말고 십일조를 드려야 합니다. 이것은 신앙행위에 있어서 기본을 이루는 것입니다. 하나님께서는 하나님의 것을 하나님께 드리는 자에게 복을 주신다고 말씀하셨습니다. "만군의 여호와가 이르노라 너희의 온전한 십일조를 창고에 들여 나의 집에 양식이 있게 하고 그것으로 나를 시험하여 내가 하늘 문을 열고 너희에게 복을 쌓을 곳이 없도록 붓지 아니하나 보라"(말 3:10).

십일조는 저의 모든 소유가 하나님의 것입니다. 이렇게 인정하고 아낌없이 드리는 것입니다. 당신은 예수를 믿을 때 옛 사람은 죽었습니다. 다시 예수로 다시 태어난 것입니다. 하나님은 갈라디아서 2장 20절에서 "내가 그리스도와 함께 십자가에 못 박혔나니 그런즉 이제는 내가 사는 것이 아니요 오직 내 안에 그리스도께서 사시는 것이라 이제 내가 육체 가운데 사는 것은 나를 사랑하사 나를 위하여 자기 자신을 버리신 하나님의 아들을 믿는 믿음 안에서 사는 것이라"말씀하고 계십니다. 예수를 믿는 순간 강요셉 목사는 죽었습니다. 다시 예수로 사는 것입니다. 그러므로 우리의 모든 소유는 하나님의 것입니다. 직장에가서 일을 하더라도 자신이 일을 하는 것이 아니라, 예수님이 일을 하시는 것입니다.

그러기 때문 소득의 십일조를 아낌없이 드릴 수가 있는 것입니다. 십일조를 못하는 성도는 아직 옛 사람이 살아있기 때문에 모든 것이 자기의 것이니 십일조를 못하는 것입니다. 그러니 마귀가 구멍을 뚫고 물질이 새나가게 하는 것입니다. 우리는 결정해야 합니다. 예수 믿고 옛 사람이 죽었는가, 아직 옛 사람이 살아있는가, 결정을 해야 합니다.

옛 사람이 죽고 예수로 다시 태어났다면 하늘 문을 열기 위해 십일조를 하시기를 바랍니다. 하나님께 헌금을 드림으로써 하나님께서는 하늘 문을 통해 드릴 때의 양을 헤아려서 백배, 육십배, 삼십배로 복을 부어주실 것입니다.

십일조와 헌금은 바라는 재정 문제의 주된 영적 돌파구를 만들기 이전에 필요합니다. 십일조와 헌금은 모두 각자 믿음에 따른 하나님의 약속을 열게 합니다. 하나님은 드려진 십일조를 축복하시고 원금에 이자까지 불려서 돌려주실 것입니다.

결론적으로 예수를 믿고 성령으로 거듭난 크리스천에게 의무가 주어졌습니다. 하나님을 사랑하는 자는 의무를 지키는 자입니다. 성도란 성령으로 인침 받은 자입니다(고후 1:21-22). 성도는 성령으로 부르신 자로서 첫째 부활에 참여할 자입니다. 성도 된 형제, 자매들이 지켜야 할 의무가 있습니다. 우리 신앙생활의 성공은 주일성수, 매일 성경상고, 매일전도생활, 매일기도생활, 십일조 생활이라는 성도의 의무가 있습니다.

3부 대중목욕탕 교회에서 숙달하는 영성훈련

27장 기도를 성령으로 바르게 하는 훈련

(엡6:18)"모든 기도와 간구를 하되 항상 성령 안에서 기도하고 이를 위하여 깨어 구하기를 항상 힘쓰며 여러 성도를 위하여 구하라"

기도가 바르지 못하면 믿음 생활의 모든 부분이 잘못되는 것입니다. 우리나라 성도들의 영적인 열심은 알아주지 않습니까? 그런데 변화되지 못하고, 성령으로 충만하지 못하고, 성령의 권능을 받지 못하고, 삶이 바뀌지 않는 것은 기도가 잘못되었기 때문입니다. 기도를 바르게 하면 성령의 인도를 받아 전인격이 변화되기 시작을 합니다. 성도가 하나님의 복을 받는 것은 전인격이 성령의 지배를 받아야 가능한 것입니다. 기도가 바뀌어야 합니다. 무조건 많이 한다고 잘하는 기도가 아닙니다. 성령으로 바르게 해야 합니다. 기도가 바르지 못하니까, 10년 동안 믿음 생활을 해도 변화되지 않는 것입니다. 성령으로 바르게 기도를 하면 변화되지 말라고 해도 변화될 수밖에 없습니다.

왜 30년 믿음생활을 열과 성의를 다하여 열심히 하고, 천일을 철야하고, 영육의 문제 해결을 받으려고 10년 이상 30군대 이상을 다니고, 정신적이고 육적이고 영적인 질병을 치유 받으려고 성령의 역사가 강하다는 15년 동안 30군대를 교회를 다니고, 권능을 받으려고 20년을 성령 사역하는 곳을 다녀도 변화가 없고 치유되지 않고 능력이 나타나지 않는 것일까요? 기도를 바르게 하지 못하기 때문입니다. 교회나 성령 사역하는 곳에 가서 말씀 듣고 기도합시다. 하면 자신이 지금까지 하던 식으로 기도를 하기 때문입니다. 이렇게 기도하니 성령의 역사가 자신 안에서 일어나지 않기 때문에 변화가 일어나지 않는 것입니다. 성령의 역사가 자신 안에서 일어나야 치유도 되고 능력도 나타나고 문제도 해결이 되는 것입니다. 이를 방지하기 위하여 우리 충만한 교회같이 기도할 때 담임목사가 돌아다니면서 기도를 교정하여 성령의 역사가 성도의 마음 안에서 일어나게 해야 합니다. 성도의 마음 안에 있는 성전에서 분출되는 기도가 되도록 안수하면서 교정하여 주어야 합니다. 그렇게 하지 않으면 절대로 변화를 체험하지 못합니다. 그래서 모든 크리스천은 기도를 클리닉 해보아야 합니다. 이렇게 성령으로 기도하면 변화되지 말라고 해도 변화가 되고 치유가 됩니다.

성령으로 기도를 하되 숨을 쉬는 것과 같이 기도해야 합니다. 사람이 숨을 쉬지 않으면 죽습니다. 마찬가지로 하나님의 자녀가 기도하지 않으면 죽습니다. 기도는 영혼의 호흡이라고 했습니다. 시편은 "호흡이 있는 자마다 여호와를 찬양할지어다. 할렐루야(시 150:6)" 말씀하십니다. 우리 크리스천들은 기도를 하되 성령으로 숨을 쉬는 것과 같이 해야 합니다. 이는 습관이 되어야 합니다. 생명이 있는 사람이라면 저녁에 잠을 자면서도 숨을 쉽니다. 코를 골면서 자는 사람도 있습니다. 이는 자면서도 숨을 쉰다는 증거입니다. 이와 같이 예수를 믿어 성령으로 거듭난 성도는 숨을 쉬는 것과 같이 성령으로 기도해야 합니다.

우리는 기도를 바르게 알아야 합니다. 기도는 하나님과 사귀는 것입니다. 하나님과 가까이 하는 것입니다. 하나님과 함께 시간을 보내는 적극적인 행위입니다. 하나님과 사랑을 나누는 시간입니다. 하나님의 음성을 듣는 시간입니다. 하나님께 사랑을 고백하고 감사하는 시간입니다. 자신 안의 성전을 견고하게 세우는 시간입니다. 자신의 영혼에 성령으로 충만하게 채워서 마음의 안에 성전을 깨끗하게 하는 시간입니다. 우리의 삶에서 가장 깨어있는 시간, 하나님의 소리를 듣는 시간입니다. 자신을 치료하는 시간입니다. 세상에서 받은 스트레스를 정화하는 시간입니다. 예수를 믿는 성도가 하는 기도는 세상 사람들이 하는 기도와 다릅니다. 자신이 매일 철야하며 새벽기도를 해도 영육이 변화되지 않고, 환경이 어려운 것은 세상적인 기도를 하기 때문입니다. 예수를 믿는 성도가 하는 기도는 다음과 같은 원칙을 가지고 해야 합니다.

첫째, 성령 안에서 기도하라. 기도를 할 때에 자신의 생각이나 머리에서 나온 지식이나 언어구사를 잘하려고 하는 생각으로 기도하지 말라는 것입니다. 전인격이 성령의 지배하에 성령의 의지를 따라서 기도하라는 것입니다. 바른 기도생활을 위해서'좋은 기도의 습관'이 중요하긴 하지만 그 보다 더 중요한 것이 있습니다. 그것은 바로 기도의 영을 받아 가지고 있는 겁니다. 우리가 새벽기도를 생각해볼 때 우리가 항상 새벽에 그 시간에만 살아가는 것이 아니지 않습니까? 우리가 예배당 안에서만 살고 있지는 않지 않습니까? 우리가 가정에서나 직장에서나 세상에서 살아갈 때 우리 앞에 다양하게 펼쳐지고, 우리에게 다가오는 그런 도전과 문제, 그 어려운 상황 속에서 우리의 기도가 정해진 기도의 제목만으로는 우리 삶을 다 감당하지 못해요. 그래서 좋은 기도의 습관을 갖는 것도 중요하지만, 우리가 기도의 영을 가져서 성령 안에서 기도하는 것 그것은 더욱 중요합니다.

마치 내 영이 기도의 영이신 성령 안에 푹 잠겨 있는 것처럼 내가 하루 24시간 어디에서 무엇을 하고 있든지 하나님과 끊임없는 교통가운데서 내 삶이 진행되는 것, 그것이 바로 기도의 영을 가지는 것인데, 이것이 바로 기도생활의 이상이라고 할 수 있습니다. 그래서 하나님 말씀은 우리에게 '성령 안에서 기도하라' '성령으로 기도하라'라는 말씀을 여러 번 당부하십니다. 그 중 한 곳인 에베소서 6장 18절을 같이 읽겠습니다. "모든 기도와 간구를 하되 항상 성령 안에서 기도하고 이를 위하여, 깨어 구하기를 항상 힘쓰며, 여러 성도를 위하여 구하라" 과거 개역에는 '무시로 성령 안에서 기도하라'고 했는데, '무시로'란 항상 이란 뜻입니다. 영어로 always 또는 all times입니다. 그렇다면 어떻게 기도하는 것이 '성령 안에서 기도'하는 것일까요? '성령 안에서 기도한다'는 의미는, "성령의 영성과, 성령의 지성과, 성령의 감성을 따라서 기도하는 것이다" 라고 말할 수 있습니다. 또, 성령의 임재 가운데 기도하는 것입니다. 성령께서 주시는 생각으로 기도하라는 것입니다.

실제적으로 성경에 보면, 성령께서 우리를 위하여 말할 수 없는 탄식으로, 성령의 생각이 삼위일체 하나님과 합치된 상태에서 우리 안에 와계신 성령께서 우리를 위하여 계속 기도하고 계십니다.

"이와 같이 성령도 우리의 연약함을 도우시나니, 우리는 마땅히 기도할 바를 알지 못하나 오직 성령이 말할 수 없는 탄식으로 우리를 위하여 친히 간구하시느니라. 마음을 살피시는 이가 성령의 생각을 아시나니 이는 성령이 하나님의 뜻대로 성도를 위하여 간구하심이니라 (롬8:26~27)." '성령 안에서 기도하라'는 엡6장 18절의 말씀을 실행 할 수 있는 그 약속이, 이 로마서 말씀에 주어져 있습니다. 로마서 8장 26~27절속에는,성령의 [영성] [지성] [감성]이 나타나 있어요. 성령의 영성은 무엇과 같은가요? 어머니의 영성과 같지요. 어머니는 자녀들을 한없는 사랑으로 용납해주고 품어줍니다. 그러한 것처럼 성령은 포근한 영성, 온유하신 영성, 인자하신 영성으로서 마치 어머니가 자식을 위해 기도하듯이, 성령께서 우리를 위하여 기도하고 계신다는 거예요. 우리는 무엇을 위하여 기도하는지도 모르고, 우리 앞에 어떤 일이 일어날지도 모릅니다.

그렇기 때문에 성령께서 '우리를 위하여 마땅히 무엇을 위해서 기도할지 모르지만, 우리를 위하여 앞서 기도'하고 계신다는 것입니다. 성령의 영성이 그러하단 것입니다. 또 성령의 영성은, 성령은 지성을 가진 인격체이셔서 우리를 위해서 기도 할 바를 명확하게 인지하시고, 그리고 그 생각을 갖고 기도하고 계십니다. 롬8장 27절 말씀에 성령은 지성을 지니신 분이시다. 라는 것을 보여주는 한 표현이 있습니다.'마음을 살피시는 이가 성령의 생각을 아시나니' '성령의 생각'이라고 했습니다. 성령은 생각하신다. 즉, 지성을 지니신 분이십니다. 우리를 향하신 그 성령의 생각이 얼마나 많은지 시편 40편 5절에 이런 말씀이 나옵니다.

“여호와 나의 하나님이여 주의 행하신 기적이 많고 우리를 향하신 주의 생각도 많도소이다” 우리의 부모가 자녀를 위해서 기도하지 않습니까? 자녀에 대한 모든 사정을 헤아리고 살펴서 자녀를 위해서 기도합니다. 부모는 자녀를 위해서 기도하지만, 자녀는 부모를 그렇게 생각하지 않아요. 자기 인생이 바쁘기 때문에 내리 사랑을 해서 부모는 자녀를 위해서 그렇게 안타깝게 간절히 기도하지만, 자녀들은 그 부모에 대한 마음을 헤아리지 못합니다. 저도 자녀를 위해서 기도하면서 ‘이 아이들이, 부모인 내가 이렇게 하나님 앞에서 간절히 자기들을 위해 기도하는 것을 알고 지내기나 하나?’ 그런 생각을 할 때가 있습니다.

마찬가지로 우리는 별로 하나님을 생각하지 못하고 살아가지만 성령께서 우리를 위하여, 해변의 모래보다 더 많으신 그 생각, 그 사랑의 생각을 가지고 우리를 위해서 기도하고 계십니다. 또한 성령은 감성을 지닌 분이십니다. 로마서 8장 26절 말씀에 성령의 감성을 보여주는 한 어구 한 표현이 있습니다. “말할 수 없는 탄식으로 우리를 위하여 기도하시는 성령님”이라고 했습니다.

둘째, 성령으로 기도하라. 성령께서 감동하시고 인도하시는 대로 기도하라는 것입니다. 우리에게 자의적인 기도를 하는 습관이 있습니다. 자의적인 기도란 내 생각대로, 내 욕심대로, 내 마음대로 기도하는 것을 말하는 것입니다. 성령으로 기도하라는 것은 내 영이 성령 안에 잠긴 것처럼 성령이 그 영성과 지성과 감성을 따라서 기도하는 것, 그것이 바로 우리가 지향하는 이상적인 성령으로 하는 기도입니다. 부모가 어린자녀든 장성한 자녀든 자녀를 위해서 밤낮 기도하듯이 성령께서 우리에게 오셔서 나는 의식도 하지 못하는데, 나는 느끼지도 못하는 사이에 나를 위하여 말할 수 없는 탄식으로, 그 많으신 성령의 사랑의 생각을 갖고서, 하나님의 뜻에서 합치된 방향으로 나를 위하여 기도하고 계시는데 내가 그것을 깨닫고 성령의 인도를 따라 기도하는 것이 바로 성령 안에서 기도하는 것입니다.

그것이 그토록 중요한 이유는 우리가 성령 안에서 기도하게 되면, 우리가 중언부언 하는 기도는 하지 못하죠. 여전히 우리는 내 짧은 욕심이 들러붙은 그런 마음의 손을 가지고 기도를 하는데, 우리가 점차적으로 성령 안에서 변화를 받게 되면, 우리가 마음속에 품게 되는 소원과 우리가 하나님께 아뢰는 기도의 제목들이 하나님의 뜻에 합치되는 방향으로 내 그 기도가 바뀐다는 것입니다. "이와 같이 성령도 우리의 연약함을 도우시나니 우리는 마땅히 기도할 바를 알지 못하나 오직 성령이 말할 수 없는 탄식으로 우리를 위하여 친히 간구하시느니라." 우리의 기도가 성령 안에서 드려지게 되면 우리가 간구하는 것이 하나님의 뜻에 맞게 되니까 하나님께서 하나님의 뜻을 이루어주시지 않겠습니까?

로마서 8장 28절에 보면 "우리가 알거니와 하나님을 사랑하는 자 곧 그 뜻대로 부르심을 입은 자들에게는 모든 것이 합력하여 선을 이루느니라."하셨습니다. 우리 기도가 성령 안에서 드려지는 기도, 우리의 뜻이 하나님의 뜻에 합치되는 방향으로 변화 받게 되면, 우리가 기도하는 바를 하나님이 응답해 주실 뿐만 아니라, 우리에게 둘러싼 삶의 환경을 하나님께서 절대주관 가운데 품으시고, 붙드시고, 변경하시고, 조정하셔서 모든 것들을 합력하여 선을 이루게 해 주신다는 겁니다.

그러니까 로마서 8장 28절에'성도의 모든 것을 합력하여 선을 이루신다'는 구절은, 문맥상 26절과 연결해서 해석할 때, 성령 안에서 기도하는 성도에게, 모든 것이 합력해서 선이 이루어진다는 뜻입니다. 즉 28절의'성도의 모든 것이 합력해서 선을 이루는'은 총은 26절의 성령 안에서 기도하며 살아가는 자에게 주어지는 축복입니다. 시편 37편 4절 말씀에도 '또 여호와를 기뻐하라. 저가 내 마음의 소원을 이루어 주시리로다.'라고 하셨습니다.

우리 기도가 성령 안에서 기도하는 것으로 점차로 바뀌어서 우리가 성령 안에서 하나님을 기뻐하며 살아가게 될 때, 성령님께서 우리 마음속 안에 있는 모든 소원들을 아시고 헤아리시고 살피셔서, 우리로 하여금 하나님께 기도드려서 그 소원들을 다 이루게 해주시기 때문에 성령 안에서 기도하는 것이 그토록 중요합니다. 그런데 혹자는, '성령 안에서 기도 한다.'는 것은 방언기도 하는 것을 뜻한다고 하여 성령 안에서 기도와 방언기도를 동일시합니다. 저는 부분적으로는 맞는다고 생각해요. 그러나 다 맞는 것은 아니고, 부분적으로 맞습니다. 성령께서 우리에게 방언의 은사를 주시면, 그 사람은 그 방언기도를 하는 가운데 성령 안에서 기도하게 됩니다. 성령의 영성과 지성과 감성에 내가 편입되어서 내가 그 의미를 다 모르고 기도하는 사이에도 내가 성령 안에서 기도하는 것으로, 나의 기도가 바뀔 수가 있어요. 그래서 방언기도는 귀중한 은사입니다. 그런데 '성령 안에서 기도하는 것'을 방언기도로만 한정해놓으면, 방언기도를 하지 않는 다른 그리스도인은 성령 안에서 기도할 수 없는 것으로 되니까. 그것은 말이 안 되는 것이지요. 그러므로 방언은사를 받지 않은 많은 그리스도인들도, 성령 안에서 기도할 수 있습니다. 성령께서 이끄시는 대로 기도하는 것이 성령 안에서 기도하는 것입니다.

셋째, 성령으로 기도하는 방법. 기도에 대하여 바르게 알아야 합니다. 많은 성도들이 문제가 있으면 무조건 기도하면 문제가 풀어지는 줄로 알고 있습니다. 그래서 무조건 기도하라고 합니다. 그렇지 않습니다. 기도는 하나님의 음성을 듣는 것입니다. 문제의 원인에 대하여 하나님께 질문하여 하나님께서 알려주시는 것을 해결하면서 기도해야 합니다. 예를 든다면 회개라든가, 용서라든가, 하나님께서 알려주시는 레마를 받아 순종하며 기도해야 문제가 풀어지는 것입니다. 막연하게 문제를 해결하여 주시옵소서. 하며 기도하면 문제가 해결되지 않습니다. 반드시 하나님에 알려주시는 해결 방법을 적용하여 해결하면서 기도해야 문제가 풀어지는 것입니다. 성도들이 바르게 알아야 할 것은 자신이 당하는 문제는 하나님의 문제라는 것을 믿어야 합니다. 그래서 자신에게 일어나는 문제는 하나님이 해결해야 합니다. 왜냐하면 자신은 예수를 믿을 때 죽었습니다. 다시 예수로 태어났습니다. 지금 예수 인생을 사는 것입니다. 그렇기 때문에 성령으로 기도하여 영의 상태가 되면 하나님께 해결 방법을 질문하여 응답받은 대로 조치를 해야 문제가 해결되는 것입니다. 그렇기 때문에 문제를 해결하려면 기도하지 않으면 안 되는 것입니다. 성령으로 기도하여 영의 상태가 되어야 내적인 상처도 치유되고, 귀신도 떠나가고, 병도 고쳐지고,

문제도 해결되고, 하나님의 음성도 들을 수가 있는 것입니다.

성령으로 기도하는 것은 성령의 임재가운데 성령 안에서 기도하는 것을 말합니다. 마음으로 기도하여 마음의 문이 열려야 영으로 기도하게 되는 것입니다. 영으로 기도하는 것이 성령으로 기도하는 것입니다. 그렇기 때문에 먼저 마음의 기도로 마음의 문을 열어야 영으로 기도할 수가 있는 것입니다. 성령으로 기도하는 비결은 이렇습니다. 숨을 들이 쉬고 내 쉬면서 주여! 숨을 들이 쉬고 내 쉬면서 주여! 숨을 들이 쉬고 내 쉬면서 주여! 자연스럽게 주여! 주여!를 하면 되는 것입니다. 방언으로 기도할 줄 아는 분들은 호흡을 들이쉬고 내쉬면서 방언기도하고, 호흡을 들이쉬고 내쉬면서 방언기도를 합니다. 즉 내면의 활동이 강화되어 자신의 마음속 영 안에 계신 성령이 밖으로 나오시게 해야 합니다. 코로는 바람을 들이쉬고 배꼽 아랫배로 호흡을 하는 것입니다. 호흡을 들이쉬고 내쉬면서 주여! 주여! 주여! 하다가 성령께서 감동을 주시는 것이 있습니다.

예를 든다면 "자녀를 위하여 기도하라!"하실 수도 있습니다. 그러면 자녀를 위하여 기도하는 것입니다. 자녀에게 문제가 있는 것도 할 수가 있습니다. 자녀에게 바라는 것이 있으면 그것을 기도해도 좋습니다. 기도를 마치고 다시 주여! 주여! 주여! 하면서 기도를 합니다. 다시 성령께서 너의 물질문제를 기도하라고 하실 수도 있습니다. 물질문제를 기도합니다. 물질문제가 어떻게 해서 생겼는지 하나님에게 질문하며 기도합니다. 죄악으로 인한 것이라면 회개를 합니다. 회개하고 죄악을 타고 들어온 귀신을 축귀합니다. "예수 이름으로 명하노니 선조들의 죄를 따라 들어와 물질

고통을 주는 귀신아 물러가라" 소리는 크지 않아도 됩니다. 성령이 충만한 상태이므로 귀신들이 잘 떠나갑니다. 다시 다른 기도를 위하여 주여! 주여! 주여! 하면서 기도를 합니다.

그러면 성령께서 다시 감동을 합니다. 너의 건강을 위하여 기도하라! 그러면 자신의 건강을 위하여 기도합니다. 기도하면서 하나님에게 질문을 합니다. 하나님! 저의 어느 부분이 문제가 있습니까? 하면서 기도하여 조치를 취하면 됩니다. 무엇을 결정해야 할 경우는 어느 정도 기도하여 성령으로 충만한 상태가 되면 지속적으로 문의 하는 것입니다. 이것을 어떻게 해야 합니까? 이것을 어떻게 해야 합니까? 이것을 어떻게 해야 합니까? 지속적으로 질문을 하면 문득 떠오르는 생각이 있습니다. 이것이 하나님의 방법입니다. 이것을 해결하면 치유가 되는 것입니다. 이것이 성령으로 기도하는 것입니다. 어려울 것이 없습니다.

자신의 생각이나 욕심을 내려놓고 순수하게 성령을 따라 기도하는 것입니다. 보통 성도님들이 하시는 말씀대로 기도분량이 채워지니까 성령께서 알려주신 것입니다. 기도분량이 채워졌다는 것은 성령님이 역사하실 수 있는 영적인 상태가 되었다는 것입니다. 절대로 성령은 육의 상태에서 응답을 주시지 못합니다.

반드시 성령으로 충만한 영의 상태가 되어야 레마를 들려주십니다. 그러므로 영의 상태가 되도록 성령으로 깊은 영의기도를 해야 합니다. 영의 상태에서 하나하나 감동이나 음성으로 알려주시는 것입니다. 기도의 성공요소는 영의 상태에 들어가는 것입니다. 영의상태에서 성령님과 교통할 수가 있기 때문입니다.

28장 성령 세례와 성령 충만을 유지하는 훈련

(행 2:1-4)"오순절 날이 이미 이르매 그들이 다 같이 한 곳에 모였더니 홀연히 하늘로부터 급하고 강한 바람 같은 소리가 있어 그들이 앉은 온 집에 가득하며 마치 불의 혀처럼 갈라지는 것들이 그들에게 보여 각 사람 위에 하나씩 임하여 있더니 그들이 다 성령의 충만함을 받고 성령이 말하게 하심을 따라 다른 언어들로 말하기를 시작하니라"

하나님은 교회들이 성도들에게 성령으로 세례를 체험하게 하며 성령으로 충만한 삶을 살도록 인도하기를 소원하십니다. 알아야 할 것은 예수를 믿는 순간에 성령세례 받은 것이 아닙니다. 일부 크리스천들이 성령의 능력이 있는 목사님의 교회에 다니면 성령으로 충만할 줄 아는 데 절대로 그렇지 못합니다. 능력 있는 목사님(사람)을 의지하니 더 성령으로 세례 받기가 힘들 수도 있습니다. 자신이 직접 성령으로 세례를 받으려고 관심을 가지고 노력해야 합니다. 성령 세례를 받지 않으면 영혼의 만족을 누릴 수가 없습니다. 성령으로 충만할 때 영혼이 만족할 수 있기 때문입니다. 또한 눈으로 주님을 뵈올 수 있는 성도가 되지 못하기 때문입니다.

하나님은 분명하게 "그런즉 너희는 먼저 그의 나라와 그의 의를 구하라 그리하면 이 모든 것을 너희에게 더하시리라(마 6:33)"말씀하셨습니다. 자신 안에 하나님의 나라가 먼저 이루어지게 하라는 말씀입니다. 그래서 교회에 들어오면 먼저 예배를 드리면서 기도하고 찬양하다가 성령으로 세례를 체험해야 합니다. 성령으로 세례를 받으면 성령께서 자신이 살아오면서 받은 상처를 치유하십니다. 앞에서 설명했던 자아를 부수십니다. 그러면서 자신 안에 계신 하나님과의 관계가 열립니다. 하나님과 관계가 열리니 심령이 점차로 하늘나라가 이루어집니다. 하늘나라가 이루어지면서 혈통에 역사하던 귀신이 떠나갑니다.

귀신이 떠나가니 하나님과 친밀한 관계가 됩니다. 영혼이 만족을 누리기 시작하니 기도할 때마다 하나님께서 음성이나 감동이나 꿈이나 환상을 통해서 자신의 문제를 해결하는 지혜를 주십니다. 주신 지혜대로 순종하니 문제가 해결이 됩니다. 마음 안에 계신 성령님의 역사로 귀신이 떠나가기 때문입니다. 그러므로 예수를 믿었으면 성령으로 세례를 받아 하나님과 관계를 먼저 열어야 합니다.

성령세례에 대한 견해가 다릅니다. 장로교회에서는 예수를 믿을 때 성령이 믿게 하여 성령세례를 받았으니, 이제 성령으로 충만을 받아야 한다고 합니다. 성령충만을 강조합니다. 웨슬리안 알미니안주의 교회들(감리교, 성결교, 오순절교), 그중에서 특히 오순절 순복음 교회에서는 성령을 받는 것, 혹은 성령이 임하는 것을 즉 "성령세례"를 받는 것으로 중시합니다.

그리고 오순절교회에서는 성령세례 받은 증거가 필수적으로 방언이라고 주장합니다. 이것이 장로교회와 순복음교회의 대표적인 차이 중의 하나입니다. 과연 "성령세례"가 있습니까? 그리고 "성령세례"는 구원과 관계가 있습니까? "성령세례"의 시점은 언제입니까? 구원받은 자도 "성령세례"를 받아야 합니까? 이 문제는 아직도 결론이 나지 않는 문제입니다. 장로교단도 성령세례란 용어를 인정합니다. 그러나 순복음 교회에서 말하는 성령세례의 의미가 다릅니다. 간단히 말하면 장로교회에서는 성령세례의 순간을 "성도가 믿을 때"로 규정합니다. 그러나 순복음교회에서는 성령 세례의 순간을 "방언을 할 때"로 규정합니다. 무슨 말입니까? 장로교회의 입장에서는 성령세례가 성도의 구원과 관련이 있다고 주장한다는 말입니다. 반면에 순복음교회의 입장에서는 성령세례가 이미 구원받은 자에게 주어지는 것으로써 능력과 관련이 있다고 봅니다.

그러므로 장로교회에서는 성령으로 거듭나서 구원받은 자는 성령 세례를 받았기 때문에 또 다시 성령세례를 받아야 한다는 것을 인정하지 않고 내주하는 성령의 활동에 의한 "성령 충만"만을 인정합니다. 저는 이렇게 설명을 합니다. 장로교회에서 말하는 "성령세례"는 예수를 믿고 영이 살아나 하나님과 교통할 수 있는 것입니다. 성령이 영 안에 내주하신 것입니다. 반면 오순절교회의 "성령세례"는 내주하신 성령이 성도의 영-혼-육을 완전하게 장악하는 것을 말합니다. 저는 "성령세례"를 "내 안에 계신 성령의 폭발"이라고 표현하기도 합니다. 성령폭발이란 내주하신 성령께서 성도를 완전하게 장악한다는 뜻입니다. 용어를 쉽게 이해하도록 설명한 것이니 오해가 없으시기를 바랍니다.

그럼 왜 성령으로 세례를 받아야 되느냐 입니다. 무조건 성령으로 세례를 받아야 한다고 하지 말고, 왜 성령으로 세례를 받아야 하느냐는 것입니다. 이것을 바르게 알고 성령으로 세례를 받으려고 해야 한다는 것입니다. 왜는 간단합니다. 예수님이 요단강에서 세례요한에게 물로 세례를 받은 다음에 성령으로 세례를 받으셨기 때문입니다. 성령으로 세례를 받고 성령의 이끌림을 받아 광야에 가셔서 마귀의 시험을 성령의 인도와 말씀으로 승리하시니 천사가 수종을 들고 그때부터 회당에서 말씀을 증거하실 때 권능으로 귀신들의 정체가 폭로되었습니다. 성령으로 세례를 받으시기 전에는 그저 말씀만 전하셨으나 성령의 세례를 받고 말씀을 전하니 권능이 나타나기 시작을 한 것입니다. 마가복음 1장 27절은 이렇게 말합니다."다 놀라 서로 물어 이르되 이는 어찜이냐 권위 있는 새 교훈이로다 더러운 귀신들에게 명한즉 순종하는 도다 하더라" 사람들은 다 놀라서 말했습니다. "이는 어찜이냐 권세 있는 새 교훈이로다 더러운 귀신에게 명한즉 순종하는도다" 예수님의 권세는 귀신의 순종으로 나타납니다.

그리고 예수님이 성령으로 세례 받는 것을 강조하셨기 때문입니다. "요한은 물로 세례를 베풀었으나 너희는 몇 날이 못 되어 성령으로 세례를 받으리라 하셨느니라"(행1:5). 몇 날이 못되어 성령으로 세례를 받는 다고 말씀하십니다. 그러면서 이렇게 말씀히십니다. "오직 성령이 너희에게 임하시면 너희가 권능을 받고 예루살렘과 온 유대와 사마리아와 땅 끝까지 이르러 내 증인이 되리라 하시니라."(행 1:8). 우리에게 성령이 임하시면 예수님의 증인이 되어진다고 말씀하십니다. 어떻게 해야 주님의 증인이 되어질까 고심하고 애쓰는 것이 아니라, 성령이 임하시면 되어 진다는 것입니다. 예수님을 닮아가는 것이 우리의 노력으로 되어지는 것이 아닙니다. 성령이 임하시면 성령께서 우리를 예수님을 닮은 삶으로 만들어 가십니다. 우리가 애를 써가며 예수님을 닮아가려는 것은 율법의 신앙이고, 성령께서 예수님을 닮아가게 만드시는 것이 은혜의 삶입니다. 우리가 할 수 있는 일은 모든 일에 하나님만 인정하는 삶입니다.

우리가 바르게 알아야 할 것은 예수님을 닮아간다는 것은 예수님과 같은 권세도 포함이 됩니다. 예수님과 권세 있는 삶을 살면서 예수님의 지상명령을 순종하려면 반드시 성령으로 세례를 받아야 합니다. 성령으로 세례를 받은 다음부터 땅의 사람이 하늘의 사람으로 바뀌는 것입니다. 반드시 하늘의 사람으로 변해야 땅의 사람에게 역사하던 귀신이 떠나가기 때문입니다. 귀신이 떠나가야 자유 함을 찾을 수 있습니다. 그래서 예수님이 이렇게 말씀하시는 것입니다. "믿는 자들에게는 이런 표적이 따르리니 곧 저희가 내 이름으로 귀신을 쫓아내며 새 방언을 말하며 뱀을 집으며 무슨 독을 마실지라도 해를 받지 아니하며 병든 사람에게 손을 얹은즉 나으리라 하시니라"(막16:17).

그럼 이제 어떻게 해야 성령으로 세례를 받을 수 있느냐는 것입니다. 우리가 바르게 알아야 할 것은 위로부터 임하시는 성령은 오순절 마가의 다락방사건으로 종료가 되었습니다. 그러므로 성령으로 세례와 불로 장악이 되려면 성령의 역사가 있는 장소에 가는 것이 빠릅니다. 성령의 불로 장악되고 성령의 역사를 체험하려면 성령의 역사가 있는 장소에 가는 것이 좋습니다. 자신이 과거에 한번 성령의 세례를 체험했었다면 혼자 기도해도 성령의 불로 장악될 수 있습니다.

자신이 한 번도 성령의 세례를 체험하지 못했다면 성령의 기름부음심이 있고 성령의 불의 역사가 나타나는 장소에 가서 성령의 불로 충만 받는 것이 맞습니다. 성령의 체험과 장악은 장작불의 원리와 같습니다. 성령의 불로 충만하고 성령의 역사를 체험한 사람들이 많이 모이는 장소는 성령의 역사가 강합니다. 성령은 어디에 계시는가, 먼저 내 영 안에 계십니다. 그리고 우리 안에 계십니다. 또 말씀 안에 계십니다. 그러므로 성령체험을 하지 않았다면 성령의 역사가 있는 장소에 가셔야 성령을 쉽게 체험하고 장악을 당할 수가 있습니다. 또 한 방법은 성령 받은 자에게 가셔서 말씀을 듣고 안수를 받는 방법이 있습니다.

위로부터 임하시는 성령의 역사는 오순절 마가의 다락방에서 임하셨습니다. 그 이후는 그때 성령 받은 사람이 말씀전하고 안수 할 때 임했습니다(행19:1-7). 성령의 불로 충만한 사람에게 전이 받는 것입니다. 성령으로 세례 받고 장악되기 원하십니까? 성령이 역사하는 장소로 가십시오. 그래야 빨리 성령으로 장악될 수가 있습니다.

성령으로 세례를 받아야 성령의 불세례를 받으면서 성령 충만이 이루어지는 것입니다. 제가 성령 사역을 하면서 체험한 바로는 성령의 세례를 받지 않으면 성령 충만에 이르기가 어렵습니다. 왜냐하면 성령께서 성도의 전인격을 장악하지 못했기 때문입니다. 그러므로 저의 견해로는 성령으로 세례를 받는 것이 옳다고 판단이 됩니다. 성령으로 세례 받고, 성령으로 충만함을 받기 위하여 내 안에 계신 성령님에게 집중해야 합니다.

물론 처음 한번은 성령의 불을 받아야 합니다. 다음부터는 내주하신 성령으로부터 불이 나와야 합니다. 성령의 불이 자신 안에서 나오도록 영성훈련을 해야 합니다. 성령이 역사하는 교회시대인 지금은 성령을 받은 사람이 말씀을 전하고 기도할 때 임합니다. 이는 말씀을 전하는 사람의 심령에 임재 했던 성령이 나타난 것입니다. 성령은 먼저 성령세례를 받은 성도 안에 임재 하여 계십니다. 그리고 성령으로 세례 받은 성도들이 모인 장소에 임재 하여 계십니다. 성령으로 세례를 받은 목회자가 전하는 말씀 안에 임재 하여 계십니다. 그러므로 성령의 불은 성령으로 세례를 받은 성도의 마음속에서 나오는 것입니다.

그런데 아직도 많은 목회자나 성도가 성령의 불이 하늘에서 떨어지는 줄로 압니다. 저에게 질문을 많이 합니다. 목사님! 우리 교회에서는 성령의 불이 하늘에서 떨어진다는데, 왜 목사님은 성령 받은 성도의 심령에서 올라온다고 하십니까? 그래서 제가 잘 설명을 합니다. 지금 하나님은 예수를 영접한 성도의 마음 안에 계십니다. 예수님은 요한복음14장 20절에서 "그 날에는 내가 아버지 안에, 너희가 내 안에, 내가 너희 안에 있는 것을 너희가 알리라"하셨습니다.

로마서8장 10-11절에서는 "또 그리스도께서 너희 안에 계시면 몸은 죄로 말미암아 죽은 것이나 영은 의로 말미암아 살아 있는 것이니라. 예수를 죽은 자 가운데서 살리신 이의 영이 너희 안에 거하시면 그리스도 예수를 죽은 자 가운데서 살리신 이가 너희 안에 거하시는 그의 영으로 말미암아 너희 죽을 몸도 살리시리라"하셨고, 고린도전서 3장 16절에서는 "너희는 너희가 하나님의 성전인 것과 하나님의 성령이 너희 안에 계시는 것을 알지 못하느냐"했습니다. 빌립보서 2장 13절에서는 "너희 안에서 행하시는 이는 하나님이시니 자기의 기쁘신 뜻을 위하여 너희에게 소원을 두고 행하게 하시나니"라고 하십니다. 이렇게 볼 때에 분명히 성령의 불은 내 안에서 나오는 것이 맞습니다. 하나님이 성도의 마음 안에 계시기 때문입니다. 성령의 불이 자신 안에서 나오는 것을 인정하지 않으면 이런 현상이 나타납니다. 밖에서 역사하는 불만 받으려고 하기 때문에 영의통로가 뚫리지를 않습니다. 왜냐하면 밖에다가만 관심을 집중하기 때문입니다. 내 안에 관심을 가져야 자신이 보이는데 밖에다가 관심을 두니 자신이 보이지 않는 것입니다. 그래서 밖에다가 관심을 두니 영의통로가 열리지를 않습니다. 영의통로가 막혀있으니 항상 갈급합니다. 성도는 심령에서 은혜가 올라와야 영의 만족을 얻을 수가 있습니다. 밖에서 들리고 보이는 것을 가지고 은혜를 받으려고 하니 항상 심령이 갈급한 것입니다. 교회나 은혜의 장소에 가서 말씀을 듣고 예배를 드릴 때는 은혜를 받는 것 같습니다.

그러나 마치고 돌아서면 허전합니다. 기도를 할 때도 마찬가지입니다. 기도를 하면 마음이 편안해지는 것 같습니다. 조금 지나면 심령이 갑갑해집니다. 밖에서 역사하는 성령의 불을 받아서 몸은 뜨거운데 마음은 평안하지 못합니다. 마음이 평안하지 못하니 성품이 변하지 않습니다. 남이 하는 조그마한 소리에도 참아내지 못하여 혈기를 냅니다. 성령의 불이 마음에서 올라오지 않으니 육체에 역사하는 세상신이 역사하기 때문입니다.

좀처럼 심령이 변하지 않으니 그리스도인으로서 본을 보이지 못합니다. 세상 믿지 않는 사람들보다 더 악하고 혈기를 잘 냅니다. 이런 성도가 기도하는 것을 보면 거의 목에서 나오는 소리로 기도를 합니다. 기도할 때 나름대로 생각하기는 성령으로 충만하다고 생각하는데 절대로 그렇지 못합니다.

이런 성도가 밖에서 역사하는 성령의 불을 잘 받습니다. 밖에서 역사하는 불로 인하여 육체가 훈련되어 있기 때문입니다. 성령이 역사하면 뜨거움도 강합니다. 그러니 성령의 불을 받았다고 믿어버리는 것입니다. 마음속에서 불이 나오지 않으니 육체에 역사하던 세상신이 떠나가지를 않습니다. 기도를 해도 세상신이 적응을 하여 같이 기도하면서 꼼짝도 하지 않습니다. 이런 분들이 모두가 이구동성으로 하는 말이 얼마 전에 어디에서 성령의 강한 불을 받았다고 합니다.

분명하게 성령의 불은 받는 것이 아닙니다. 물론 처음에는 성령을 받아야 합니다. 그러나 성령이 장악하면 자신의 영 안에서 성령의 불이 나오는 것입니다. 자신의 영 안에서 성령의 불이 나오도록 영성을 깊게 해야 합니다. 예수를 믿고 성령으로 거듭난 성도는 바르게 알고 바르게 행해야 합니다.

명확한 근거도 없는 샤머니즘적인 용어에 속지 말고 바르게 체험하기 바랍니다. 무엇이든지 받아들이지 말고 말씀으로 분별해 보는 습관을 들이시기를 바랍니다. 마귀는 어찌하든지 성도들을 속이려고 합니다. 그것도 하나님의 말씀과 성령의 역사를 교묘하게 위장하여 침투합니다. 분별력을 길러야 합니다. 성도는 하나님의 말씀과 바른 성령 체험을 하면 변하게 되어 있습니다. 무엇이든지 열매를 보시기를 바랍니다. 아무리 뜨거운 불을 받았다고 할지라도 구습이 변하지 않으면 분별의 대상입니다.

성도들이 언제 성령으로 세례를 받습니까? 교회의 정규 예배 시간에 말씀 듣고 기도하다가 성령으로 세례를 받는 것입니다. 교회는 주일 예배 간에도 성령의 세례를 받도록 인도해야 합니다. 분명하게 성령의 세례는 성령으로 세례를 받아 성령의 인도를 받는 목회자가 말씀을 전하고 기도할 때 일어나는 것입니다. 우리 충만한 교회는 주일날도 성령의 강력한 역사가 일어납니다. 처음 오시는 분들도 모두 성령으로 세례를 받습니다. 다음부터는 성령으로 충만 받게 됩니다. 요즈음 성도들이 주일 밖에 교회에 나오지 못하는 분들이 무지기수입니다. 이분들이 언제 성령의 세례를 체험하고 성령 충만한 믿음 생활을 할 수 있겠습니까? 기도원에 가서 성령세례 받겠습니까? 아니면 부흥회 때 성령세례를 받겠습니까? 부흥회 때 성령으로 세례를 받았다고 해도 성령으로 충만한 생활을 하지 않으면 점점 영적인 능력이 약해지는 것입니다. 주일날 성령으로 세례 받게 해야 합니다. 그리고 성령으로 충만한 생활을 하도록 주일을 활용하는 교회가 되어야 합니다.

29장 스트레스와 잠재의식을 정화하는 훈련

(벧전 4:10)“만일 누가 말하려면 하나님의 말씀을 하는 것 같이 하고, 누가 봉사하려면 하나님이 공급하시는 힘으로 하는 것 같이 하라.”

하나님은 크리스천들이 성령의 인도를 받으면서 영육이 강건하기를 원하십니다. 많은 분들이 교회에서 사역하면서 봉사하면서 성도들을 관리하면서 알게 모르게 스트레스와 상처를 많이 받고 있습니다. 개척교회 목회자와 사모님들의 스트레스와 상처가 이만 저만이 아닌 경우를 많이 봅니다. 일부 직분자들도 교회 봉사하면서 스트레스와 상처를 받는 경우가 다 반사입니다. 아니 교회에서 무슨 스트레스를 받느냐고 반문하실지 몰라도 교회에서 봉사하면서 성도들을 섬기면서 스트레스를 받는 일이 너무나 많습니다. 많은 수의 목회자들과 사역자들과 권사, 장로의 직분자들이 스트레스로 인하여 영육의 질병이 생겨 밖으로 표현하지 못하고 속으로만 꽁꽁 앓으면서 고통하고 계시는 분들이 많다는 것입니다. 이는 진리를 잘못이해한 연고라고 생각합니다.

성도들은 교회에 오면 귀인 취급을 받으려고만 합니다. 무조건 친절해야 한다는 것입니다. 신앙생활과 아무런 관계가 없는 일도 친절해야 한다는 것입니다. 섬김은 뒷전이고 섬김을 받으려고만 하기 때문에 많은 수의 목회자와 권사님 장로님들이 스트레스로 인하여 영육의 질병이 생겨서 고통을 당하는 분들이 적지 않습니다. 모두 마음을 열기 때문에 스트레스가 깊숙이 심겨지는 것입니다. 이는 생명의 말씀과 성령으로 충만하지 못하여 마음에 평안이 없고 예수님의 사랑이 없기 때문입니다. 쉽게 설명한다면 목회자나 사역자나 권사나 장로님들이 보이는 면에 치중하다가 보니 스트레스를 받아 해소할 만한 마음의 상태가 아니기 때문입니다. 이미 자신들의 내면에 스트레스와 상처가 포화상태였다는 것입니다. 교회의 사역의 형태가 보이는 면이라 성령으로 심령을 정화하지 못했기 때문입니다.

생명의 말씀과 성령으로 내면을 정화하면 하나님께서 에덴동산에서 창조했던 아름다운 얼굴로 바뀝니다. 필자는 충만한 교회에 현실 문제를 해결 받고자 오시는 분들을 유심히 관찰합니다. 처음 오실 때는 근심과 걱정으로 얼굴들이 일그러져있습니다. 그런데 시간이 가면 갈수록 평안하고 아름다운 얼굴로 바뀌어져 가는 것을 봅니다. 하나님께서 최초 만든 얼굴이 나타나는 것입니다. 일부 여성들이 백옥주사, 태반주사, 감초 주사를 맞는다고 하던데, 생명의 말씀과 성령으로 정화되니 그런 것을 맞지 않아도 건강해진다는 것입니다. 내면이 생명의 말씀과 성령으로 강해지기 때문에 피부도 깨끗해지는 것입니다. 크리스천이 영육의 문제와 환경의 문제로 고생하는 것은 내면세계가 부실하기 때문입니다.

우리가 바르게 알아야 할 것은 영육의 강건함은 하나님께서 책임져주시지 않습니다. 개개인이 자신의 육체적인 건강과 정신적인 건강에 관심을 가지고 관리를 해야만 합니다. 많은 크리스천들이 알고 있는 것이 하나님의 일을 열심히 하면 하나님께서 건강을 책임져 주시는 것으로 잘못알고 있습니다. 하나님께서 건강을 책임져 주시는 것이 아니라, 청지기인 자신이 하나님의 창조 법칙대로 관리를 해야 합니다. 하나님의 말씀과 성령의 인도에 순종해야 강건한 삶을 살 수가 있는 것입니다. 철저하게 성령의 인도를 받으면서 일을 해야 합니다. 내면의 스트레스와 상처와 쓰레기들을 매주의 예배와 기도를 통하여 해소해야 합니다.

필자가 성령치유 사역을 하다가 보면 목회자와 직분자들이 스트레스가 과하여 영육의 침체를 지나 영육의 탈진이 찾아와 해결받기 위하여 찾아오시는 분들이 많습니다. 이분들이 이구동성으로 하는 말이 자신을 돌볼 틈도 없이 몸으로 열심히 봉사하다가 보니 이렇게 건강에 문제가 생겼다는 것입니다. 하나님의 일을 자신의 힘으로 하려고 했으니 얼마나 힘이 들었겠습니까? 모두 성령의 인도 없이 자신의 힘으로 열심히 하다가 보니 스트레스가 과하여 발생한 것입니다. 세상 사람들에게 교회에서 열심히 믿음생활하고 봉사하고 예배드리고, 철야 기도하다가 스트레스로 영육의 건강에 문제가 생겼다고 하면 무엇이라고 하겠습니까? '아이러니' 하다고 할 것입니다. 하나님의 일을 열심히 하는데 하나님께서 건강을 책임져 주시지 않았다고 하나님께 화살을 돌릴 것입니다. 그런데 하나님은 말씀을 주시고 성령의 인도를 받으면서 하나님께서 하라는 대로 순종하면서 건강관리를 하라고 말씀하십니다. 자신의 열심으로 예배하고 봉사하라고 말씀하시지 않으셨습니다. 쉬어가면서 일하라고 하셨습니다. 어떻게 하면 교회에서 스트레스를 받지 않고 해소하면서 믿음생활을 할 수 있을 까요?

첫째, 영과 진리로 예배를 드려야 합니다. 하나님은 이렇게 말씀을 하십니다. “그러므로 형제들아 내가 하나님의 모든 자비하심으로 너희를 권하노니 너희 몸을 하나님이 기뻐하시는 거룩한 산 제물로 드리라. 이는 너희가 드릴 영적 예배니라(롬 12:1)” 산제물이란 영-혼-육이 성령의 지배를 받는 영적인 상태를 말하는 것입니다. 쉽게 설명한다면 살아있으나 자신의 의지를 발휘하지 않은 성령으로 지배를 받는 상태로 드리는 예배가 영적 예배라는 것입니다. 예수님은 분명하게 이렇게 말씀하셨습니다. “아버지께 참되게 예배하는 자들은 영과 진리로 예배할 때가 오나니 곧 이 때라 아버지께서는 자기에게 이렇게 예배하는 자들을 찾으시느니라. 하나님은 영이시니 예배하는 자가 영과 진리로 예배할지니라(요 4:23-24)” 하나님만을 주목하는 예배, 하나님만이 주인 되게 하는 예배, 하나님께 참되게 예배하는 것은 무엇을 의미합니까? 어떻게 드리는 예배를 가리켜 아버지께 참되게 예배하는 것입니까? 하나님께 참되게 예배하는 자는 산제물이 되어 영으로 예배합니다. 영으로 드리는 예배가 무엇입니까? 우리가 이를 바르게 알기 위해서는 먼저 성경말씀을 바르게 알아야 합니다. 원래 헬라어 성경을 보면 24절에서 “하나님은 영이시니… 영으로 예배하라.” 하는 구절의 ‘영’을 가리켜 ‘성령’(pneuma)으로 표기했습니다. 복잡하게 설명하지 않겠습니다. “하나님은 영이시니.” 즉 하나님은 성령 하나님이십니다. 그러므로 “영으로 예배할지니라.” 즉 성령 하나님으로 장악되어 예배하라는 말씀입니다. 더 쉽게 설명을 드리면 '성령의 인도함 가운데, 성령님 안에서 예배하라.'는 것입니다.

예배드리는 것이 즐거워야 합니다. 반대로 예배드리는 것이 고역이라면 스트레스가 쌓여있고 스트레스를 받고 있는 것입니다. 빨리 원인을 찾아서 고쳐야 합니다. 크리스천이 교회에 나와서 예배드리는 날을 고대하는 사람이 되었다면 성령의 지배와 인도를 받는 것입니다. 그렇지 않고 무슨 핑계를 만들어서 교회를 가지 않으려고 한다면 스트레스가 쌓여서 영육이 병들은 증거입니다. 우선적으로 찾아서 고쳐야 할 것입니다.

둘째, 성령으로 기도해야 합니다. 하나님은 기도도 분명하게 성령으로 하라고 하셨습니다. "사랑하는 자들아 너희는 너희의 지극히 거룩한 믿음 위에 자신을 세우며 성령으로 기도하며(유 1:20)" 앞의 영과 진리로 드리는 예배 설명에서 영-혼-육이 성령의 지배를 받아 자신의 의지를 발휘하지 않는 산 제물로 예배를 드리라고 하셨습니다. 기도역시 자신의 생각이나 말이나 욕심이나 머리로 목으로 하지 말고 성령의 지배를 받는 상태에서 성령이 말하게 하심을 따라 기도하라는 것입니다. 우리 크리스천들이 복음적인 기도의 계념을 바르게 이해하지 못하는 분들이 많습니다. 바라고 구하는 것이 기도라고 생각하고 그렇게 기도하는 분들이 너무나 많습니다. 그래서 기도는 많이 하는데 기도 응답도 받지 못하고, 자신의 변화도 체험하지 못하는 것입니다. 기도는 하나님의 뜻을 구하는 것입니다. 자신이 하나님께서 원하시는 길을 가고 있는지 하나님의 입장에서 보는 것이 진정한 성령의 인도를 받는 기도입니다. 그렇기 때문에 자신의 머리에서 나오는 생각으로 기도하는 것이 아닙니다. 장구하게 아뢰는 것이 기도가 아닙니다. 전인격이 성령의 지배를 받으면서 성령의 이끌림에 따라서 기도하는 것이 성령으로 기도하는 것입니다. 기도가 바르지 못하니 성령으로 충만 받지 못하여 기도하면서 스트레스를 해소하지 못하는 것입니다. 스트레스는 잠재의식에 형성되어 있습니다. 그렇기 때문에 성령으로 충만하지 못하면 스트레스가 해소되지 않는 것입니다. 성령으로 기도하여 영적인 상태가 되지 못하니까, 예수를 믿노라하면서 세상 사람들과 똑 같이 스트레스를 받는 것입니다. 교회에서 봉사나 일을 하면서 스트레스를 받는 것은 영적인 상태에서 하나님께서 주시는 힘으로 봉사하지 않고 자기 힘으로 봉사하기 때문입니다.

셋째, 설교도 봉사도 하나님께서 공급하시는 힘으로 해야 합니다. 봉사도 하나님께서 공급하시는 힘으로 봉사하고 하나님께서 영광을 받으시게 하라고 말씀 하셨습니다. 우리는 다음의 말씀을 심비에 새겨야 할 것입니다. “만일 누가 말하려면 하나님의 말씀을 하는 것 같이 하고, 누가 봉사하려면 하나님이 공급하시는 힘으로 하는 것 같이 하라. 이는 범사에 예수 그리스도로 말미암아 하나님이 영광을 받으시게 하려 함이니, 그에게 영광과 권능이 세세에 무궁하도록 있느니라. 아멘(벧전 4:11).” 분명하게 크리스천이 교회에서 봉사하는 지침이 말씀에 명시되어 있습니다. 자신의 열심이나 조건을 달고 봉사하지 말라는 것입니다. 성령께서 감동하시는 봉사를 성령께서 주시는 영력으로 봉사하라는 것입니다. 자신의 힘으로 봉사를 하다 보니 여러 가지 부작용이 나오는 것입니다. 필자는 교회에서 봉사하면서 스트레스를 받는 다면 봉사하지 말라고 합니다. 성령께서 감동하시는 봉사는 아무도 알아주지 않지만 즐겁고, 기쁘고 감사가 넘쳐나기 때문에 성령으로 충만해지는 방편이 되는 것입니다. 반대로 스트레스가 쌓이고 짜증이 나고 힘이 드는 봉사라면 하나님께서 함께하시지 않는 보증입니다. 분별과 판단을 잘해야 할 것입니다. 더군다나 아무도 알아주지 않는다고 불평이 나오는 봉사는 스트레스로 인하여 자신의 영-혼-육만 망가지게 하는 행동입니다.

필자가 지금까지 목회하면서 체험한 바로는 교회에서 다른 사람들에게 자신이 이렇게 믿음이 좋다고 보여주려고 봉사하면서 스트레스를 받아서 육적으로 정신적으로 영적으로 질병이 생겨서 고생하는 분들을 많이 보았습니다. 봉사는 기쁨이 있어야 하고 가족들이 동조(동의-이해)하는 봉사가 되어야 합니다. 교회에서 봉사하는데 가족들이 거부와 반대가 심하다면 한번 신중하게 고려하시는 것이 좋습니다. 만약에 내가 이렇게 교회에서 열정을 다해 봉사하면 하나님께서 감동하시어 우리 남편의 사업이 잘되게 해주실 것이라는 인간적인 생각을 가지고 봉사하지 말아야 합니다. 무엇을 하면 복 받는 다는 이런 말은 일부 목회자들이 교회 성장시키려고 자신들이 지어낸 말입니다. 분명하게 성령으로 봉사해야 합니다. 만약에 그렇게 봉사하여 무엇이 잘되었다고 하더라도 식구들에게 자기가 열심히 봉사하여 이렇게 되었다고 말하지 말아야 합니다. 이렇게 된 것은 하나님의 은혜라고 말하면서 하나님께 영광을 돌리는 자세가 중요합니다.

넷째, 무엇을 하든지 예수님의 이름으로 하라고 말씀하셨습니다. 크리스천은 예수님을 믿을 때 십자가에서 죽었고 다시 예수님으로 태어난 사람들입니다. 하나님을 이렇게 말씀하십니다. “내가 그리스도와 함께 십자가에 못 박혔나니 그런즉 이제는 내가 사는 것이 아니요 오직 내 안에 그리스도께서 사시는 것이라 이제 내가 육체 가운데 사는 것은 나를 사랑하사 나를 위하여 자기 자신을 버리신 하나님의 아들을 믿는 믿음 안에서 사는 것이라(갈 2:20)” 이제 자신이 사는 것은 예수님의 인생을 사는 것입니다. 자신이 한 것이 아니라는 말입니다. 영적인 뜻을 바르게 알고 봉사하고 행동해야 할 것입니다. 분명하게 하나님은 “또 무엇을 하든지 말에나 일에나 다 주 예수의 이름으로 하고 그를 힘입어 하나님 아버지께 감사하라(골 3:17)” 이렇게 말씀하셨습니다. 크리스천들이 교회에서 봉사하고 예배드리고, 기도하다가 스트레스가 쌓이는 것은 전적으로 성령의 인도와 역사 없이 자신의 힘으로 했기 때문에 발생한 것입니다.

한마디로 하나님께서 하라는 대로 순종하라는 것입니다. 우리는 다음의 말씀을 잘 이해하고 적용해야 합니다. “아아 허탄한 사람아 행함이 없는 믿음이 헛것인 줄을 알고자 하느냐 우리 조상 아브라함이 그 아들 이삭을 제단에 바칠 때에 행함으로 의롭다 하심을 받은 것이 아니냐, 네가 보거니와 믿음이 그의 행함과 함께 일하고 행함으로 믿음이 온전하게 되었느니라(약2:20-22).” 행함이 있는 믿음은 자기 마음대로 열심히 하는 것이 아니고, 하나님께서 감동하신 대로 순종하라는 것입니다. 필자의 체험으로 영적인 눌림과 침체와 탈진과 무기력의 고통은 하나님과 관계없이 자신의 열심과 성격과 힘으로 일을 했기 때문에 발생합니다. 하나님께서는 스트레스를 받아 영육의 무기력과 탈진을 통하여 자신의 나약함을 깨닫고 하나님께 의지하고 맡기기를 원하십니다. 많은 분들이 의지하고 맡긴다는 진리를 바르게 깨닫지를 못합니다. 의지한다는 것은 하나님의 뜻에 순종한다는 것입니다. 믿는 자의 모든 삶은 하나님의 계획해두셨습니다. 사람이 마음으로 자기의 길을 계획할지라도 그의 걸음을 인도하시는 이는 여호와이십니다(잠16:9). 사람의 마음에는 많은 계획이 있어도 오직 여호와의 뜻만이 완전히 선다고 하셨습니다(잠19:21). 하나님의 계획 뜻을 알고 순종하는 것이 의지하는 것이라고 필자는 생각합니다. 자신의 계획을 가지고 일을 추진하는 것이 아니고, 하나님의 계획(뜻)을 따라서 일을 추진하는 것입니다. 그러면 하나님께서 자기 인생을 책임지실 것입니다. 자신이 생각하여 도저히 합리적이지 않고 이해하지 못할 지라도 하나님의 뜻에 순종하면 하나님께서 이루신다는 것입니다. 이렇게 하나님의 의중을 물어서 성령의 인도에 따라 주님의 일을 하지 않고, 자기 생각으로 자기 열심으로 자신의 힘으로 교회에서 일을 하기 때문에 스트레스를 받고 무기력이 찾아오고 탈진이 나타나는 것입니다.

서울 어느 미션 스쿨인 여자 고등학교 선생님들의 수련회 기간 동안 학생들에게 예수님의 사랑을 흘려보내는 선생님들이 되자고 했다는 이야기를 들었습니다. 미션 스쿨 선생님들도 예수님의 사랑을 흘려보내는데 교회의 사역자나 직분자들은 어찌 해야 하겠습니까? 예수님의 사랑이 마음에 충만해야 사랑을 흘려보내는 것입니다. 말과 같이 쉬운 일이 아닙니다. 작금의 교회 실정을 보노라면 인간성은 흘려보낼 수는 있어도 예수님의 사랑과 은혜인 영성은 흘려보낼 수가 없을 것입니다. 자신에게 영성이 없는데 어찌 영성을 흘려보내겠습니까? 사람의 몸으로 주님의 일을 하는 것입니다. 그래도 성도들은 부목사, 전도사하면 대단한 분들로 알고 있습니다. 아주 신령한 분들이라고 믿고 따릅니다. 깨닫고 보면 참으로 안타까운 현실입니다. 그래서 별도의 시간을 가지고 교역자와 직분을 맡아서 봉사하고 사역하는 사람들의 영성관리 시간을 별도로 해서 영성을 관리하게 해야 합니다. 일주일에 하루라도 내면을 치유하고 관리하는 시간을 가져야 합니다. 그래서 성령의 인도를 받으면서 내면에서 올라오는 은혜와 카리스마로 성도들을 섬기게 해야 합니다.

그리고 목사님께서 전하는 말씀에 상처를 받거나 만족을 누리지 못하는 분들이 있습니다. 많은 수의 성도들이 담임목사 설교에 상처를 받는 다고 말합니다. 그리고 우리 목사님은 2%가 부족하다고 하는 분들도 있습니다. 결론부터 말하면 본인에게 문제가 있는 것입니다. 문제가 무엇일까요? 성령이 충만하지 못하여 마음이 평안하지 않는 것입니다. 내면이 부실하기 때문입니다. 내면이 옥토가 되지 않은 연고입니다. 내면에 성령이 충만하고 성전이 경고하게 지어져 있으면 성경말씀만 읽어도 은혜가 됩니다. 자신의 내면에 스트레스와 상처로 인하여 마음이 평안하지 못하니 조그마한 말에도 쉽게 상처를 받는 것입니다.

자신의 마음의 상태에 따라 은혜를 받기도 하고 상처를 받기도 하는 것입니다. 그래서 담임목사님이 하시는 조그마한 말에도 예민하게 반응하여 상처를 받게 되는 것입니다. 이런 분들은 말씀과 성령으로 무의식의 상처를 치유하여 영성을 강하게 해야 합니다. 자신의 영이 약하기 때문에 상처가 들어오는 것입니다. 내면을 강화시키는 기도를 하여 영성을 강화하면 상처가 들어오지 않습니다. 모든 문제가 자신의 마음에 있다는 것을 인정하고 치유를 받으면 빨리 회복이 될 것입니다.

바뀌지 않는 다면 자신의 영혼에 만족을 줄 수 있는 말씀을 전하는 목회자를 찾아 나서야 합니다. 빠르면 빠를수록 좋은 것입니다. 왜 2%가 부족하다고 불편합니까? 100% 목회자를 만나면 됩니다. 교회에서는 스트레스를 받으면 안 됩니다. 교회에서는 세상에서 받은 스트레스를 해소하는 곳이 되어야 합니다.

성도들은 주일날 교회에 나와서 하나님께 예배드리며 봉사하면서 말씀 듣고 기도하고 목사님의 안수를 받으면서 한 주 동안 세상에서 받은 스트레스를 해소하는 것입니다. 스트레스를 해소하고 그곳에 하늘의 양식인 생명의 말씀과 성령으로 영력으로 채워야 합니다. 그래서 교회에 나올 때는 무거운 발걸음으로 나왔지만, 예배를 마치고 집으로 돌아갈 때에는 외양간에서 나온 송아지 같이 뛰면서 즐거워하며 집으로 돌아가 한주동안 세상에서 승리하며 살아야 합니다. 교회는 스트레스를 치유하는 장소입니다.

30장 걸어 다니는 성전의식을 갖는 훈련

(고전 3:16)"너희는 너희가 하나님의 성전인 것과 하나님의 성령이 너희 안에 계시는 것을 알지 못하느냐"

하나님은 크리스천들이 걸어 다니는 성전의식을 가지고 믿음 생활 하기를 소원하십니다. 하나님께서 마음 안 성전에 계시기 때문입니다. 걸어다니는 성전의식을 가지고 살아야 성전에 계신 하나님의 권능으로 기적을 체험하면서 살아갈 수가 있습니다. 하나님은 보이는 성전에 계시지 않습니다. 성도 한 사람, 한 사람의 마음 안에 주인으로 임재 하여 계십니다. 성전을 견고하게 세운다는 것은 자신 안에 하나님께서 전 인격을 지배하는 것입니다. 크리스천들이 바르게 알아야 할 것이 있습니다. 유형교회를 세우려고 교회에 다닌다고 한다면 잘못 이해한 것입니다. 유형교회를 출석하는 것은 먼저 자신 안에 있는 성전을 가꾸기 위해서 출석하는 것입니다. 마음안의 교회를 가꾸기 위하여 유형교회의 예배에 빠짐없이 출석해야 합니다. 크리스천은 유형교회를 통하여 자신안의 성전을 가꿀 수가 있기 때문입니다. 유형교회에서 목사님의 설교를 들으면서 영을 깨우고 선배들의 신앙지도를 받으면서 영이 자라 심령교회가 가꾸어지기 때문입니다. 마음 성전을 가꾸기 위하여 유형교회를 건축해야 합니다. 마음 성전을 가꾸어야 전인적인 복을 받습니다. 하나님의 뜻은 자신이 먼저 잘되는 것입니다. 자신이 잘되어야 전도가 가능합니다.

하나님은 “너희가 하나님의 성전인 것과 하나님의 성령이 너희 안에 거하시는 것을 알지 못하느뇨”(고전 3:16). 성경은 ‘하나님의 성전,’ 즉 ‘하나님이 거하시는 성전’이 사람의 마음속에 있다고 말씀합니다. 우리는 달력 등에 실린 삽화에서 예수님이 문밖에서 노크하고 계신 그림을 본적이 있습니다(계 3:20). 우리의 마음 문밖에 서 계신 예수님을 우리의 마음 안에 모셔 들입시다. 무너져 내린 마음속의 성전을 다시 건축해야 합니다. 하나님께서 오늘 우리에게 이렇게 명하십니다. ‘내가 거할 성소를 너희 마음 안에 지으라.’ 수천 년 전 이 땅에 세워졌던 성전은 우리 마음 안에 건축되어야 할 성전의 표상입니다. 하나님의 지도하심을 따라서 마음의 성전이 완성되고 예수 그리스도의 거룩한 피가 우리의 마음의 성전에 뿌려져야 합니다.

첫째, 성령으로 마음을 청소하고 정리하라. 집안을 다스리려면 마음 안에 계신 성령하나님께서 주인으로 좌정하고 계셔야 합니다. 세상에서도 집안을 다스리려면 집안을 청소하고 정리해야 되는 것처럼 마음을 성령으로 청소하고 하나님께서 다스려야 되는 것입니다. 말씀과 성령으로 정신적으로 미움, 분노, 시기, 질투, 교만, 탐욕 같은 쓰레기더미의 원인을 찾아내고 양심의 고통스런 죄책을 다 회개하고 성령의 역사로 씻어야 마음을 다스릴 수가 있는 것입니다. 마음에 세상과 스트레스로 들어온 쓰레기가 잔뜩 쌓여있고 마음이 안정되지 못하고 불완전하게 흩어져서 정신을 차릴 수 없는데 다스려집니까?

마가복음 7장 21절로 23절에 “속에서 곧 사람의 마음에서 나오는 것은 악한 생각 곧 음란과 도둑질과 살인과 간음과 탐욕과 악독과 속임과 음탕과 질투와 비방과 교만과 우매함이니 이 모든 악한 것이 다 속에서 나와서 사람을 더럽게 하느니라" 우리 속에는 세상을 살아오면서 들어온 쓰레기더미가 있습니다. 너나 할 것 없이 우리 가슴을 활짝 펴고 성령으로 충만한 가운데 자신 안을 들여다보면 쓰레기더미가 다 있어요. 남에게만 쓰레기더미가 있다고 손가락질하지 말 것은 내 속에 쓰레기더미가 있는 것입니다. 그러므로 이것을 찾아서 청산해야 돼요. 쓰레기더미를 어떻게 청산합니까? 우리가 성령께서 인도하시는 회개를 통해서 청산할 수 있는 것입니다. 그리고 그때 들어온 귀신들을 성령으로 예수이름으로 몰아내야 합니다.

마음 안에 있는 성전에 하나님을 주인으로 모시고, 성령으로 마음을 정리정돈 하고 여유가 생겨서 마음속이 행복하면 환경이 행복한 환경으로 변화되는 것입니다. 먼저 버려야 할 사소한 생각으로는, 불행하다는 마음과 마음의 고통, 슬픔, 상처 등 주로 부정적인 것들을 다 밀어내야 합니다. 화, 불안, 분노, 비난 등 부정적인 감정들도 지금 당장 버리고 망설이고, 걱정하고, 불신하고, 갈등하고, 조급증, 적대감 등의 행동을 과감하게 성령의 역사를 통하여 정화해야 합니다. 성령으로 충만하면 마음속의 쓰레기가 밀려서 나가는 것입니다. 마음이 세상 것으로부터 해방되면 행복하게 된다는 것입니다. 우리가 영혼의 만족을 누리면서 성공적이고 행복한 삶을 살기 위해서는 무엇보다 먼저 우리의 생각과 감정과 행동 가운데 부정적이고 소극적인 쓰레기더미를 예수님의 보혈과 성령의 역사로 씻어내고 우리 마음을 십자가 구속의 은혜로 채워야 하는 것입니다.

둘째, 하나님을 주인으로 모시고 살아라. 하나님께서 마음 성전의 주인으로 계시니 우리는 천국의 삶을 사는 것입니다. 우리는 모두 다 영원한 천국의 꿈을 갖고 사는 것입니다. 꿈이 없는 백성은 망한다고 말한 것입니다. 작은 꿈, 큰 꿈, 살아있는 사람은 다 마음에 꿈을 갖고 있는 것입니다. 그런데 희망찬 꿈을 갖고 살아야지 꿈이 언제나 비관적이고 절망적이면 절대 행복하지 않습니다. 마음 안에 주인으로 계시는 예수님을 쳐다보고 용서와 의의 꿈을 언제나 꿀 수 있고 거룩하고 성령 충만한 꿈을 꿀 수 있고 치료받고 건강한 꿈을 꿀 수가 있고 아브라함의 복과 형통을 얻을 꿈을 꿀 수 있고 부활 영생 천국의 꿈을 꿀 수가 있습니다. 꿈은 꿈이니까요. 그래서 내 영혼이 잘됨같이 범사에 잘되며 강건하고 생명을 얻되 넘치게 얻는 꿈을 꾸고 나아가면 그 꿈이 우리들을 그 세계로 이끌어 가는 것입니다. 자신이 꿈을 이루는 것이 아닙니다. 절대로 그것은 오해하지 마십시오. 꿈을 가슴에 품고 있으면 성령께서 꿈을 이끌어 가는 것입니다. 그렇기 때문에 꿈을 갖는다는 것은 그렇게 중요한 것입니다. 믿음의 주요 또 온전케 하시는 예수를 바라보라고 성경에 말한 것입니다. 예수를 바라보고 나아가면 그 꿈이 우리를 예수께로 이끌어 주는 것입니다.

그래서 "누구든지 그리스도 안에 있으면 새로운 피조물이라 이전 것은 지나갔으니 보라 새것이 되었도다." 이전의 죄악된 삶, 부패한 삶, 병든 삶, 패배와 실패, 낭패, 가난, 저주의 삶. 죽음의 고통의 삶이 다 사라지고 새로운 삶, 영혼이 잘됨같이 범사에 잘되며 강건하고 생명을 얻되 넘치게 얻는 삶으로 변화되는 것입니다. 그것은 내가 노력하고 힘쓰고 애써서 되는 것이 아니라, 꿈이 그 세계로 이끌어 가는 것입니다. 마음 안에 예수님을 주인으로 모시면 성령이 오셔서 그 꿈대로 변화시켜 주는 것입니다.

셋째, 사람들에게 은혜를 입는 삶. 하나님께서 함께 하시고, 걸어 다니는 성전의식을 가지고 살아가는 성도는 주변 사람들 앞에서 은혜를 받고 사는 것입니다. 하나님께서 함께 하시는 증표가 어디를 가든지 주변 사람들에게 은혜를 받고 주는 것입니다. 하나님께서 살아계시기 때문입니다. 그래서 우리는 자녀들이나 배우자나 교우들을 위하여 기도할 때에 주변 사람들을 통하여 은혜를 입는 자가 되도록 기도해야 합니다. 또한 주변 사람에게 은혜를 끼치는 자가 되라고 기도해야 합니다. 이방 나라에 포로가 된 느헤미야는 이렇게 기도합니다. "종들의 기도를 들으시고 오늘 종이 형통하여 이 사람들 앞에서 은혜를 입게 하옵소서(느1:11)" 기도의 응답은 형통이고 이 형통의 구체적인 표현은 아닥사스다 왕에게서 은혜를 받는 것입니다. 느헤미야의 기도의 구체적 내용은 포로생활을 하던 자신의 삶을 청산하고 돌아가는 것입니다. 그에게는 자신의 조국 예루살렘의 운명을 안타까워하는 마음이 있었습니다. 우리는 오늘 먼저 한 가지 결론을 내립니다. 걸어 다니는 성전으로 사는 성도가 기도하여 하나님의 응답을 받게 되는 구체적인 일은 바로 사람들에게서 은혜를 받은 것입니다. 걸어 다니는 성전으로 사는 성도는 일상생활 속에서 사람들과 함께 잘 사는 것입니다. 사람들 속에서 하나님과 교통하며 살아가는 것입니다. 필자는 명절이 되어 우리가 만나는 가족 간에도 은혜 받기를 원합니다. 사람들과의 관계 속에서 하나님이 주시는 은혜를 사람들을 통하여 누리시길 바랍니다.

느헤미야는 이방 나라에서 아닥다스 왕에게 은혜를 입습니다. 아닥사스다 왕은 하나님께 기도하고 있는 느헤미야의 상관입니다. 느헤미야는 하나님의 백성입니다. 하나님의 백성에게 역사하시는 하나님의 은혜의 수단은 페르시아 제국의 왕입니다. 그리고 페르시아의 종교는 조로아스터교입니다. 이 조로아스터교의 신자인 아닥다스 왕이 하나님의 손에 이끌려서 하나님의 일을 하고 있습니다. 하나님이 예수 믿는 사람을 구원하신다는 사실은 분명하지만, 하나님이 이 예수 믿는 사람들만을 제한적으로 사랑하는 특정한 사랑이 아닌 것을 깨달아야 합니다. 하나님은 세상을 이처럼 사랑하셔서 독생자를 주실 때에 불교신자를 사랑하시고 이교신자들도 사랑하셨습니다. 모두 예수를 믿고 돌아오기를 기다리십니다. 하나님은 사람을 귀하게 여기시고 사람을 통하여 일하십니다.

하나님의 사랑은 하나님의 백성과 자녀라고 하는 울타리를 뛰어넘는 우주적 사랑이시고, 하나님은 모든 인간에게 대한 기본적인 사랑을 베푸십니다. 그래서 하나님이 위대하신 것입니다. 우리의 왜곡된 신앙이 하나님을 협소하게 한 것입니다. 우리가 기도할 때에 구체적으로 기도해야 합니다. 느헤미야의 기도가 위대했던 것은 구체적으로 기도했기 때문입니다. “하나님!

제게 은혜를 베풀어 주셔서 아닥사스다 왕과 페르시아 통치자들에게 역사해주셔서 제게 은혜를 베풀어 주십시오"라고 기도합니다. 하나님께서 느헤미야와 함께하시기 때문에 기도에 응답하시는 것입니다. 우리는 하나님께 우리의 병을 고쳐주시고 건강하게 해달라고 기도하면서 구체적으로 기도하지 않습니다. 기도자의 형통은 바로 나와 가까이 있는 사람을 통해서 주시는 은혜의 역사입니다. 하나님은 사람을 통하여 일을 하십니다.

그러므로 자신이 하는 기도를 통하여 역사하시는 것입니다. 기도할 때 성령님이 역사하시고 하늘의 천사들이 동원됩니다. 자신이 병들어 기도할 때 질병을 치유할 수 있는 사람을 천사를 통하여 만나게 하십니다. 기도는 영의 활동입니다. 기도할 때 성령으로 충만할 수 있습니다. 성령으로 충만해야 하나님의 손을 움직일 수가 있는 것입니다. 하나님의 손을 잘 움직이도록 기도하는 성도가 걸어 다니는 성전의식으로 사는 성도입니다.

느헤미야가 아닥사스다 왕을 만날 때에 그 옆에 왕후가 옆에 있었습니다. 페르시아제국의 왕후들은 공식적인 자리에 잘 나타나지 않는다고 합니다. 그런데 이 왕후가 느헤미야와 자신의 왕이 수산 궁에서 연회를 베풀 때 나타났다고 하는 것은 둘 중의 하나로 보입니다. 하나는 이 자리가 공식적인 자리가 아닌 사적인 자리이거나 아니면 왕후가 관례를 깨고 느헤미야를 도우려고 왕을 설득하고자 나왔다는 것입니다. 왕후가 느헤미야와 왕의 사이에서 가교역할을 했습니다.

그러면 이 느헤미야는 아닥사스다 왕 뿐 아니라, 그의 왕후의 도움까지도 받았다는 이야기입니다. 자기 주변에 있는 사람을 하나님이 내게 은혜를 베푸는 통로로 삼는 자가 복이 있습니다. 하나님은 내 옆의 가까이 있는 사람을 통해서 은혜를 베풀어 주시고 기도자의 형통을 베풀어 주십니다. 우리는 가까이 있는 사람들과 관계를 잘 맺어야 합니다. 하나님은 가까이 있는 사람을 통하여 당신의 문제를 해결하여 주십니다. 당신의 가까운 곳에 하나님의 형통의 복을 가진 사람이 있습니다. 우리는 빈부귀천, 남녀노유를 따지지 말고 귀한 하나님의 은혜의 통로라고 생각하며 관계를 맺어야 합니다. 제가 지금까지 하나님에게 기도하여 문제를 해결한 것은 가까이 있는 사람을 통하여 문제를 해결했습니다. 절대로 하나님은 생판 모르는 사람을 통하여 당신의 문제를 해결하는 경우는 극히 드물다는 것을 이해하시기 바랍니다.

느헤미야는 왕 앞에 나갈 때 수심이 가득했습니다. 왕정시대에 왕 앞에 나갈 때 수심이 가득한 사람은 모략을 꾸며 심지어 자객이 될 수도 있는 상황이 될 수 있다는 이유로 왕 앞에서 수심이 있는 얼굴은 금했습니다. 그러나 일상적인 관례를 벗어난 느헤미야의 수심을 보고도 아닥사스다 왕은 걱정합니다.

이때 느헤미야는 "왕이시여 내가 소식을 들었는데 내 조국 이스라엘이 다 망하고 예루살렘의 성문이 무너지고 불탔다고 합니다. 이 궁에서 왕에게 은총을 입었지만 나 혼자 호위호식을 할 수 있겠습니까?" 느헤미야의 이야기를 듣고 아닥사스다 왕은 이렇게 이야기 합니다.

"네게 어떻게 해주면 되겠느냐?" 그때부터 느헤미야는 2장에 나오는 일련의 프로젝트를 브리핑하기 시작합니다. “저를 예루살렘으로 떠나게 하시고 조서를 주셔서 제가 페르시아의 영토를 지날 때 마다 그 지역의 총독들로부터 보호받게 해주십시오. 또 성벽과 성읍을 건축할 때 필요한 자재들을 얻도록 도움을 베풀어 주시길 원합니다.” 느헤미야서를 읽어보시면 느헤미야는 철저하게 예루살렘 성벽을 재건할 계획을 가지고 왕이 물어 볼 때에 주저하지 않고 대답하게 됩니다. 왕은 느헤미야의 요구를 다 들어줍니다. 하나님이 주변의 사람들을 통해서 자신의 문제를 해결토록 허락해주실 때 “내가 네게 무엇해 주길 원하느냐”라고 물으실 때 우리는 대답을 준비해야 합니다. 우리도 걸어다니는 성전의식으로 자신 안에 계신 하나님께 느헤미야처럼 구체적으로 기도하여 하나님의 응답을 받으시기를 바랍니다.

넷째, 말씀과 성령으로 마음 성전을 가꾸어야 한다. 마음 성전을 말씀과 성령으로 가꾸어야 영혼의 만족으로 행복합니다. 크리스천의 모든 권능은 마음 안에 있는 성전에서 흘러나오는 것입니다. 우리는 늘 깨어서 마음 안에 있는 성전에 세상 것들이 들어와 집을 짓지 못하도록 말씀을 묵상하고 성령으로 기도하면서 마음 성전을 정화시켜야 합니다. 아하스가 죽은 후, 그의 아들 히스기야가 왕이 되었습니다. 히스기야는 지난 세월 교만했던 이스라엘과 유다 왕들과는 달리 다윗이 한 모든 것을 그대로 본받아 행한 올바른 왕이었습니다.

그는 25세의 젊은 나이에 왕이 되었지만 하나님의 마음을 알았기 때문에 하나님이 보시기에 옳게 행함으로 닫혀있던 성전문을 열고 수리했습니다. 그리고 제사장들과 레위 사람들을 모으고 자신을 성결케 하고 성전을 성결케 하여 더러운 것을 없애도록 지시했습니다. 이것이 바로 성전 정화 사건입니다.

필자도 하나님 앞에 무릎 꿇고 기도할 때마다 내 마음 성전에 예수님이 주인으로 들어 오셔서 순결한 자녀라고 여겨주시기를 생각하면서 성령으로 기도합니다. 분명하게 보이는 건물이 성전이 아닙니다. 예수 믿는 내가 성전입니다. 마음 안에 하나님께서 좌정하고 계시는 성전이 있기 때문입니다. 자신은 걸어 다니는 성전입니다. 성전은 하나님을 만나는 곳이고 하나님의 기쁨이 되는 곳이기 때문입니다. 그러니 내가 교회를 오면 교회가 성전입니다. 내가 가정에 가면 가정이 성전입니다. 우리가 일터에 나가면 그곳이 성전입니다. 자신 안에 성전이 있기 때문입니다. 거기서 주님과 동행하며 주님의 기쁨이 되어야 하기 때문입니다. 항상 주님과 동행의식을 가져야 합니다. 그런데 그 성전이 인간의 욕망으로, 돈 때문에 타락하고 말았습니다. 예수님은 그 성전에 들어가셔서 모든 것을 뒤집어 엎으셨습니다. 예수님이 성전이시기 때문입니다. 돈이 기준이고 인간의 욕망이 기준인 곳은 이미 성전이 아니기 때문입니다. 주일은 영과 진리로 예배를 드리며 우리의 마음 성전을 청소하는 날입니다. 우리의 마음의 성전, 주님이 우리 심령에 거하실만하실까? 우리의 마음은 깨끗할까? 그렇지 못하면 성령의 임재 가운데 주님의 보혈에 의지하여 고백하며 청소해야합니다, 그리고 말씀과 성령으로 충만하게 채워야 합니다. 그래야 다시 주님과 통할 수 있습니다.

31장 하나님의 살아계심을 증명하는 전도훈련

(요 11:27)"이르되 주여! 그러하외다 주는 그리스도시오, 세상에 오시는 하나님의 아들이신 줄 내가 믿나이다."

하나님은 영이십니다. 하나님은 영이시지만 살아계십니다. 영이시기 때문에 일반적인 눈으로는 보이지 않습니다. 그래서 관념적인 하나님으로 알고 믿음 생활하는 크리스천들이 적지 않습니다. 관념적인 하나님은 성경지식으로 하나님을 안다고 하는 것입니다. 성경지식은 눈이 아닙니다. 관념입니다. 바른 지식은 보는 것에 도움이 되지만, 잘못된 지식은 보는 것을 방해합니다. 하나님은 살아계십니다. 실제적인 하나님이십니다. 반드시 성령으로 충만한 가운데 영 안에서 믿음으로 알 수가 있는 분입니다. 필자가 몇 개월 전 새벽에 기도하는데 하나님께서 이렇게 말씀하셨습니다. "내(하나님)가 살아있다는 것을 증명하는 목사가 되라." 즉 살아계신 하나님을 증명시키라는 하명입니다.

이렇게 말하면 어떤 분들은 이렇게 말할 것입니다. 하나님께서 살아계신다는 것을 모르는 성도가 있나! 필자에게 하나님께서 강조하시는 것은 하나님께서 살아계신다는 것은 알고 있지만, 관념적으로 알고 있는 성도들이 많다는 것입니다. 실제적인 체험적인 살아있는 하나님으로 알도록 하라는 것입니다. "하나님께서 살아계신다. 살아서 천지만물을 통치하고 계신다." 이 말은 정말이지 온 세상 인류를 향하여 가장 크게 외치고, 또 외치면서 전해야 할 진리가 아니겠습니까? 필자가 매주 성령치유 집회를 하면서 주일 예배를 드리면서 "하나님은 살아계십니다"라고 참석을 하고 있는 모든 영혼들에게 큰소리로 외치고 또 외치는데 눈물이 핑 돌고 가슴이 뜨거워집니다.

세상 사람들 중에는 지식을 가지고 사는 사람도 있고, 체험으로 사는 사람이 있고, 이성으로 사는 사람이 있고, 과학을 통해서 사는 사람이 있고, 이런 저런 의지하는 것 없이 그저 되는대로 사는 사람도 있습니다.

우리 기독교인들도 말씀을 지식적으로 알고 믿은 관념적인 믿음으로 생활하는 성도가 있고, 성령의 인도를 받으며 말씀을 삶에 적용하여 체험한 실제적인 믿음으로 생활하는 목회자와 성도가 있습니다. 우리 기독교인은 반드시 체험적인 실제적인 믿음으로 살아야 합니다. 하나님께서 말씀을 주셨으므로 성령으로 난 믿음으로 살면 오늘날도 하나님께서는 초자연적인 기적을 나타내 주십니다. 분명하게 하나님은 살아서 동행하고 있다는 것을 눈으로 보고 인정하고 감탄하게 하십니다. 오늘날도 홍해가 갈라지고, 메추라기가 날아오고, 쓴물이 정화되어 식수가 되며, 바위에서 물이 솟아오르는 기적이 일어납니다.

오늘날도 귀신이 쫓겨 나가고 병자가 낫고 죽은 자가 살아나는 기적이 일어나는 것입니다. 우리 크리스천은 체험적인 실제적인 믿음이 되어 하나님이 살아계심을 증명해야 합니다. 하나님은 이렇게 말씀하십니다. "예수 그리스도는 어제나 오늘이나 영원토록 동일하시니라"(히 13:8). 이렇게 믿고 체험하라는 것입니다. 이것인가 저것인가 불분명한 관념적인 신앙이 아이라, 하나님은 살아계신다고 증명시키는 믿음을 요구하십니다. 이는 하나님께서 동행하고 계신다는 것을 체험했을 때 담대하게 증명시킬 수가 있습니다. 그래서 기독교는 체험의 종교인 것입니다. 하나님께서 살아계시기 때문입니다.

우리 목회자들이나 성도들의 가장 큰 문제는 능력이 있다는 사람을 의지하는 것입니다. 영육의 문제해결도 능력 있는 사람을 통하여 해결하려고 메 달립니다. 교회에 와서도 자신 안에 주인으로 계시는 하나님께는 관심도 없고 유명한 목사님만 바라봅니다. 자신 안에 있는 성전에 주인으로 계시는 하나님은 뒷전입니다. 자칭 성도라는 사람이 주인으로 살아계신 하나님을 소외시킵니다. 은혜도 사람을 통하여 받으려고 쫓아다닙니다. 능력도 능력 있고 명성이 있는 사람을 통하여 받으려고 물불을 가리지 않고 따라다닙니다.

사람은 너나나나 모두 미완성이기 때문에 미완성인 사람에게 얻을 것이 없습니다. 필자는 자주 이런 말을 합니다. 목회자나 성도가 자기 스스로 능력자라고 자처하는 사람은 이단이거나 사이비이나 사기꾼이니 주의하라고 합니다. 문제를 해결하고 불치병을 치유했어도 살아계신 하나님께서 자신을 통하여 하신 일이라는 것입니다. 우리 성도들이니 목회자들이 순진하여 능력이 있다, 병을 고쳤다. 귀신을 쫓아낸다, 하는 사람에게 관심을 둡니다.

필자는 이는 샤머니즘의 신앙의 잔재라고 생각합니다. 분명하게 성경에는 하나님께서 사람을 통하여 문제를 해결하는 것으로 기록되어 있기 때문입니다. 하나님은 이렇게 강조하시는 것입니다. “여호와께서 이와 같이 말씀하시니라 무릇 사람을 믿으며 육신으로 그의 힘을 삼고 마음이 여호와에게서 떠난 그 사람은 저주를 받을 것이라(렘 17:5)” 사람을 의지하지 말도록 강하게 말씀하고 계십니다. 아사왕은 발에 병이 났는데 이 병이 굉장히 심했습니다. 아마 요사이 제가 추측 건데 발에서 생긴 당뇨병 후유증인가 봅니다. 백방으로 의사를 불러서 치료해도 낫지를 않았습니다. 그리고 난 다음 2년 후에 아사는 쓸쓸히 죽었습니다. 성경은 그 상황을 역대하 16장 12절에 기록해 놓았습니다. “아사가 왕이 된 지 삼십 구 년에 그 발이 병들어 심히 중하나 병이 있을 때에 저가 여호와께 구하지 아니하고 의원들에게 구하였더라” 그가 의원들에게 치료받은 것이 나쁜 것이 아닙니다. 의원만 구하고 주 예수 그리스도를 통해서 하나님께 구하지 않았기 때문에 하나님께서 축복해주지 아니하므로 의원의 힘으로 못 고쳤습니다. 결국 죽고 말았습니다.

관심을 자신 안에 계신 하나님께 돌려야 무한대의 능력과 지혜와 권능과 성령의 역사가 흘러나옵니다. 하나님은 “명절 끝날 곧 큰 날에 예수께서 서서 외쳐 이르시되 누구든지 목마르거든 내게로 와서 마시라. 나를 믿는 자는 성경에 이름과 같이 그 배에서 생수의 강이 흘러나오리라 하시니(요 7:37-38)” 하나님과 관계가 열려야 어디를 가나 하나님께 문의하여 인생 제반사 문제들을 해결하면서 신 바람나는 믿음생활을 할 수가 있는 것입니다.

그런데 주님을 믿습니다! 하면서도… 관념적이지, 실제로는 인간적 수단으로 사는 것입니다. 감사헌금 봉투에 기도제목을 써도 하나님! 도와주세요. 가 아니고 목사님! 도와주세요. 라고 기록하면서 보이는 사람을 의지하는 것입니다.

이런 성도는 성경의 약속을 그저 어렴풋한 희망 정도로만 믿는 사람은 마치 멀리 바라보는 무지개처럼 믿고 싶어 하는 감상적이고 관념적 신앙을 가진 사람입니다. 우리들의 믿음에 문제가 있다는 말입니다. 분명하게 "예수께서 온 갈릴리에 두루 다니사, 그들의 회당에서 가르치시며 천국 복음을 전파하시며 백성 중의 모든 병과 모든 약한 것을 고치시니 그의 소문이 온 수리아에 퍼진지라 사람들이 모든 앓는 자 곧 각종 병에 걸려서 고통당하는 자, 귀신 들린 자, 간질하는 자, 중풍병자들을 데려오니 그들을 고치시더라"(마 4:23-24). 라는 말씀은 많이 들어서 잘 압니다. 그러나 체험하지 못했기 때문에 지금도 이런 일이 일어날 수가 있는가? 하면서 의심을 합니다. 그러다가 세상에서 영적이고 정신적인 고통을 당하는 사람을 만나면 고작 조언하는 것이 약물치료나 심리치료입니다. 체험하지 못했기 때문입니다.

요한복음 1장 45-49절까지 나오는 나다나엘과 똑같은 현실입니다. 나다나엘도 처음에는 믿지 않았습니다. 나다나엘은 율법을 알고 있어서 관념적으로만 믿었습니다. 그런 점에서 나다나엘은 훌륭한 믿음을 가졌습니다. 이유는 이 사람은 구약성경을 알고, 모세의 율법을 알고, 모세의 율법을 통해서 메시아가 오리라는 것까지도 알고 있었습니다. 성경에 대한 이해가 있고,

상당한 지식이 있습니다. 그러나 오늘 성경 자세히 보면 재미있는 부분이 있습니다. 자기 친구 빌립이 찾아와서 "내가 메시아를 만났다", "어디서?", "나사렛." "그래, 그랬었구나. 참 감사할 일이다. 우리 마을에 메시아가 났다니?" 이렇게 받아들여야겠는데, 이 사람 한다는 소리가 "나사렛에 무슨 선한 것이 나겠느냐?" 설사 선지자가 와도 우리 동네는 아니다, 이것입니다. 절대로 우리 이웃은 될 수가 없다. 이렇게 일축해 버립니다. 이렇게 나다나엘은 처음에는 "관념적 믿음"을 갖고 있었습니다.

예수님을 인격적으로 만나야 "실제적으로" 믿게 됩니다. 친구 빌립이 말하기를 "내가 진짜 메시아를 만났다" 그럽니다. 그때에 나다나엘은 지금까지 생각했던 성경적 지식, 자기가 생각하는 편견, 자기의 성경의 이해, 이런 자기 생각을 다 버리고 논리적인 생각과, 지식적 방법을 버리고, 그는 이 시간에 '만남'이라고 하는 방법으로, 진리추구 방법을 바꿉니다. 만나지 않으니까 문제가 많아요. 이해할 수가 없습니다. 성경의 지식으로 예수님을 정확하게 알 수가 없기 때문입니다. 예수를 일대일로 인격과 인격이 만날 때…. 이것은 이론의 문제가 아닙니다. 모든 이론을 다 초월할 수 있습니다. 그래서 예수를 만나기 위해서 그가 예수님께로 옵니다. 의심도 많아요, 생각도 많아요, 일단 믿음이 가지 않아요. 하지만 예수님께로 나옵니다.

이렇게 나아오는 나다나엘을 예수님께서 보시고 말씀하시기를 "이 사람은 참 이스라엘 사람이다"라고 말씀합니다. 나다나엘이 묻기를 "어떻게 저를 아십니까?" 예수님 말씀하시기를 "네가 무화과나무 아래에 있을 때 내가 보았다. 네가 내게 오기 전에 내가 너를 먼저 보았다"고 말씀합니다. 이 한 마디에 나다나엘은 그만 굴복하고 맙니다. "당신은 이스라엘의 임금이요, 하나님의 아들이로소이다"하고 신앙을 고백하게 됩니다. 그럼 이 한 마디가 왜 이렇게 중요했느냐 이것입니다. 이스라엘 사람들은 경건한 이스라엘인은 당시에 하루에 3번씩 기도했습니다. 아무리 바쁜 일을 하다가도, 시간으로 말하면 9시, 12시, 3시, 세 번만은 딱 멈추고 조용히 기도합니다. 나다나엘은 무화과나무 아래서 묵상하며 율법을 생각했습니다. 하나님 앞에 기도하는 그런 시간을 가졌던 것 같습니다. 예수님은 멀리서 벌써 보셨습니다. 저기에 경건한 사람이 있다고, 그리고 그를 만나 주셨습니다.

나다나엘에게도 여러 가지 생활이 있습니다. 잠 잘 때도 있고, 밥 먹을 때도 있고, 죄 지을 때도 있고, 예배드릴 때도 있고, 기도할 때도 있고, 잘못된 길로 갈 때도 있습니다. 그러나 그 생애 전부 묻지 아니하시고 나다나엘로 말하면 경건의 절정이요, 경건의 피크요, 가장 경건하고 가장 거룩한 그 시간에, 예수님이 보셨다는 겁니다. 나다나엘의 입장에서 보면 자신의 진실을 알아주시고, 자신의 경건을 알아주시고, 자신의 이 부족한 믿음을 알아주시는 그 분을, 그 분에게 그만 감격하고 맙니다. 이걸 잊지 말아야 합니다. 예수님이 자신을 믿어 주셨다는 것입니다. 자신을 찾아주시고, 자신을 이미 알고 계신다는 것입니다. 자신을 벌써 아시는 분에게 신앙을 고백하게 됩니다. 특별히 예수님은 그를 "참 이스라엘"이라고 추켜 세워주십니다.

그가 고백합니다. “당신은 왕이십니다. 당신은 메시아입니다. 당신은 하나님의 아들입니다” 하고 고백합니다. 이제 그는 만족합니다. 이 한 마디로 그는 완전히 그리스도의 사람이 되고 맙니다. 인격적인 만남이 있고나니 나다나엘의 관념적인 믿음이 체험적인 믿음으로 바뀌게 됩니다. 이와 같이 만나야 바뀝니다.

우리 크리스천들도 이렇게 관념적인 믿음에서 체험적인 실제적인 살아있는 믿음으로 바뀌어야 합니다. 한국에 수만 개의 교회가 넘게 있고, 8만 명 가까이 목사님들이 있고, 천만 명 가까이 교회에 소속된 교인들이 있건만, 하나님께서 살아계신다고 외치는 소리들이 점점 식어가고 있습니다. 이미 각 교회들의 전단지와 홍보물들은 복음적이지 못하고 문화적인 것으로 정복을 당했고, 하나님께서 살아 계신다고 외치는 소리를 듣는 것이 쉽지 않는 실정이 되었습니다. 살아계신 하나님의 체험은 더 더욱 어렵습니다.

전도지라고 해도 마음 편안하게 해주는 성경구절 불신자들도 부담이 없는 성경구절과 화려한 꽃의 사진이나 산과 들의 풍경들이 전단지를 장식을 하고 있어 불신자들도 부담이 없이 드려다 볼 수는 있을 것입니다. 그나마 성경 구절이 적혀 있기에 다행이기는 하다라고 생각을 할 수는 있겠지만, 솔직히 하나님께서 살아 계심의 증거로 불신자들이 보기에는 어림도 없어 보입니다.

주변 교회들의 전단지를 받아 보게 되는 경우가 있는데 이미 아내의 십계명 남편의 십계명 또는 알기 쉬운 의학 상식 등이 하나님께서 살아 계신다는 내용을 대신하고 있습니다. 교회의 전단지라고 알 수 있는 것은 그나마 교회 이름이 적혀 있고 예배 안내가 있기 때문입니다.

문화적인 것으로서 가정의 화목을 말하고 있고 부부간의 화목을 말하고 건강하게 살도록 의학 상식을 주고 있기에 사람들의 마음에 전혀 부담이 없는 것은 사실입니다. 하지만 교인들의 피와 땀으로 헌신을 하여 만들어진 헌금으로 만들고 있는 전단지에 하나님의 살아 계심의 증거가 전혀 없는 의학 상식이나 부부 생활에 관한 것으로 도배가 되어 있는 것은 살아 계신 하나님을 나타내야 하고 보여 주어야 하는 교회의 본분과는 너무도 거리가 멀기만 한 것입니다. 그래서 하나님께서 필자에게 "내(하나님)가 살아있다는 것을 증명하는 목사가 되라." 고 말씀하신 것입니다.

예수께서 이 땅에 오셔서 신유와 이적과 귀신을 쫓아내시고 병을 고치시는 현장마다 주변에 구경을 하던 사람들의 한결 같은 고백은 살아계신 하나님께 영광을 돌리며 이는 살아계신 하나님께서 함께 하심이라는 증거들이었습니다.

오늘날 교회와 목회자와 교인들에게서 이러한 증거를 보기가 어렵다는 것입니다. 주변의 사람들이 보고 과연 "하나님은 살아계십니다." 라고 외칠 수 있어야 하는데, 웬일인지 한국교회는 살아계신 하나님을 알게 히는데 에는 전혀 관심이 없어지고 있는 것 같습니다. 참으로 안타까운 현실입니다.

하나님께서 자신 안에 살아계신다는 것을 날마다 체험하면서 믿음생활을 해야 합니다. 관념적이 되어서는 하나님께서 주신 것들을 누릴 수가 없습니다. 더 나아가 하나님께서 살아계신다는 것을 증명하는 믿음생활이 되어야 합니다. 이렇게 적극적인 믿음 생활이 되면 절대로 늙어서 요양원에 가지 않을 것입니다. 살아계신 하나님께서 자신의 주인이 되어 장악하고 계시는데 어떻게 혈통의 문제가 문제를 일으키겠습니까? 필자가 항상 강조하는 것이 있습니다. "나는 걸어 다니는 성전이다. 하나님께서 나의 주인이다. 내 안에 하나님이 계신다. 그분에게 질문하면 어떤 문제도 해결할 수 있는 지혜를 주신다. 주신 지혜대로 순종하면 문제는 하나님께서 해결하신다." 아주 중요합니다. 살아계신 하나님을 날마다 체험하는 아주 좋은 관심이고, 습관입니다. 내면세계에 형성된 상처나 혈통의 문제는 절대로 세상방법이나 관념적인 믿음생활로는 해결되지 못합니다. 반드시 살아계신 성령의 역사가 영의차원에서 역사해야 해결이 됩니다.

하나님의 계시의 말씀에는 하나님께서 함께 역사하사 따르는 표적으로 그의 살아계심을 보증하시고 나타내 주십니다. 그렇기 때문에 교회가 종교화 되지 말고, 관념화 되지 말고 살아계신 하나님의 입으로 나온 말씀대로 곧 성경대로 생명의 말씀을 전해야 합니다. 성경대로 행한다면 교회마다 표적으로 충만한 하나님의 보증의 역사가 나타납니다. 이러한 보증으로 교회 주변의 모든 사람들은 살아계신 하나님께서 역사하시는 교회를 보면서 "하나님은 살아계시는 군요" 하고 예수님을 믿고 하나님 앞에 나오게 될 것입니다.

32장 하나님의 얼굴을 구하는 훈련

(욥 42:5)"내가 주께 대하여 귀로 듣기만 하였사오나 이제는 눈으로 주를 뵈옵나이다."

하나님은 크리스천들에게 손을 구하지 말고 얼굴을 구하라고 말씀하십니다. 얼굴을 구해야 하나님의 의중을 바로 보고 알아서 순종하는 성도가 될 수 있기 때문입니다. 크리스천이 예수를 믿고 교회에 들어와 예배를 드리며 기도하다가 성령으로 세례를 받아 영의 사람이 되면 하나님과 친밀한 관계가 됨으로 하나님의 손을 구하는 삶에서 하나님의 얼굴을 구하는 삶으로 전환이 됩니다. 우리가 아무리 사모하고, 기도를 많이 하고, 아무리 능력을 경험해도 하나님의 얼굴을 구하는 삶으로 전환하지 않으면 하나님과 친밀함은 절대 열리지 않습니다. 영의 사람으로 살아갈 수가 없습니다. 바꿔 말하면 하나님의 손을 구하는 삶에서는 하나님과 친밀함은 절대 불가능합니다. 아브라함은 하나님의 얼굴을 구하는 자입니다. 반대로 롯은 하나님의 손을 구하는 자입니다. 누가 어떻게 되었는지는 창세기에 결과가 잘 기록되어 있습니다. 우리는 하나님의 얼굴을 구하는 크리스천이 되어야 아브라함과 같은 전인적인 복을 받게 됩니다.

하나님의 손을 구하는 사람들은 홍해 가에 있는 이스라엘 사람들입니다. 하나님께 원망하면서 소리만 지르는 사람들입니다. 모세는 하나님의 얼굴을 구하여 하나님을 대면하는 삶을 산 사람입니다. 모세의 형 아론은 하나님의 손을 구한 사람입니다. 모세는 출애굽기 4장 10절에서 "입이 뻣뻣하고 혀가 둔한 자"라고 말씀하고 있습니다. 하나님도 이 부분을 인정하셔서 형인 아론을 붙여 주셨습니다. 하나님은 말 잘하는 아론과 직접 대화시며 일하시지 않으시고 모세에게 붙여주신 이유가 있습니다. 모세는 하나님의 얼굴을 보면서 대화하는 사람입니다. 반면에 아론은 말은 잘하지만 하나님의 얼굴을 볼 수 없는 육신에 속한 사람이기 때문입니다. 모세는 한마디로 하나님과 대면하며 친밀하게 지내는 사람입니다.

신앙의 본질은 하나님과 친밀함입니다. 하나님을 알고 사랑하는 삶을 말하는 것입니다. 하나님을 알기 위해서는 하나님께서 자신을 계시(조명)하실 때만 하나님을 알 수 있습니다. 하나님의 얼굴을 구해하는 것은 필수입니다. 따라서 하나님의 얼굴을 구하는 삶은 신앙의 첫 단추와 같습니다. 반대로 하나님의 손을 구하는 삶에서는 하나님과 친밀함이 절대로 가능하지 않습니다.

첫째, 하나님의 손을 구하는 삶에서는 친밀함은 절대 열리지 않는다. 요한복음 6장에 나오는 광야에 있는 사람들입니다. 오병이어의 떡을 먹었던 무리들과 제자들로서 큰 기적을 경험하고 또 사모한 그들이지만 예수님께서 십자가를 지실 것을 말씀하자 다 떠났습니다(요6:66). 예수님은 그들에게 영적인 눈을 열어 주시지 않았습니다. 하나님의 얼굴을 구하는 삶으로 나오지 않았기 때문입니다. 즉 하나님의 손을 구하는 삶(요6:26)을 사는 아담적인 사람이기 때문입니다. 여기서 우리가 기억해야 할 것은 하나님의 얼굴을 구하는 삶으로 나오지 않으면 그렇게 사모하여 나왔음에도 불구하고 하나님과 친밀한 교제가 전혀 열리지 않는다는 것입니다. 육신에 속한 아담이기 때문입니다. 또 다른 무리들은 광야 이스라엘 백성들입니다. 엄청난 기적들을 경험했음에도 불구하고 하나님과 친밀함이 전혀 열리지 않았습니다. 왜 그렇습니까? 하나님의 얼굴을 구하는 삶으로 전환하지 않았기 때문입니다. 우리가 아무리 사모하고, 기도를 많이 하고, 아무리 능력을 경험해도 하나님의 얼굴을 구하는 삶으로 전환하지 않으면 하나님과 친밀함은 절대 열리지 않습니다. 바꿔 말하면 하나님의 손을 구하는 삶에서는 하나님과 친밀함은 절대 불가능합니다. 하나님의 손을 구하는 삶의 특징은 이렇게 표현하고 설명할 수가 있습니다.

1)**육신에 속한 사람으로 완악하여 하나님의 뜻을 헤아리지 못하고,** 자신들의 육적인 만족을 이루기 위하여 하나님을 이용하니 하나님을 근심케 하고, 더 나아가 하나님을 분노케 합니다.

①이스라엘 백성들은 40년 동안 하나님의 행사를 보았음에도 불구하고 그들은 40년 동안 하나님을 격노케 하였습니다(히3:7-19). 하나님의 능력을 경험하는 것이 반드시 하나님이 우리를 신임(기뻐하시는)하는 보증이 아니라는 겁니다. 이것은 별개입니다. 자신에게서 신령한 능력이 나타난다고 다된 것이 아니라는 것입니다.

②유다에서 제 3대 아사 왕은 여호와를 섬기는 신앙부흥을 적극적으로 추진한 왕이었습니다. 그는 먼저 이방제단과 산당을 없이하고 주상을 훼파하며 아세라신을 다 찍어 없앴습니다. 에티오피아의 대왕 세라가 백만 대군을 거느리고 유다를 침략해 들어왔을 때, 간절히 부르짖어 기도하여 하나님께서 에티오피아의 군대

를 치셨습니다. 그 후 20년 동안 아무 일이 없이 나라가 부강하고 태평 성대하니 아사가 하나님을 찾지 않았습니다. 북방인 이스라엘 왕 바아사가 군대를 거느리고 유다를 침략하자 마음속에 두려움이 들어와서 여호와께 부르짖거나 기도하지 않았습니다. 병이 들어서 하나님께 구하지 않고 의원에게 의지했기 때문에 못 고쳤습니다(대하 16:12). 그는 죽고 만 것입니다. 형통함이 하나님의 기뻐하시는 보증이 아니라는 것입니다.

③ 요한계시록에 나오는 라오디게아 교회를 보세요(계3:14-17). 라오디게아교회는 세상 적으로 잘되었던 교회입니다. 급성장한 교회였습니다. 부족한 것이 없는 교회였습니다. 그런데 주님으로부터 칭찬 한마디 없는 교회가 바로 라오디게아 교회였습니다. 그런데 왜 칭찬을 못 받았나요? 세상 적으로 잘되는 것이 하나님이 자기들을 신임하는 보증이라고 자기들의 수준으로 생각한 것입니다. 많은 성도들이 세상에서 잘되는 것이 축복인줄로 압니다. 그러나 기억하세요, 외부적 사역의 확장이 하나님의 신임은 아니라는 것입니다. 하나님의 신임과는 별개입니다. 이것을 영의 눈을 열어 보셔야 합니다.

2)하나님의 얼굴을 구하지 않으면 하나님의 길을 알지 못합니다. 하나님의 길을 따라 행할 때 하나님이 기뻐하는 삶이 가능한 것입니다. 하나님의 길을 모르면 하나님을 기쁘시게 하는 삶은 불가능합니다. 하나님의 손을 구하는 삶에서는 친밀함이 불가능합니다. 따라서 하나님의 길을 알 수 없습니다. 고로 하나님을 기쁘시게 하는 삶은 불가능한 것입니다. 하나님의 얼굴을 구하지 않으

니 하나님의 목적을 계시하지 않습니다. 하나님의 의중(길)을 모릅니다. 참다운 순종이 불가능한 것입니다. 따라서 하나님을 기쁘시게 하는 것은 불가능한 것입니다.

둘째, 하나님의 얼굴을 구하는 삶이 되어야 한다. 이 삶에서 하나님과 친밀함도, 동행하는 삶도, 다가오는 하나님의 놀라운 행하심에 동참하는 삶이 가능한 것입니다. 하나님의 얼굴을 구하는 성도는 육체가 십자가를 통과한 영에 속한 사람입니다. 하나님과 대화하는 영에 속한 성도로 거듭난 증거입니다.

1) **하나님의 얼굴을 구하는 삶의 특징입니다.** 하나님의 얼굴을 구하는 삶은 하나님의 손을 구하는 삶과 정반대의 특징을 가지고 있습니다. 하나님과 친밀해집니다. 하나님의 길을 알고 그 길을 따라 행하기 때문입니다. 하나님의 순종이 있습니다. 하나님이 기뻐하십니다. 진정한 믿음이 있습니다. 하나님과 친밀한 교제에서 나오기 때문입니다. 올바른 순종을 할 수가 있습니다. 하나님이 영광으로 임하십니다. 출애굽기 34장에 보면 하나님이 모세 앞에 영광으로 임하십니다. 모세가 하나님의 얼굴을 구한 것에 대한 응답으로 이루어진 것입니다.

2) **하나님의 얼굴을 구하는 삶이란 이렇습니다.** 하나님의 손을 구한다는 말과 대조적으로 사용합니다. 하나님의 손을 구한다는 것은 자신의 목적과 목표를 위해 하나님의 도움이나 능력과 같은 하나님의 손길을 구하는 것입니다. 하나님의 얼굴을 구한다는 것은 하나님 자신을 구하는 것을 의미합니다. 하나님을 더 알기를, 더 사랑하기를 구하는 것입니다. 하나님을 자신의 주인으로 모시

기 위하여 얼굴을 구하는 것입니다.

하나님의 손을 구하는 삶과 하나님의 얼굴을 구하는 삶은 별 차이가 없어 보이지만 근본적인 차이가 있습니다. 하나는 하나님이 수단이 되는 삶이고, 다른 하나는 하나님이 목적이 되는 삶입니다. 그러므로 하나님의 얼굴을 구하는 삶은 먼저 거짓신앙체계를 버리는 것, 즉, 하나님이 수단이 된 삶을 버리는 것에서 시작됩니다. 하나님이 목적이 되는 삶으로 바뀌어야 합니다. 하나님을 주인으로 모시고 살아가려는 자세가 되어야 합니다.

3)하나님의 얼굴을 구하는 삶의 실 예입니다. 먼저 모세입니다."여호와께서 모세에게 이르시되 너는 네가 애굽 땅에서 인도하여 낸 백성과 함께 여기를 떠나서 내가 아브라함과 이삭과 야곱에게 맹세하여 네 자손에게 주기로 한 그 땅으로 올라가라. 내가 사자를 너보다 앞서 보내어 가나안 사람과 아모리 사람과 헷 사람과 브리스 사람과 히위 사람과 여부스 사람을 쫓아내고, 너희를 젖과 꿀이 흐르는 땅에 이르게 하려니와 나는 너희와 함께 올라가지 아니하리니 너희는 목이 곧은 백성인즉 내가 길에서 너희를 진멸할까 염려함이니라 하시니"(출33:1-3). 모세가 지금 있는 곳은 광야입니다. 하나님의 약속은 젖과 꿀이 흐르는 가나안 땅, 심지어 천사들을 앞서 보내어 모든 원수를 멸해주시겠다고 약속합니다.

모세의 이 자세를 보십시오. 모세는 하나님께서 함께 가시지 않는 젖과 꿀이 흐르는 가나안 땅이나 천군 천사를 통한 놀라운 승리보다 하나님의 임재가 함께 하시는 그 돌 뿐이고 숨이 막히는 사막이 더 좋다고 했습니다. 그만큼 그는 그 무엇보다 하나님의 얼굴을 구했습니다. 하나님의 임재, 하나님 자신을 구했습니다. 하나님과 함께 있기를 구했습니다. 그 무엇보다 하나님이 그에게 소중했습니다. 하나님의 은총 가운데 있는 것이 소중했습니다. 이것이 바로 하나님의 얼굴을 구하는 자세입니다.

우리는 이러한 모세의 기도와 삶의 자세를 보면서, 왜 하나님께서 그에게 그러한 친밀함을 허락하셨는지, 그가 왜 하나님의 은총을 입었는지, 왜 하나님은 그의 기도를 들으사 곧바로 돌이키시고 이스라엘 백성들과 동행하셨는지, 그리고 왜 하나님께서 영광으로 그에게 임하셨는지를 깨달을 수 있습니다.

우리는 성경에서 하나님의 얼굴을 구하는 것이 무엇인지를 한 구절로 정리한 것을 볼 수 있습니다. “내가 여호와께 바라는 한 가지 일 그것을 구하리니 곧 내가 내 평생에 여호와의 집에 살면서 여호와의 아름다움을 바라보며 그의 성전에서 사모하는 그것이라”(시17:4). 하나님의 얼굴을 구하는 것은 하나님을 알고 사랑하는 것이 유일한 소망이 되는 것입니다. 다윗도 하나님의 임재 가운데서 하나님의 영광을 보고, 하나님의 아름다움을 앙망하는 것을 한 가지 소원으로 하나님께 간구했습니다. 그것은 다윗의 많은 소원 중의 하나가 아니었습니다. 심지어 많은 것 중에서 첫 번째도 아니었습니다. 그것은 다윗의 유일한 한 가지 소원이었습니다. 그리고 그것은 예전에도 그랬고, 지금도 변함없이 그랬습니다. 이것이 바로 하나님의 얼굴을 구하는 삶입니다. 하나님께서 다윗에 대해서 하나님의 마음에 합한 자라고 말씀하셨는데, 우리는 그 이유를 알 것 같습니다. 하나님의 얼굴을 구하는 것은 오직 하나님만이 유일한 목적이 되는 것을 말합니다.

4)우리는 지속적으로 하나님의 얼굴을 구해야 합니다.

①모세의 예입니다. 모세와 다윗과 같은 하나님의 사람들은 지속적으로 하나님의 얼굴을 구했습니다. 그들이 광야를 방황하며 헤맬 때 뿐 아니라, 그들의 사역이 확장되고 놀라운 하나님의 복이 그들과 함께 할 때에도 그들은 여전히 하나님의 얼굴을 구했습니다. 하나님 자신만이 그들의 유일한 소망이요 열망이었습니다. 출애굽기 33:12-13에 나오는 모세의 기도는 그의 사역의 절정기에 그가 한 기도인 것을 기억하십시오. "모세가 여호와께 아뢰되 보시옵소서, 주께서 내게 이 백성을 인도하여 올라가라 하시면서 나와 함께 보낼 자를 내게 지시하지 아니하시나이다. 주께서 전에 말씀하시기를 나는 이름으로도 너를 알고 너도 내 앞에 은총을 입었다 하셨사온즉, 내가 참으로 주의 목전에 은총을 입었사오면 원하건대 주의 길을 내게 보이사, 내게 주를 알리시고 나로 주의 목전에 은총을 입게 하시며 이 족속을 주의 백성으로 여기소서"(출33:12-13).

②바울의 예입니다. 신약 성경에 나오는 사도 바울도 처음부터 끝까지 오직 예수님 한 분만을 구했습니다. 바울이 간절히 알기를 원했던 한 가지로서 오직 예수님만(주님만) 알기를 원했습니다. "내가 너희 중에서 예수 그리스도와 그가 십자가에 못 박히신 것 외에는 아무 것도 알지 아니하기로 작정하였음이라"(고전2:2). 사도 바울이 간절히 얻기를 원하는 것이 바로 예수 그리스도입니다. "그러나 무엇이든지 내게 유익하던 것을 내가 그리스도를 위하여 다 해로 여길뿐더러 또한 모든 것을 해로 여김은 내 주 그리스도 예수를 아

는 지식이 가장 고상하기 때문이라 내가 그를 위하여 모든 것을 잃어버리고 배설물로 여김은 그리스도를 얻고"(빌립보서 3:7-8).

사도 바울이 간절히 본받기를 원하는 것도 예수 그리스도입니다. "내가 그리스도와 그 부활의 권능과 그 고난에 참여함을 알고자 하여 그의 죽으심을 본받아"(빌립보서 3:10). 바울은 그것을 얻기 위하여 다른 모든 것을 해로 여겼습니다(빌3:7-8절). 사도 바울은 오직 예수님만을 원했습니다. 고린도전서는 대체적으로 그의 사역의 초기 부분에 쓰인 서신서입니다. 그리고 빌립보서는 로마 옥중에서 쓰인 서신으로서 그의 사역의 말기 부분에 쓰인 서신입니다. 이 서신들을 보면, 바울은 처음부터 끝까지 오직 예수 그리스도만을 알기 원하고, 그 분만을 사랑하기 원했던 것을 알 수 있습니다. 우리는 지속적으로 하나님의 얼굴을 구해야 합니다. 우리는 이 점을 반드시 배워야 합니다. 우리의 유일한 목표와 목적은 그 분을 알고, 그 분을 더욱 사랑하는 것만이 되어야 합니다.

5)하나님의 얼굴을 구체적으로 어떻게 구해야 합니까? 하나님의 얼굴을 구하는 과정은 이렇습니다. "그가 나가서 아사를 맞아 이르되 아사와 및 유다와 베냐민의 무리들아 내 말을 들으라. 너희가 여호와와 함께 하면 여호와께서 너희와 함께 하실지라. 너희가 만일 그를 찾으면 그가 너희와 만나게 되시려니와 너희가 만일 그를 버리면 그도 너희를 버리시리라"(대하15:2). 찾으면 만난바 되는데 어떻게 찾아야 할까요? "또 마음을 다하고 목숨을 다하여 조상들의 하나님 여호와를 찾기로 언약하고"(대하15:12), "온 유다가 이 맹세를 기뻐한지라. 무리가 마음을 다하여 맹세하고 뜻을

다하여 여호와를 찾았으므로 여호와께서도 그들을 만나 주시고, 그들의 사방에 평안을 주셨더라."(대하15:15).

하나님을 아는 것이, 찾는 것이 유일한 목표가 되는 것으로, 100으로 하나님을 찾아야 하나님을 1이라도 알 수 있습니다. 지속적으로 찾느냐에 따라서 30%, 60% 알아갈 수 있는 것입니다. "여호와께서 이와 같이 말씀하시니라. 바벨론에서 칠십 년이 차면 내가 너희를 돌보고 나의 선한 말을 너희에게 성취하여 너희를 이곳으로 돌아오게 하리라. 여호와의 말씀이니라. 너희를 향한 나의 생각을 내가 아나니 평안이요 재앙이 아니니라. 너희에게 미래와 희망을 주는 것이니라. 너희가 내게 부르짖으며 내게 와서 기도하면 내가 너희들의 기도를 들을 것이요, 너희가 온 마음으로 나를 구하면 나를 찾을 것이요, 나를 만나리라."(렘29:10-13).

전심으로 찾는 것이 어떤 것입니까? "내 이름으로 일컫는 내 백성이 그들의 악한 길에서 떠나 스스로 낮추고 기도하여 내 얼굴을 찾으면 내가 하늘에서 듣고 그들의 죄를 사하고 그들의 땅을 고칠지라."(대하7:14). 스스로 겸비한다는 뜻은 역대하 22장의 요시아 왕이 보인 것과 같이, 말씀 앞에 정직하게 엎드려 동의하는 것입니다. 전심으로 기도(구하고, 찾고, 두드림)해야 합니다. 구하고 찾고 두드립니다(눅11:9). "내가 또 너희에게 이르노니 구하라, 그러면 너희에게 주실 것이요. 찾으라, 그러면 찾아낼 것이요. 문을 두드리라, 그러면 너희에게 열릴 것이니"(눅11:9). 하나님의 얼굴을 구해야 합니다. 창32장에 나오는 얍복강의 야곱과 같이 하나님의 얼굴을 구해야 합니다. 그리고 악한 길에서 떠나야 합니다. 온유함으로 옷을 입어야 합니다.

6)**하님의 얼굴을 구하는 삶의 특징은 하나님의 방법을 따라 사는 삶입니다.** 자기의 방법을 따라 사는 삶을 종결하고 하나님의 뜻을 물어보는 것입니다. 하나님의 의도를 질문하여 알아내고 순종하는 것입니다. 한마디로 하나님의 방법대로 사는 삶을 사는 것입니다. 가장 잘 묻는 사람이 다윗입니다(삼상23:2-4; 삼하2:1). "이에 다윗이 여호와께 묻자와 이르되 내가 가서 이 블레셋 사람들을 치리이까? 여호와께서 다윗에게 이르시되 가서 블레셋 사람들을 치고 그일라를 구원하라 하시니, 다윗의 사람들이 그에게 이르되 보소서 우리가 유다에 있기도 두렵거든 하물며 그일라에 가서 블레셋 사람들의 군대를 치는 일이리이까 한지라. 다윗이 여호와께 다시 묻자온대 여호와께서 대답하여 이르시되 일어나 그일라로 내려가라 내가 블레셋 사람들을 네 손에 넘기리라 하신지라"(삼상23:2-4). 이 중 대표적인 사례가 삼상30장입니다. 다윗이 블레셋에 피신, 당시 블레셋 족장들과 합하여 사울을 차러갑니다. 가다가 자기가 머물던 시글락으로 돌아옵니다. 아말렉 사람들이 남아있던 자녀, 아내들을 포로로 끌고 갑니다. 다윗의 부하들이 돌을 들어 다윗을 치려고 합니다. 이런 상황에서도 하나님께 물어봅니다(삼상30:6-8). 이러한 다윗도 묻지 않아서 큰 낭패를 경험한 적이 있습니다(대상13장). 나중에 그의 가장 근본적인 잘못이 하나님께 묻지 않았던 것에 있었음을 발견합니다(대상15:13). 영에 속한 성도는 하나님의 얼굴을 구하면서 매사를 하나님의 뜻에 따라 순종하면서 살아가는 성도입니다.

33장 성도들의 현실 문제를 해결하는 훈련

(신4:29)"그러나 네가 거기서 네 하나님 여호와를 찾게 되리니 만일 마음을 다하고 뜻을 다하여 그를 찾으면 만나리라"

하나님은 성도들을 현실 문제를 통하여 하나님을 찾게 하십니다. 자꾸 하나님을 찾다가 보니까, 영적으로 바뀌기 때문입니다. 하나님은 성도들이 현실문제로 고통을 당해도 찾지 않으면 만나주지 않으십니다. 하나님은 찾아야 만나주십니다. 현실 문제를 통하여 하나님을 찾게 합니다. 크리스천이라도 현실 문제를 만나서 이리 뛰고 저리 뛰고 하면서 이 방법 저 방법 다 동원하여도 해결이 되지 않는 것입니다. 그때 영이신 하나님이 생각이 나는 것입니다. "하나님 이일을 어떻게 해야 해결이 됩니까?" 애타게 찾으며 하나님께 부르짖어 기도하니까, 영이신 하나님께서 들으시고 해결방법을 알려주시는 것입니다. 하나님께서 알려주시는 해결방법대로 순종하면 순간 문제가 해결이 되는 것입니다.

여러 해를 질병으로 고생하다가 치유 받은 집사의 간증입니다. 목사님! 저는 지난 토요일에 집중기도 치료를 받았던 ○○○ 집사입니다. 목사님이 어디서 왔냐고 질문하셔서 대전에서 왔다고 했는데 기억하실런지요. 그때 제가 기도가 막히고 축농증 수술후유증으로 목에서 가래가 심하다고 증상을 적어 올려서 목사님께서 집중 기도를 해주셨습니다. 제가 유아 때에 축농증 때문에 고생하다 어른 돼서 재발하는 바람에 수술도 3번이나 했고, 후유증 때문에 몹시 어렵고 고통을 많이 당했습니다. 좋다는 것 다 먹어보고 고칠 수 있다는 한의원에 가서도 침 치료를 받았지만, 평생 가지고 가야 한다고 말했는데….

목사님의 기도로 깨끗이 완치되어 너무 기쁘고 감사해서 이렇게 메일 보내드립니다. 그날 가기 전에 철야기도도 했는데… 점점 기도가 힘들어지고 게다가 환경도 막혀 막막했는데… 아는 지인의 소개로 목사님을 알게 되어 바로 서점에 가서 목사님의 저서를 읽고 망설일 틈도 없이 바로 서울로 올라갔습니다. 가기 전까지도 마음이 힘들고 이런저런 어지러운 마음을 안고 갔는데… 대전에 내려올 때는 코와 목도 시원하게 치료받고 마음도 가볍고… 목사님의 말씀대로 기도도 해보니 전에 느끼지 못한 변화가 느껴집니다. 앞으로 저에게 하나님의 더 큰 은총이 부어주실 것을 기대하고 감사하며 그날 집중치유기도시간에 저 때문에 힘을 더 많이 쏟아주신 것 같아 너무 죄송하고 감사드립니다. 목사님교회에 다니시는 성도들이 정말 부럽습니다. 앞으로도 목사님의 저서들을 보면서 저도 좀 더 주님과 동행하는 열매 맺는 성도로 거듭나길 소망하며 돈으로 따질 수 없는 값진 것을 받고 돌아온 기쁨으로 감사드립니다. 기회가 된다면 계속 메일로 인사드리고 싶습니다. 이렇게 하나님을 찾고 기도하여 하나님의 방법으로 해결하면 순간에 해결이 되는 것입니다.

이와 같이 사람은 사람을 잘 만나는 축복이 있어야 합니다.

앞에 간증한 집사님 같이 먼저 영적인 친구를 잘 만나야 합니다. 하나님은 사람을 통하여 현실 문제를 해결하도록 하시기 때문입니다. 윗사람은 아랫사람을 잘 만나야하고, 아랫사람 역시 윗사람을 잘 만나야 합니다. 여자는 남편을 잘 만나야 하고, 남자는 아내를 잘 만나야 합니다. 주님께도 좋은 제자들을 만나려고 새벽에 갈릴리 바닷가에 나가셔서 찾으셨습니다. 이 책을 읽는 모든 크리스천은 언제나 사람을 잘 만나는 축복을 위해, 하나님의 방법으로 현실 문제를 해결하며 살아가기를 위해 기도 많이 하시기를 소원합니다.

하나님은 이사야를 만나서 부정한 입술을 가진 자를 가장 거룩하고 가치 있는 입술을 지닌 자로 만들어주셨습니다. 그리고 하나님의 뜻을 전하고 사람을 살리는 위대한 선지자로 사용하셨습니다. 이 시간 하나님을 만나시기 바랍니다. 하나님의 사람을 만나시기를 바랍니다. 그러므로 모자라고 어그러진 삶이 변화되고 새로워져서 이사야와 같은 큰 꿈을 이루기를 소원합니다. 이 하나님은 먼저 사람을 찾으시는 분이십니다. 인류의 시작부터 지금까지 하나님은 먼저 사람을 찾으셨습니다. 아담에게도 하나님은 먼저 찾아오셨습니다. 노아를 찾으셨고, 아브라함을 찾아오셨습니다. 모세도 불붙은 가시나무에서 먼저 찾으셨습니다. 주님도 당신의 제자들을 먼저 찾아가셨습니다. 성경 속에는 하나님을 찾아야 만나주시는 하나님이라고 여러 곳에서 소개하고 있습니다.

첫째, 하나님을 간절히 찾아야 한다. 우리가 누군가를 만나려면 먼저 그 사람에 대하여 알아야 하며, 어디에 가면 만날 수 있는지를 알아야만 합니다. 하나님을 만날 때에도 마찬가지입니다. 하나님께서는 어떠한 분이시며, 어디에 계신가를 알아야 합니다. 고린도전서 1:21-22을 보면 사람이 세상의 지혜로는 하나님을 알지 못하므로 하나님께서는 전도라는 방법을 통하여 믿는 자들을 구원하시기를 기뻐하셨는데, 유대인들은 표적을 구하고 헬라인들은 철학과 같은 지혜를 찾는 영적인 무지함이 있었기 때문에 하나님께서는 십자가에 못 박힌 예수를 전하게 하셨습니다. 오늘날도 하나님을 믿으라고 하면 하나님이 보이지 않는다고 아예 하나님의 존재를 무시하는 사람도 있고, 하나님이 존재한다는 증거를 보여 달라고 하는 사람도 있습니다. 하나님의 존재에 대해 잠시 궁금히 여기다가 다시 망각한 채 살아가는 사람도 있습니다. 이렇게 하나님 만나기를 원치 아니하며 찾으려고 하지 않는 사람들은 하나님께서 얼마나 위대하시고 능력이 있으신 분인가를 전혀 모르는 사람들입니다.

전지전능하신 하나님에 대하여 참으로 안다면 어찌 만나기를 원하지 않겠으며, 하나님의 크신 사랑과 능력으로 불가능한 일이 없음을 믿는다면 어찌 하나님을 간절히 찾지 않겠습니까? 하나님께서는 천지만물을 지으신 창조주이시며 영원히 멸망으로 갈 수밖에 없는 인간을 구원하시기 위해 십자가의 사랑을 베푸신 구원의 하나님이십니다. 또한 시간과 공간을 초월하여 무소부재 하시므로 언제 어디서나 살아 역사하심을 나타내시는 능력의 하나님이시며, 구하고 찾고 두드리는 자에게 항상 응답으로 역사하시는 사랑의 하나님이십니다.

그러므로 하나님을 만나면 고통이 평안으로 변하고 절망 가운데서 소망을 얻으며, 불치의 질병 문제를 해결 받을 뿐 아니라, 죽음의 공포로부터 해방을 얻고, 참된 생명을 얻게 됩니다. 또한 모든 인생의 문제를 해결 받을 수 있습니다. 가정, 자녀, 건강, 물질 등의 갖가지 어려운 문제가 있다 해도 하나님께서는 해결 자가 되어 주십니다.

하나님께서는 잠언 8:17을 통하여 "나를 사랑하는 자들이 나의 사랑을 입으며 나를 간절히 찾는 자가 나를 만날 것이니라."고 말씀하시며 하나님을 만나는 방법을 알려 주셨습니다. 따라서 하나님의 존재를 의심치 아니하며 하나님의 무한하신 사랑과 능력을 믿음으로 하나님을 만나기를 원하고 간절히 찾는 자가 되어야 하겠습니다. 마태복음 5:3에 "심령이 가난한 자는 복이 있나니 천국이 저희 것임이요"라고 했습니다. 마음이 선하고 겸손한 사람은 하나님의 존재를 부인하거나 의심하지 아니하며 하나님을 알기 원하고 하나님을 찾음으로 만나게 된다는 것입니다.

마음이 교만하여 하나님을 찾지 아니하고 만나기를 원치 아니하던 사람도 시험과 환난이 임하여 건강이나 물질, 가정이나 자녀에 문제가 생기면 그때서야 마음이 갈급해져 하나님을 찾는 경우가 많습니다. 따라서 하나님을 만나려면 무엇보다도 먼저 심령이 가난한 자가 되어야 하며, 더 나아가서 하나님을 만나고자 하는 갈급하고 진실한 심령이 되어 하나님을 간절히 찾는 자가 되어야 합니다. 현실의 문제를 하나님만이 해결하신다는 절박함이 있어야 합니다. 그래야 하나님을 만나고 하나님을 사랑하며 하나님의 사랑을 입는 축복된 삶을 영위할 수 있습니다.

둘째, 현실 문제를 해결할 수 있는 분을 만나야 한다. 사람의 문제를 해결할 수 있는 방법이 몇 가지 있습니다. 첫 번째는 인간의 힘으로 해결하는 방법입니다. 인간의 지식이나 지혜나 노력이나 힘으로 문제를 해결하는 것입니다. 두 번째는, 종교적인 방법입니다. 신에게 정성을 들여서 그의 도움을 받는 것입니다. 우리뿐만 아니라 세계 모든 족속들이 오늘날까지 이 방법을 가장 많이 사용해 오고 있습니다. 지금은 우리가 전도할 때 "교회 갑시다.","예수 믿고 천국 갑시다."라고 말합니다.

그러나 초창기 복음이 우리나라에 들어 왔을 때에는 그렇게 하지 않았습니다. "여러 귀신에게 시달리지 말고 왕 귀신을 섬기시오. 큰 귀신을 믿으시오" 이렇게 전도했다는 것입니다. 예수님을 이해하지 못했기 때문입니다. 우리 조상들은 너무 많은 귀신을 섬겼습니다. 그래서 귀신에 대한 불안과 두려움 때문에 모든 자유를 잃어버렸습니다. 결혼하는 것도 점을 쳐야하고, 이사하는 것도 점을 쳐야합니다. 된장 고추장 담그는 날도 물어보아야 합니다. 벽에 못 하나 박는 것도 다 물어 보아야 합니다. 마음대로 할 수 있는 것은 아무것도 없었습니다. 귀신에게 일일이 물어서 다 도움을 받아야 했습니다. 조금만 잘못하면 귀신이 노합니다. 그러면 화를 풀어주어야 합니다. 이것을 푸닥거리라고 합니다.

사람들은 이 귀신 저 귀신을 섬기다가 그 많은 귀신의 지배로 오히려 평안을 잃어버리고 불안과 두려움으로 살아왔습니다. 귀신을 섬기고 귀신의 말대로 하는 사람은 평강이 없습니다. 항상 두려움 속에 살아가고 있습니다. 자녀를 위해서 남편을 위해서 우상을 섬기면서 도움을 청하였던 삶이 우리 조상들이 오늘날까지 살아온 발자취입니다. 그러나 기독교는 이런 방법을 쓰지 않습니다. 우리의 모든 문제는 전지전능하신 하나님께서 하나님의 방법으로 해결 하십니다. 하나님의 능력으로 우리를 위하여 친히 길을 열어 주시는 것이 하나님의 방법입니다.

그러므로 인간의 노력에 의해서, 인간의 지혜에 의해서 문제가 해결되는 것이 아닙니다. 성령의 권능으로 해결이 됩니다. 갈 1장 1절에 "사람에게도 난 것도 아니요, 사람으로 말미암은 것도 아니요, 오직 예수 그리스도와 및 죽은 자 가운데서 그리스도를 살리신 하나님 아버지로 말미암아 사도된 바울은 이라"고 했습니다.

하나님께서 우리의 현실의 문제를 다 아시고 그의 아들을 보내주시고, 우리의 문제를 해결하기 위하여 그분이 죽으시고, 다시 살아나셔서 우리를 위하여 잔치를 예비해 놓으셨습니다. 누구든지 와서 이 잔치에 참여하면 은혜를 받는 것입니다. 모든 문제는 하나님의 은혜로 해결 되는 것입니다. 어떠한 문제든지 하나님께서 거저 주시는 은혜로 해결됩니다. 은혜란 말의 뜻은 하나님의 선물이라는 뜻입니다. 공짜란 뜻입니다. 이것이 바로 하나님께서 문제를 해결하시는 방법인 것입니다. 이 방법은 성령으로 기도하면 알려주십니다.

기독교는 공짜입니다. 돈을 받지 않고 거저 주는 것입니다. 값을 치르지 않아도 사람의 모든 문제를 하나님께서 해결해 주신다는 것입니다. 단 하나님의 말씀(뜻)대로 순종해야 합니다. 인간의 문제는 너무 크고, 너무 많고, 너무 어렵기 때문에 인간의 돈으로는 해결 할 수가 없습니다. 우리의 문제를 하나님께서 그 크신 능력으로 직접 해결하여 주시는 것입니다. 우리는 은혜의 보좌 앞에 그냥 나오기만 하면 되는 것입니다. 문제를 가지고 주님 앞으로 나올 때 우리의 문제는 하나님의 은혜로 다 해결이 되는 것입니다. 이것이 하나님의 뜻이요, 하나님이 문제를 해결하시는 방법입니다. 그렇기 때문에 우리는 성령으로 충만하여 은혜의 보좌로 나아가야 합니다. 은혜의 보좌로 나아갈 때 우리의 문제는 해결 되는 것입니다. 은혜의 보좌는 예수님이십니다. 예수님 앞에 나오기만 하면 되는 것입니다. 예수님은 우리의 삶의 문제를 다 알고 계십니다. 모든 문제를 해결 하실 수 있는 능력이 있는 분이시요, 지혜가 있으신 분이십니다.

예수님은 교회의 머리가 되시며, 만국인의 구세주가 되시며, 모든 왕의 왕이시며, 심판하실 심판주가 되시며, 우리의 영광이 되시는 분이십니다. 은혜의 보좌이신 예수님께 나아가 물어보시면 우리의 문제를 해결할 지혜를 주시고 순종하면 어떤 문제라도 해결해 주시는 분이십니다.

셋째, 하나님을 만날 수 있는 길이 있다. 하나님을 만나야 현실문제의 해결방법을 알아낼 수가 있습니다. 하나님의 영이시니 만나는 방법은 여러 가지가 있습니다.

첫째로, 성경에 기록된 하나님의 말씀 가운데서 만날 수 있습니다. 성경은 하나님의 말씀, 곧 영원히 변함이 없으며 일점일획도 틀림없는 진리가 기록되어 있는 거룩한 책입니다. 따라서 하나님의 뜻과 마음뿐만 아니라 하나님의 무한하신 능력과 크신 사랑을 깨달을 수 있는 귀한 내용이 기록된 성경을 알아야 하나님을 만날 수 있습니다.

둘째로, 영적인 호흡인 기도 가운데서 만날 수 있습니다. 하나님의 말씀을 아무리 보고 들어도 기도하지 않으면 하나님을 만날 수가 없습니다. 사람이 호흡을 해야 생명이 유지되듯이 기도를 통하여 영이신 하나님과의 교통이 이루어지며 하나님의 말씀을 깨닫게 되고 영적인 생명이 유지된다는 것입니다. 영이신 하나님은 성령으로 기도할 때 만날 수 있고 응답을 하십니다. 그러므로 예레미야 29:12-13에 "너희는 내게 부르짖으며 와서 내게 기도하면 내가 너희를 들을 것이요 너희가 전심으로 나를 찾고 찾으면 나를 만나리라"고 말씀했습니다. 또한 예레미야 33:3에 "너는 내게 부르짖으라 내가 네게 응답하겠고 네가 알지 못하는 크고 비밀한 일을 네게 보이리라"약속하셨습니다.

셋째로, 곡조 있는 기도인 찬양 가운데서 만날 수 있습니다. 하나님은 만물 위에 계셔 세세토록 찬양을 받으실 분입니다(로마서 9:5). 그러므로 기독교의 부흥과 함께 찬양을 통한 선교사역이 활발하게 이루어지고 있으며 찬양 가운데 하나님을 만나고 체험을 하는 사람이 늘어나고 있는데 이는 하나님께서 찬양을 기뻐 받으시기 때문입니다. 이스라엘의 위대한 다윗 왕은 어릴 때부터 하나님을 사랑하였기에 하나님을 찬양하기를 즐거워하였고 찬양을 기뻐 받으신 하나님께서는 다윗을 사랑해 주셨으며 크신 축복으로 함께하셨습니다.

넷째로, 영과 진리로 드리는 예배 가운데서 만날 수 있습니다. 구약시대에는 제사가 하나님 앞에 나아가서 하나님을 만날 수 있는 길이었는데 신약시대에는 그 길이 예배로 바뀌었습니다. 그래서 로마서 12:1에 "너희 몸을 하나님이 기뻐하시는 거룩한 산제사로 드리라 이는 너희의 드릴 영적 예배니라" 말씀하셨습니다. 아브라함은 가는 곳마다 여호와를 위하여 단을 쌓고 여호와의 이름을 부르며 (창세기 12:7-8, 13:4,18) 독자 이삭도 아끼지 아니하고 번제로 드릴 만큼 하나님을 경외함으로 믿음의 조상이 되는 축복을 받았습니다(창세기 22:17).

다섯째로, 계명을 지키는 사랑 가운데서 만날 수 있습니다. 유형교회에서 제일로 주의해야 할 것은 자신의 마음대로 하는 것입니다. 반드시 하나님의 말씀대로 순종해야 합니다. 요한일서 5:3에 "하나님을 사랑하는 것은 이것이니 우리가 그의 계명들을 지키는 것이라"고 하였으니, 고넬료의 행함을 보면 하나님을 사랑하는 자였음이 분명하며 그러기에 하나님의 크신 사랑을 입을 수 있었습니다.

넷째, 하나님을 만나면 현실 문제를 해결 받게 된다. 하나님은 말씀을 통하여 현실 문제를 해결하게 하십니다. 홍해를 가를 때에도 "여호와께서 모세에게 이르시되 너는 어찌하여 내게 부르짖느냐 이스라엘 자손에게 명령하여 앞으로 나아가게 하고, 지팡이를 들고 손을 바다 위로 내밀어 그것이 갈라지게 하라 이스라엘 자손이 바다 가운데서 마른 땅으로 행하리라(출 14:15-16)" 하나님은 성령으로 인도하시면서 말씀(레마)를 주십니다. 현실 문제를 가지고 하나님께 성령으로 기도를 합니다. 기도하면 성령께서 감동을 하십니다. 어떤 책을 읽어라. 하시면 기독서점에 가서 책을 사서 읽다가 보면 해결방법이 있습니다. 어디를 가라. 하십니다. 그러면 만사를 뒤로하고 가야합니다. 순종하고 현장에 가면 사람을 만나든지 다른 방법으로 해결하게 하십니다. 누구를 만나라. 하시면 가서 만나야 합니다. 혹시 그 사람 만나서 내가 잘못되지 않을까? 하는 노파심으로 순종하지 않으면 해결이 되지 않습니다. 부정적인 사람의 소리에 귀를 기우리지 말고, 하나님의 말씀(레마)대로 그 사람을 만나야 합니다. 만나서 문제가 해결이 될 때까지 인내하며 기다려야 합니다.

34장 하나님의 음성을 듣고 행하는 훈련

(요 10:27)"내 양은 내 음성을 들으며 나는 그들을 알며 그들은 나를 따르느니라."

하나님께서 함께하시는 성도가 되려면 음성을 듣는 것은 필수입니다. 하나님의 음성을 들을 수가 있어야 함께할 수가 있기 때문입니다. 성도가 하나님의 음성을 듣지 못하는 것은 하나님과 같은 영의 상태가 되지 않았기 때문입니다. 하나님은 말씀을 하시는데 육체가 알아듣지 못하는 것입니다. 영은 같은 영끼리 통하고 교통할 수가 있는 것입니다. 하나님과 같은 영적인 상태가 되어야 하나님의 음성을 들을 수가 있는 것입니다. 하나님은 고린도전서 2장 10-14절에서 "오직 하나님이 성령으로 이것을 우리에게 보이셨으니 성령은 모든 것 곧 하나님의 깊은 것까지도 통달하시느니라. 사람의 일을 사람의 속에 있는 영외에 누가 알리요 이와 같이 하나님의 일도 하나님의 영외에는 아무도 알지 못하느니라. 우리가 세상의 영을 받지 아니하고 오직 하나님으로부터 온 영을 받았으니 이는 우리로 하여금 하나님께서 우리에게 은혜로 주신 것들을 알게 하려 하심이라. 우리가 이것을 말하거니와 사람의 지혜가 가르친 말로 아니하고 오직 성령께서 가르치신 것으로 하니 영적인 일은 영적인 것으로 분별하느니라. 육에 속한 사람은 하나님의 성령의 일들을 받지 아니하나니 이는 그것들이 그에게는 어리석게 보임이요, 또 그는 그것들을 알 수도 없나니 그러한 일은 영적으로 분별되기 때문이라." 말씀하시는 것입니다. 음성은 자신이 직접 들어야 합니다.

어느날 지방에서 전화로 필자에게 상담을 요청한 내용입니다. 아무개 성도가 자궁암에 걸렸을 때, 어떤 기도원에 기도 받으러 다닐 때 원장 목사님이 하시는 말씀이 목회 사명자인데 사명을 감당하지 않아서 자궁암이 걸렸으니 신학대학을 가서 목회하라고 예언기도를 해주었다는 것입니다. 자궁경부암이 치유되지 않아서 다른 교회로 옮겨 치유 받으려고 안수를 오래 받은 적이 있습니다. 자궁암이 점점 깊어져서 결국 수술을 하여 치유를 받고 성령치유도 받고 건강하게 회복이 되었습니다. 문제는 기도원에 안 다닌지 6년이 지났는데 아직 꿈에 보이고, 기도원에 나오라고 메시지도 준다는 것입니다. 다른 교회 목사님 역시 지금도 꿈에 나타납니다. 목사님! 어떡하면 좋겠습니까?

필자의 답변입니다. 이는 전적으로 기도원 장과 목사에게 역사하는 영과 솔타이(영의 묶임)가 형성된 전형적인 사례입니다. 영적으로 묶이면 이렇게 꿈에도 보이고 문제만 생기면 기도원장이나 목사가 생각나서 찾아가게 만드는 것입니다. 목사는 하나님의 종인데 어찌하여 사람의 말을 듣고 목사가 되어 목회를 합니까? 이는 잘못된 영의 역사입니다. 필자는 이런 경우를 참으로 많이 겪습니다. 아무개 전도사의 경우입니다. 예언을 잘한다는 어떤 기도원 장에게 예언을 들었습니다. 예언하는 내용이 이렇습니다. 신학을 하여 목회자가 되면 지금 일어나는 모든 문제가 해결이 된다는 것입니다. 당시 물질의 문제와 남편의 건강의 문제로 고통이 이만 저만이 아닐 때 이었다는 것입니다. 그리고 능력이 있어서 오대양 육대주를 다니면서 복음을 전하는 목사가 된다는 것입니다. 순종하면 축복이라고 하더랍니다.

그래서 기도원장이 소개해준 자그마한 비인가 신학교를 갔습니다. 신학교를 다니면서도 툭하면 기도원에 오라고 했다는 것입니다. 가지 않으면 여러 가지 감언이설도 같고 협박도 같은 말을 한다는 것입니다. 그런 말을 듣고 오면 저녁에 잠이 오지를 않았다는 것입니다. 신학을 4년을 했는데 사역지가 없는 것입니다. 남편에게는 자신이 신학을 하면 물질 문제와 남편의 건강문제를 하나님께서 해결하여 준다고 큰 소리를 했다는 것입니다. 그런데 앞날이 캄캄한 것입니다. 거기다가 눈만 감으로 기도원 장이 보이고, 꿈에도 보이면 영락없이 기도원에 오라고 한다는 것입니다. 그냥가면 되는 데 꼭 물질을 요구한다는 것입니다. 이것이 전형적인 기도원 장에게 흐르는 영과 솔타이가 된 것입니다.

첫째, 영의 상태가 되도록 하라. 하나님은 영이십니다. 영이신 하나님과 교통하려면 성도가 영적인 상태가 되어야 합니다. 영적인 상태는 성령으로 충만한 상태를 말합니다. 성령으로 충만한 상태란 이론으로 충만한 상태가 아닙니다. 실제적으로 살아있는 성령의 역사가 자신을 장악한 상태입니다. 성령으로 장악이 되려면 먼저 성령으로 세례를 받아야 합니다. 그런데 문제는 성령의 충만도 성령의 세례로 모두 말로 아는데 있습니다. 이론적으로 알면 성령으로 충만하고 성령세례를 받은 줄로 착각을 하면서 지낸다는 것입니다. 지금 착각 속에 믿음 생활을 하는 성도들이 의외로 많습니다. 예수를 믿고 교회에 들어와 말씀을 듣고 배우면 성령으로 충만한 것으로 안다는 것입니다. 그래서 예수를 믿고 30년간 교회를 다녀서 장로가 되고 권사가 되면 성령 충만한 것으로 알고 믿어버립니다.

그러다가 영육으로 문제가 발생하여 치유 받으려고 이곳저곳을 헤매다가 충만한 교회를 옵니다. 충만한 교회에 와서 비로소 성령을 체험하고 생전 처음 이런 경험을 한다고 간증합니다. 이때부터 치유가 되기 시작을 합니다. 성령의 음성을 듣습니다. 하나님은 영이시기 때문에 성도가 영의 상태가 되어야 비로소 교통이 되는 것입니다. 영의 상태란 성령의 임재로 의식이 잠잠해지고 오로지 그분에게 집중하는 상태를 말합니다. 잠을 자는 것도 아니고 깨어있는 것도 아닌 잠잠한 상태를 영의 상태라고 할 수가 있습니다. 항상 영의 상태에 머물러 있는 성도가 권능 있는 성도입니다.

성도는 자신의 영적인 상태를 분별 할 줄 알아야 합니다. 내가 영적으로 어린아이인, 청년인지, 장년인지를 분별 할 줄 알아야 합니다. 육체의 나이는 시간의 흐름에 따라 누구나 같이 먹게 됩니다. 그러나 영혼의 나이는 시간이 지남에 따라 누구나 같이 먹는 것이 아닙니다. 영적 성숙이란 외모나 지위나 신앙경력을 통해서 알 수 있는 것이 아닙니다. 신앙생활을 오래했다고 영적으로 성숙한 것이 아닙니다. 목사나 장로나 권사나 안수집사나 직분을 받았다고 영적으로 성숙한 것이 아닙니다. 책을 많이 읽어서 많이 안다고 영적으로 성숙한 것도 아닙니다. 그렇다면 나의 영적인 수준과, 영적인 나이를 분별하는 기준이 무엇일까요?

첫째로. 내 영이 자유롭고, 풍성한가를 봐야 합니다. 내 영이 자유롭고 풍성하다면, 내가 주님과 실제적인 교류를 가지고 있을 것입니다. 내가 주님의 임재를 알고, 천국에서 오는 생명의 흐름이 나타나게 될 것입니다.

둘째로. 내게서 사랑의 영이 흘러나오는지 봐야 합니다. 또한 내게서 주님을 사랑하고, 영혼을 사랑하는가? 이러한 것들은 내 영이 어느 정도 발전 되었으며, 풍성하다는 것을 보여 주는 근거가 되는 것입니다.

셋째로. 내게서 주님과의 풍성함과 아름다운 교제와 열매가 있는지 봐야 합니다. 내 삶과 내 영에서 실제적인 주님의 임재가 나타나지 않는다면 내 삶이 그의 영적인 지식을 뒷받침에 대해서 뒷받침해 주지 못한다면 그러한 내 이야기는 깊이 받아들일 필요가 없습니다. 오늘날 많은 영성 운동과 훈련은 적지 않은 경우에 사람들을 교만하게 하고, 판단하게 하여, 교회를 분열 시킵니다. 그것은 너무나 슬픈 일입니다.

자신이 영적으로 많이 알고, 수준이 높다고 믿는 이들에 의해서, 그러한 문제가 생기는 것은 몹시 안타까운 일입니다. 교회마다, 신앙의 스타일마다, 신자들마다, 영적인 수준이 있는 것은 사실입니다. 그러나 영적인 수준의 분별 기준은 열매에 있으며, 사랑과 아름다움과 순결함의 나타남을 통해서 입증되는 것입니다.

내 안에 기쁨이 있는지, 평안이 있는지, 사랑이 있는지를 분별하세요. 그리고 그렇지 않다면 어디에서 부터 사랑과 기쁨을 잃어 버렸는지를 생각해 보세요. 자신의 영적인 상태를 분별하세요.

주님의 영은 사랑입니다. 고난이 와도 어려움이 와도 항상 행복할 것입니다. 하나님의 음성을 듣는 것도 중요하지만 바른 영적인 상태를 유지하는 것이 더 중요합니다. 왜냐하면 하나님의 음성은 자신이 영적인 상태가 되면 반드시 들리기 때문입니다.

둘째, 안정된 감정이 되라. 하나님의 음성을 쉽게 들으려면 안정된 심령이 되어야 가능합니다. 안정된 심령이란 외부의 환경의 변화에 동요되지 않고 오로지 하나님에게 집중하는 심령 상태를 말합니다. 이러한 상태를 유지하기 위해서는 감정이 안정되어야 가능합니다. 우리의 혼적인 감정은 영적인 생활에 지대한 영향을 준다는 것입니다. 혼적인 감정이 동요되거나 잘못되기 시작하면 이성이 분별을 잃게 됩니다. 이성이 분별을 잃게 되면 사람은 육체가 됩니다. 사람이 육체가 되면 가차 없이 옛 사람의 주인이던 마귀가 역사하기 시작을 하는 것입니다. 마귀가 생각과 감정을 주장하면서 사리분별이 혼돈 되게 합니다. 이 혼돈된 감정으로 인하여 선택을 잘못하게 됩니다. 이러한 감정을 따라 인생을 살게 되면 가야할 길을 잃고 맙니다. 왜 그렇습니까? 사람은 영적인 존재이기 때문에 하나님의 인도를 받아야 하는데 감정이 동요되어 자신을 제어하지 못하므로 순간에 육체가 되어 하나님과의 교통이 끊어지기 때문입니다. 그래서 예수님은 십자가에서 여러 가지 고난과 치욕도 성령으로 충만하여 참으신 것입니다. 왜냐하면 참고 인내하면서 하나님과 교통해야 하기 때문에 주님은 혈기만 분을 내면 하나님과 교통이 끊어진다는 것을 성령을 통하여 알고 계신 것입니다. 감정은 우리를 움직여서 실제적 활동 반응을 나타내도록 조정합니다. 감정은 일련의 사건으로 충격을 받으면 마음, 감정에 기억되며, 기억된 감정은 특정 사건을 회상만 해도 그 때와 같은 감정이 반복되며 심리적, 신체적으로 이전에 충격을 받았던 상황이 재현됩니다.

그래서 우리도 모르는 무의식이 우리의 삶을 70%이상 영향을 끼치면서 살아가게 한다는 것입니다. 문제는 무의식의 70%가 좋은 것이라면 문제가 안 됩니다. 그러나 잘못된 상처라면 문제가 되는 것입니다. 그래서 감정은 일련의 사건으로 충격을 받으면 마음, 감정에 기억되며, 기억된 감정은 특정 사건을 회상만 해도 그 때와 같은 감정이 반복되며 심리적, 신체적으로 이전에 충격을 받았던 상황이 재현되는 것입니다. 그래서 나도 모르는 분노와 혈기가 나오는 것입니다. 우리는 분노나 혈기의 원인을 말씀과 성령으로 찾아서 치유하는 것을 내면의 치유라고 합니다.

셋째, 주님을 주인으로 인식하라. 인간은 영이 혼 즉 마음으로 더불어 육체 속에 살도록 하나님께서 지었습니다. 그러나 아담과 하와가 하나님의 말씀을 믿지 못하고 마귀에게 속아 하나님을 반역한 이후로 그 영이 하나님께로부터 단절되고, 마귀의 지배를 받아 하나님의 계시를 받지 못하게 되자, 인간은 앞날을 알 수 없고 갈팡질팡하게 되고 이제 하나님의 도움을 받지 못함으로 인간은 오직 혼과 육체를 의지하고 살게 되었습니다. 인간이 혼과 육체를 의지하고 살아가므로 땅의 사람의 주인인 마귀가 인간을 종으로 잡으니, 인간이 마귀의 지배하에 살게 되는 것입니다. 그러므로 자연적으로 인간은 하나님을 잃어버리고 인간 중심이 되는 인본주의자가 되고 오직 혼과 육으로만 살게 되었고 타락하게 되었습니다. 타락한 인간은 오직 혼으로 살고 육체의 노예가 되어 죄의 종, 마귀의 종으로 살아왔었습니다.

그런데 이제 예수께서 오셔서 십자가에 못 박혀 몸 찢고 피를 흘려 죽으심으로 우리 죄를 사하고 하나님과 우리 사이에 막힌 담을 허시고 하나님과 화목케 함으로 우리 영이 살아났었습니다. 하나님과 함께 교제하게 되고, 하나님과 함께 거하게 되고, 하나님의 성령이 우리 영속에 들어와 하나님의 계시를 받고 은혜 속에 살게 된 것입니다. 그러므로 주를 믿는 사람은 이제 반드시 영이 성령의 인도를 받고 살아야 됩니다. 마음과 육체를 영의 지배하에 두어야만 하는 것입니다. 그러면 이와 같이 우리가 영적인 사람이 되었은즉, 이제 혼, 이성으로 살지 아니하고 육체로 살지 아니하고 영의 새로운 것으로 우리는 살아야 되는 것입니다. 영이 살아나 하나님과 교통하게 되었습니다. 우리의 옛 사람은 십자가에서 죽었습니다. 예수를 주인으로 영접할 때 옛 사람은 죽은 것입니다.

넷째, 내면에서 들리는 하나님의 음성에 집중하라. 생각이나 마음에서 올라오는 하나님의 음성에 집중하라는 것입니다. 하나님의 음성을 잘 들으려면 우리가 서로 교제하게 되면 이해하게 되는 것입니다. 아무리 못 만나던 사람도 자주 만나고 같이 식사하고 대화하고 함께 지내는 시간이 많으면 서로를 이해하게 됩니다. 자주 만나면 서로의 마음을 알고 이해가 되는 것입니다. 로마서 12장 16절에 “서로 마음을 같이하며 높은 데 마음을 두지 말고 도리어 낮은 데 처하며 스스로 지혜 있는 체 하지 말라” 스스로 지혜

있는 척하지 말라는 것입니다. 우리는 마음을 같이해서 대화를 하면 우리가 이해를 하게 되는 것입니다.

분명하게 알아야 할 것은 이방인이 하나님을 찾으면 천사를 통하여 응답하십니다(행10:3). 성령으로 거듭난 성도는 하나님께서 직접 성령으로 음성을 들려주십니다(행10:19-20). 하나님의 음성을 들으려면 하나님의 음성에만 집중을 해야 한다는 말입니다. 밖에서 들리거나 보이는 것에 관심을 두지 말고 오로지 하나님의 음성에만 집중해야 합니다. 그리고 내면에서 다른 소리가 들리더라도 관심을 두지 말고 하나님의 음성에만 집중해야 하나님의 음성을 들을 수가 있습니다. 그런데 우리의 원수 마귀는 모든 수단과 방법을 동원하여 하나님의 음성을 듣지 못하게 방해합니다. 우리는 마귀의 계략을 알고 어찌하든지 하나님의 음성에만 집중하는 영성을 길러야 합니다.

다섯째, 순종하라. 하나님은 음성을 들었으면 순종해야 합니다. 하나님께서 우리에게 어떤 일을 하라고 말씀하실 때는 우리의 힘으로는 해낼 수 없는 일인 경우가 대부분입니다. 우리의 능력을 벗어난 일이거나 혹은 인간적인 생각으로는 절대 하고 싶지 않은 일입니다. 그 일은 우리 스스로 전략을 세우고, 우리 힘으로 이루어 낼 수 있는 일이 아닐 것입니다. 그러나 우리가 우리의 한계를 벗어나는 길은 모든 일은 하나님이 하신다는 믿음입니다. 우리에게 다가오는 그 일이 오직 하나님만이 하실 수 있는 일입니다.

따라서 하나님에게 기도하여 응답을 받고 행동하면 일은 하나님이 하십니다. 모세가 이스라엘 사람들을 이끌고 광야로 나와서 무슨 일을 만나든지 하나님에게 기도하여 응답을 받고 해결하였습니다. 모든 일을 하나님께서 하신다는 아름답고 놀라운 사실을 발견하게 됩니다. 그렇다면 우리는 하나님에게 기도하여 우리의 힘으로 할 수 없는 일이더라도 하나님이 하신다는 믿음을 가지고 기도하여 하나님의 뜻을 구하면 됩니다. 하나님이 하라고 말씀 하신대로 행동하면 되는 것입니다. 그리고 모든 영광을 하나님께 돌리면 되는 것입니다. 무슨 일을 만나든지 당황하지 말고 하나님의 뜻을 구하여 순종하면 되는 것입니다.

여섯째, 항상 영의 상태가 되게 하라. 하나님은 영이십니다. 하나님이 영이시기 때문에 우리가 영적인 상태가 되어야 하나님과 교통할 수가 있는 것입니다. 항상 영의 상태가 되게 하려면 무의식적으로 하나님을 묵상하는 것입니다. 하나님을 무의식적으로 묵상한 사람은 다윗 왕입니다. 다윗 왕은 가장 경건하고 열정적으로 하나님의 묵상을 시행했고 이를 통해 많은 열매를 맺었던 대표적인 인물입니다. 그는 묵상의 대가였습니다. 다윗에게 묵상은 결코 새로운 어떤 형태가 아니었습니다. 묵상은 그에게 있어 '삶'이었습니다. 그의 묵상의 진면목은 시편에서 잘 드러납니다. 그는 자주 들에 나가 하나님의 말씀을 듣고, 또 자기의 이야기를 아버지 하나님께 아뢰었습니다.

심지어 대적 사울 왕을 피하여 끊임없는 도망행각, 창을 피할 때조차도 다윗은 하나님을 묵상하는 시간을 가졌습니다. 믿는 자에게 있어서 묵상은 매일 매일의 생활 가운데 우선순위를 차지하여야 합니다. 묵상은 항상 하나님을 찾고 생각하는 것입니다. 왜냐하면 이것을 통하여 일생생활의 소란함 가운데서 하나님에게 집중하여 하나님의 음성을 건져낼 수 있기 때문입니다. 침묵과 묵상은 혼자서 조용히 하나님 앞에 나아오는 것에서부터 시작됩니다. 우리는 항상 하나님의 음성을 들으려는 준비를 하고 기다려야 합니다. 다윗과 같이 항상 하나님을 찾으시기를 바랍니다. 영적인 생활이 어렵다고 하는데 습관이 되면 어렵지 않습니다. 항상 하나님을 찾아서 영의 상태가 되게 하시기를 바랍니다. 그러면 하나님의 음성을 쉽게 들을 수가 있습니다.

일곱째, 영의 눈으로 환경을 보아라. 우리는 자연의 현상 중에서 변화의 표징을 읽을 때가 많습니다. 즉, 저녁노을이 붉으면 내일 날씨가 좋겠다, 그렇게 말합니다. 또 아침 북서가 붉으면 날이 흐리고 비가 올 것이다, 그렇게 말합니다. 하나님께서는 하나님이 일하시기 전에 우리들의 신앙을 확고히 하기 위해 종종 표징을 보여주십니다. 어떤 사람에게는 꿈으로, 어떤 사람에게는 환경을 통하여 하나님의 뜻을 분명하게 보여 주십니다.

성령님께 물어 보아서 하나님의 성령이 지시하는 대로 분명히 알 수 있는 증표를 구하십시오! 구하면 주님께서 우리에게 그 표징을 보여주십니다. 시편 86편 17절에도 "은총의 표징을 내게 보이소서 그러면 나를 미워하는 저희가 보고 부끄러워 하오리니 여호와여 주는 나를 돕고 위로하심이라"고 말한 것입니다. 그러므로 표징을 달라고 주님께 간절히 구하면 하나님께서 이것이냐! 저것이냐 예스냐 노냐의 표징을 분명히 보여주시게 되는 것입니다. 그리고 우리는 담대한 믿음으로 표징을 따라 나갈 수가 있는 것입니다.

이 책을 통해 예수님이 땅끝까지 전파 되기를 소원합니다.
(출판으로 인한 이익금은 문서선교와 개척교회 선교에 사용합니다.)

부흥하는 대중목욕탕 같은 교회

발 행 일 l 2017. 2. 7초판 1쇄 발행

지 은 이 l 강요셉

펴 낸 이 l 강무신

편집담당 l 강무신

디 자 인 l 강요셉

교정담당 l 강무신

펴 낸 곳 l 도서출판 성령

신고번호 l 제22-3134호(2007.5.25)

등록번호 l 114-90-70539

주 소 l 서울 서초구 방배천로 4안길 20(방배동)

전 화 l 02)3474-0675/ 3472-0191

E-mail l kangms113@hanmail.net

유 통 l 하늘유통. 031)947-7777

ISBN l 978-89-97999-54-5 부가기호 l 03230

가 격 l 16,000원